W0405209

ULRICH SCHNABEL

muße

ULRICH SCHNABEL

muße

Vom Glück des Nichtstuns

Karl Blessing Verlag

FSC
www.fsc.org
MIX
Papier aus verantwortungsvollen Quellen
FSC® C014496

Verlagsgruppe Random House FSC-DEU-0100
Das für dieses Buch verwendete
FSC®-zertifizierte Papier *EOS*
liefert Salzer Papier, St. Pölten, Austria.

2. Auflage
Copyright © 2010 by Karl Blessing Verlag, München,
in der Verlagsgruppe Random House GmbH
Copyright 2010 Ulrich Schnabel
Umschlaggestaltung: Hauptmann und Kompanie Werbeagentur, Zürich
Bildredaktion: Annette Mayer
Layout und Herstellung: Ursula Maenner
Satz: Leingärtner, Nabburg
Druck und Einband: GGP Media GmbH, Pößneck
Printed in Germany
ISBN 978-3-89667-434-0

www.blessing-verlag.de

Für Karo und Hannah

»Entspannen Sie sich. Das ist wahrscheinlich das Beste, was Sie zur Rettung der Welt beitragen können.«

Fred Luks, Ökonom und Nachhaltigkeitsexperte

INHALT

VORWORT FÜR EILIGE

Sie können dieses Buch auf zwei Arten lesen: Sollten Sie das Gefühl haben, keine Zeit verschwenden zu dürfen, dann drehen Sie es einfach um und beginnen vom Ende her. Dort finden Sie kurz und bündig die wesentlichen Thesen und Tipps zusammengefasst, quasi als Hand-out für eilige Manager, die auf ihrem gehetzten Weg zum nächsten Flughafen / der Beförderung / dem *Burn-out* schnell nachlesen möchten, weshalb Tempo sie nicht immer weiterbringt und Nichtstun manchmal von unschätzbarem Wert ist.
Sollte Ihnen dieser Gedanke allerdings einleuchten, dann lesen Sie dieses Buch lieber auf die althergebrachte Art – von vorn nach hinten. Erstens verpassen Sie sonst viele denkwürdige Beispiele und Anekdoten; zweitens geben Sie Ihrem Gehirn Zeit, das Gelesene wirklich aufzunehmen; und drittens praktizieren Sie damit bereits das, was dieses Buch propagiert: die Kunst, sich Zeit zu nehmen und sich nicht hetzen zu lassen (nicht einmal von sich selbst).
Auf diese Weise können Sie auch die Erfahrung machen, dass dieses Buch mehr ist als nur eine Art geistiger Bildschirmschoner, der das Durchbrennen Ihrer gestressten Mattscheibe verhindert. Im besten Falle kann es zum Treibsatz und Kreativitätsverstärker Ihrer *eigenen* Einfälle werden, und wenn Sie dabei auf bessere Gedanken kommen als jene, die der Autor hatte, dann hat es seinen Zweck mehr als erfüllt.
Wenn Sie allerdings am Ende das Buch entspannt aus der Hand legen und feststellen, dass Sie gar keine neuen Regeln und Leitsätze brauchen – umso besser. So oder so wünsche ich Ihnen bei der Lektüre viel Vergnügen.

Ulrich Schnabel

Einführung: Eine Diät fürs Denken

Reden wir nicht lange drum herum, sondern kommen wir gleich zum Wesentli…

– Kleinen Moment mal eben, hier klingelt gerade mein Handy … –

So, da bin ich wieder. Also: In diesem Buch geht es darum, dass wir ständig abgelenkt werden vom Wesentlichen, also von dem, äh, was uns eigentlich wichtig …

– Sorry, der Postbote an der Tür … –

Wo waren wir? Ach ja, beim Dings, dem Wesentlichen. Jedenfalls, weil wir nämlich permanent online und total vernetzt sind und ständig unterbrochen …

– Halt, da blinkt eine eilige Mail, nur kurz checken … –

Tschuldigung. Also, weil wir ständig unterbrochen werden, deshalb fällt es uns in Ruhe so schwer, nein, pardon: Deshalb fällt uns die Ruhe so schwer, also genauer gesagt die Konzentration, also die, ähm, Aufmerksamkeit … Moment, was war noch mal das Thema?

Das Wesentliche. Haben Sie auch das Gefühl, dass es Ihnen ständig durch die Finger flutscht? Dass die größte Kraft in Ihrem Leben die Zerstreuung ist? Geht es Ihnen ähnlich wie uns Journalisten, die sich allmorgendlich in die Nachrichtenflut stürzen, durch Hunderte von E-Mails pflügen, die googelnd und klickend durchs Netz tauchen, beim Luftschnappen schnell mal telefonieren und sich abends erschöpft fragen, was sie eigentlich den ganzen Tag so getan haben? Dann gibt es zumindest einen Trost: Sie sind nicht allein.

Denn der Zustand permanenter Zerstreuung breitet sich in unserer Gesellschaft aus wie ein ansteckendes Grippevirus. Wir leiden an Reizüberflutung und dem Gefühl ständiger Überforderung – und gieren doch nach schnelleren Datenleitungen und noch leistungsfähigeren Handys; wir sind permanent online und allzeit erreichbar – und haben ständig Angst, etwas zu verpassen und abgehängt zu werden; wir fühlen, wie unsere Zeit immer knapper wird, und sehnen uns nach Muße – und fürchten zugleich nichts so sehr wie das Nichtstun und die Langeweile.

Vor hundert Jahren hätte man uns vermutlich alle als Neurastheniker diagnostiziert, als nervenmüde Zeitgenossen, die in einem wahnhaften Aktionismus gefangen sind, der sie ständig vorwärtspeitscht – und doch nie bei sich selbst ankommen lässt. Und ähnlich wie am Übergang vom 19. zum 20. Jahrhundert Gesellschaftstheoretiker ein »Zeitalter der Nervosität« anbrechen sahen, leben wir heute in der Epoche der rasant zunehmenden Aufmerksamkeitsstörungen. Wie sehr das Leiden an der Ruhelosigkeit verbreitet ist, belegt jede entsprechende Umfrage: Als etwa 2009 das Meinungsforschungsinstitut Allensbach die Deutschen fragte, was sie an ihrem Charakter am liebsten verändern würden, wünschten sich die meisten ebenso schlicht wie verzweifelt, sie wären gern »viel ruhiger«[1]. Laut Forsa empfinden 67 Prozent der Mitbürger die »ständige Hektik und Unruhe« als den größten Auslöser von Stress[2], und bei den guten Vorsätzen zum neuen Jahr stehen ganz obenan die Wünsche »Stress zu vermeiden« und »mehr Zeit für Familie und Freunde« zu haben.[3]

Diese Wahrnehmung des ständigen Getriebenseins ist beileibe keine deutsche Spezialität. Auch europaweite Erhebungen belegen, wie sehr sich die Menschen gehetzt fühlen. Inzwischen sind es schon knapp 50 Prozent der Befragten, die angeben, mindestens die Hälfte ihrer Zeit »sehr schnell« arbeiten zu müssen.[4] Und bei jeder neuen Studie klagen mehr Menschen über ein zu hohes Arbeitstempo und eng gesetzte Termine.[5]

Es ist keine Übertreibung zu sagen: Für die Mehrheit ist das Leiden an der Zeitnot das größte Übel der modernen Gesellschaft. Egal ob Selbstständige oder Angestellte, Manager, Politiker oder Wissenschaftler – alle eint das Gefühl, permanent unter Druck zu stehen, an Quartalsbilanzen, Umfragewerten oder Produktionssteigerungen gemessen zu werden und sich keine Atempause gönnen zu dürfen. Statt in unserer jeweiligen Handlung aufgehen und im besten Falle den *Flow*, den Rausch des konzentrierten Schaffens erleben zu können, fühlen wir uns zunehmend fahrig, fremdgesteuert und irgendwie nur halb anwesend. Was dabei auf der Strecke bleibt, sind nicht nur die Ruhe zum Nachdenken und die Fähigkeit zum konzentrierten, effektiven Arbeiten, sondern etwas viel Grundsätzlicheres: das Erleben der Gegenwart und damit die Wertschätzung unseres Lebens selbst, das immer nur im *Jetzt* stattfindet und nie in der Erinnerung an Gestern oder der Planung von Morgen.

Dass der Mensch nicht nur vom ehrgeizigen Tun lebt, haben im Lauf der Jahrhunderte viele kluge Köpfe erkannt; auch die Religionen betonen immer wieder den Wert jener Zeiten, die nicht allein dem Broterwerb gewidmet sind. Doch obwohl moderne Forschungsergebnisse diese jahrhundertealten Weisheiten mittlerweile eindrucksvoll bestätigen, haben wir es inzwischen weitgehend verlernt, »der Muße zu pflegen«, wie das in früheren geruhsamen Zeiten einmal hieß. Und dieser Mangel durchzieht alle Lebensbereiche.

Denn wir leben, wie Soziologen diagnostizieren, in einer »Beschleunigungsgesellschaft«, in der das Gefühl des Gehetztseins zum Dauerzustand geworden ist; Leistung wird über alles gestellt, das Nichtstun, der nicht zweckorientierte Müßiggang, gilt als unproduktiv und Verschwendung von (Lebens-)Zeit.

Die Folgen dieser Haltung werden einem oft erst bewusst, wenn es zu spät ist. Als etwa Arend Oetker, einer der erfolgreichsten Unternehmer Deutschlands, gefragt wurde, was der »kapitalste Fehler« seines Lebens gewesen sei, antwortete der Wirtschaftsboss ebenso schlicht wie erschütternd: »Zu wenig Zeit für Freunde«. Und als er angeben sollte, welchen »völlig überflüssigen Luxus« er sich gern gönnen würde, träumte Oetker davon, »in Muße die Natur zu erleben« und im Garten seines Elternhauses »zu beobachten, wie sich die Bäume im Badeteich spiegeln.«[6]

An der Unfähigkeit zur Muße leiden aber nicht nur erfolgreiche Manager, die im Hamsterrad der Geschäftigkeit stecken, sondern paradoxerweise auch jene, die ihre Arbeit verloren haben, die Ausgesonderten, Erwerbslosen, Zwangsentschleunigten. Sie haben plötzlich ein Übermaß an freier Zeit vor sich – Zeit allerdings, die ihnen nun leer, entwertet, unbrauchbar erscheint. Denn in einer Leistungsgesellschaft, die das Wachstum, den Konsum und die persönliche Erlebnismaximierung feiert, wird das Nichtstun zum bitteren Genuss.

So beginnt uns allmählich zu dämmern, dass wir für das ständige Gehetztsein und die Logik des »Immer-mehr« einen hohen Preis bezahlen. Auf individueller Ebene mit allen möglichen psychosomatischen Leiden – vom Tinnitus über Schlaf-, Ess- oder Verdauungsstörungen bis hin zum rasant um sich greifenden Burn-out-Syndrom, der Modekrankheit des gestressten Erfolgsmenschen –, deren Häufigkeit massiv ansteigt. So hat sich beispielsweise laut der Krankenversicherung DAK der Anteil psychischer Erkrankungen an den Ursachen für Fehltage am Arbeitsplatz im vergangenen Jahrzehnt fast verdoppelt.[7] Auch bei den Frühverrentungen in Deutschland zeigt sich ein ähnlich alarmierender Trend (siehe Grafik).

Kein Wunder, dass die Weltgesundheitsorganisation WHO berufsbedingten Stress durch permanente Überlastung zu einer der »größten Gesundheitsgefahren des 21. Jahrhunderts« erklärt.[8]

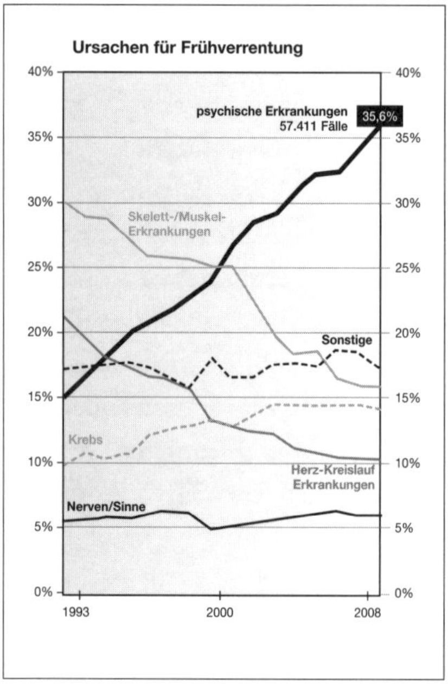

Anteil verschiedener Krankheiten an der Zahl der Frühverrentungen in Deutschland. Am häufigsten gehen Arbeitnehmer heute wegen psychischer Erkrankungen in Frührente, die Zahl der Nervenleiden hat längst die früher häufigen Skelett- und Muskelerkrankungen oder Herz-Kreislauf-Leiden überholt.

Quelle: Deutsche Rentenversicherung

Wir bezahlen aber nicht nur als Individuen, sondern auch als Gesellschaft: Alle zusammen müssen wir die Folgen eines Wachstums tragen, das unseren Planeten an den Rand seines ökologischen Gleichgewichts bringt und das gerade aufgrund seiner Beschleunigung permanent aus dem Ruder zu laufen droht.

Das beste Beispiel dafür ist die globale Banken-, Finanz- und Wirtschaftskrise, die seit 2007 weltweit die Regierungen in Atem hält. Sie ist im Grunde nichts anderes als ein »Beschleunigungsunfall«: Während sich die Geschwindigkeit der Finanztransaktionen immer mehr erhöhte, hinkte die reale Produktion ebenso wie die politische Regulierung hinterher – bis es zum Crash kam. Weniger spektakulär, auf lange Sicht jedoch möglicherweise gefährlicher, ist die schleichende Bedrohung unserer Lebensgrundlagen – Überfischung der Meere, Klimawandel, Verknappung von Energieträgern und Ressourcen etc. Diese Gefahren führen uns drastisch die Grenzen eines Wirtschaftssystems vor Augen, das auf unbegrenztes Wachstum und immer schnelleren Kreislauf von Gütern, Geldern und Geistesschöpfungen setzt.

Selbst unter – traditionell eher konservativen – Ökonomen wächst die Einsicht, dass es so nicht weiter gehen kann. »Wohlstand ohne Wachstum« propagiert etwa Meinhard Miegel, ehemaliger Leiter des Instituts für Wirtschaft und Gesellschaft und heute Vorsitzender eines »Denkwerk Zukunft«. Auch für andere Ökonomen ist Nachhaltigkeit zum zentralen Begriff geworden und selbst die Politik erkennt allmählich die Notwendigkeit, neue Wirtschaftsmodelle zu entwerfen, die nicht mehr nur auf permanentes Wachstum setzen.

Um die Kraft für einen Richtungswechsel zu finden, benötigen wir jedoch ausgerechnet das, was uns am meisten fehlt: Muße und Zeit. Muße, um neue Ideen zu entwickeln, Zeit, um unsere eingefahrenen Verhaltensweisen zu überprüfen und Alternativen zu erproben, in unserem eigenen Leben wie in der großen Politik.

Wie wichtig solche Zeiten des Innehaltens sind, zeigte nicht zuletzt gerade die Finanzkrise: So war es etwa bei der akut notwendigen Stabilisierung der angeschlagenen Hypo Real Estate enorm hilfreich, dass die Börsen zwei Tage in der Woche geschlossen hatten und das Aktiengetriebe wenigstens kurzzeitig zum Erliegen kam. Anfang Oktober 2008, als der Aktienkurs der Bank in freiem Fall war, bot der arbeitsfreie Sonntag die erforderliche Atempause, um die Hypo Real Estate mit einem milliardenschweren Rettungspaket fürs Erste vor dem Bankrott zu bewahren. Als die Börse am Montag wieder öffnete, war die Hypo Real Estate stabilisiert und damit die befürchtete Kernschmelze der Börsenkurse verhindert worden.*

---

* Selbstverständlich ist das keine Garantie, dass die Bank damit dauerhaft gerettet ist. Im Gegenteil, es kann gut sein, dass noch vor Drucklegung dieses Buches der nächste Crash kommt und die Hypo Real Estate als eine der ersten Banken davon betroffen ist. Vermutlich müsste man grundsätzlich einen Tag der Muße pro Woche an der Börse einführen, damit das System längerfristig zur Besinnung kommen kann.

Eine Auszeit vom alltäglichen Immer-weiter-so ist also mitnichten verlorene Zeit; im Gegenteil, oft ist die Distanz zum üblichen Getriebe geradezu überlebensnotwendig. Und das gilt für das Börsengeschehen ebenso wie für unsere eigene Psyche. Hirnforscher haben mittlerweile festgestellt, dass unser Gehirn immer wieder Phasen des Nichtstuns braucht, dass ein gewisser Leerlauf im Kopf für unsere geistige Stabilität sogar geradezu unabdingbar ist.

Allerdings haben wir die hohe Kunst des Nichtstuns weitgehend verlernt. Das abschätzige Wort vom Müßiggang, der angeblich aller Laster Anfang sei, steckt uns derart tief in den Knochen, dass wir dem gestressten Karrieremenschen (auch wenn er mit unsinnigen Finanzderivaten hantiert) gesellschaftlich mehr Bewunderung entgegenbringen als dem genügsamen Lebenskünstler, dem es gelingt, auch ohne Reichtümer glücklich zu sein. Wir feiern die Aktivität allein um ihrer selbst willen, ohne zu fragen, ob sie denn im großen Rahmen für alle Menschen eher förderlich oder schädlich ist; und noch immer gilt das Bruttosozialprodukt als Kennzahl gesellschaftlichen Glückes – ganz so, als ob die Zahl der verkauften, konsumierten und weggeworfenen Güter etwas über die innere Zufriedenheit derer aussagen würde, die in diesem Warenberg leben. Ebenso betrachten wir es als Vorteil, wenn uns ein neues digitales Gerät wie etwa Apples iPad noch mehr Optionen eröffnet, uns noch mehr Informationskanäle erschließt – als ob es immer noch darauf ankäme, die Quantität der verfügbaren Informationen zu steigern und nicht ihre Qualität.

Es ist schon erstaunlich: Mit unserem Körper gehen wir längst pfleglicher und klüger um als mit unserem Geist. Unzählige Diätratgeber lehren uns, beim Essen Maß zu halten, wir machen Frühjahrs- und Herbstkuren, achten auf den Body-Mass-Index und die Qualität unserer Lebensmittel und empören uns, wenn Gammelfleisch über die Ladentheke geht. Doch all das, was in Bezug auf das Essen inzwischen *common sense* ist, scheint im Umgang mit Informationen nicht zu gelten. Dort frönen wir häufig einer ungezügelten Völlerei, stopfen unser Gehirn mit zu vielen, falschen oder unwichtigen Informationen voll und kommen kaum einmal auf den Gedanken, dass unser armes Denkorgan dies alles ja verdauen muss, dass es – wie jedes Organ – auch Zeiten der Regeneration braucht. Am Ende wundern wir uns, warum wir uns geistig so ausgebrannt fühlen und häufig die wirklich entscheidenden Aufgaben aus dem Blick verlieren.

Dieses Buch ist daher so etwas wie ein Diätratgeber für den Geist. Es will helfen, den Blick für das Wesentliche zu behalten und die Kunst dessen zu pflegen, was früher Muße genannt wurde. Dieses »Fernsein von Geschäften oder Abhaltungen«, wie Grimms Wörterbuch die Muße definiert, ist heute für viele gleichbedeutend mit erschöpftem Abhängen (vor dem Fernseher). Dabei bezeichnet Muße eigentlich etwas ganz anderes, nämlich jene Stunden, in denen wir ganz das Gefühl haben, Herr über unsere eigene Zeit zu sein, in denen wir einmal nicht dem Geld, der Karriere oder dem Erfolg hinterherrennen, sondern in denen wir zu uns selbst und unserer eigentlichen Bestimmung kommen. Muße ist nicht auf das entspannte Nichtstun beschränkt, sondern kann uns in vielen Formen begegnen – in inspirierenden Gesprächen ebenso wie beim selbstvergessenen Spiel, beim Wandern oder Musizieren, ja selbst beim Arbeiten – kurz: in jenen Momenten, die ihren Wert in sich selbst tragen und die nicht der modernen Verwertungslogik unterworfen sind.

Man muss dabei ja nicht gleich so weit gehen wie die antiken Philosophen, für die es in der Muße um nicht weniger ging als um die Ausrichtung auf eine »göttlich vollendete Wesensschau«. Gelungene Mußestunden gewährten ihnen zufolge »Augenblicke in die Ewigkeit« und wurden daher als das eigentlich erstrebenswerte Ziel des Lebens im antiken Griechenland angesehen.[9] Wem das zu abgehoben klingt, dem sollte zumindest das Argument zu denken geben, dass wir Zeiten der Ruhe und der Zurückgezogenheit sowohl für unser seelisches Gleichgewicht brauchen als auch für die Entwicklung wirklich neuer Ideen. Deshalb hängte der französische Dichter Saint-Pol-Roux, wenn er sich zum Mittagsschlaf zurückzog, an seine Tür das Schild: »Poet bei der Arbeit«. Er wusste: Wirklich schöpferische Einfälle kommen uns am ehesten dann, wenn wir sie nicht mit aller Macht zu erzwingen versuchen.[10] Und das gilt beileibe nicht nur für die Poesie. Die abendländische Geistesgeschichte ist voll von Beispielen, die zeigen, dass große Ideen aus der Muße geboren werden.

Legendär ist Isaac Newtons Entdeckung seiner Gravitationstheorie: Den zündenden Einfall hatte der Physiker nicht in der Studierstube, über seine Formeln gebeugt, sondern im heimischen Obstgarten, als er unter einem Baum saß und einen Apfel betrachtete (dass ihm dieser auf den Kopf fiel, ist allerdings eine unbewiesene Legende). Anderen großen Denkern kamen ihre besten Einfälle im Traum, beim faulen Herumliegen im Bett, am Strand oder auch beim Wandern (vor allem das philosophische Denken scheint vom Gehen ungeheuer angeregt zu werden).

Natürlich geht solchen Geistesblitzen meist eine Zeit intensiven Studierens und Nachdenkens voraus. Kaum eine Erleuchtung fällt vom Himmel, noch immer gilt das Diktum des Erfinderkönigs Thomas Edison, der bemerkte, Genie sei das Ergebnis von »1 Prozent Inspiration und 99 Prozent Transpiration«. Doch fehlt dieses eine inspirierende Prozent, hilft auch aller Schweiß nicht weiter. Oft kommt der entscheidende Durchbruch gerade dann, wenn man ihn am wenigsten erwartet und das rationale Denken eigentlich mit etwas anderem beschäftigt ist.

Dass zwischen (scheinbarer) Untätigkeit und echter Leistungsfähigkeit ein inniger Zusammenhang besteht, demonstrieren übrigens auch Tiere. Wer je eine Katze beobachtet hat, weiß, wovon die Rede ist. Einerseits sind Katzen echte Meister der Entspannung, die sich mit wohliger Hingabe stundenlang auf dem Sofa räkeln können; doch wenn irgendetwas ihre Aufmerksamkeit fordert (das Geräusch einer Maus oder das vertraute Klappern der Futterdose), sind sie von einem Moment auf den anderen hellwach und hoch konzentriert.

Die Kunst der Absichtslosigkeit, des entspannten Nichtstuns im Tun, ist in unseren modernen, hektischen Zeiten allerdings zunehmend im Verschwinden begriffen. Bloß nicht zur Ruhe kommen, lautet die unausgesprochene Devise. »Stillstand ist Rückschritt«, predigen uns die Unternehmensberater, oder: »Wer aufhört, gegen den Strom zu schwimmen, wird abgetrieben.« Fragt sich nur, welcher Strom damit gemeint ist. Ist es wirklich der vermeintliche Hang zur Faulenzerei, gegen den wir permanent ankämpfen müssen? Oder sollten wir nicht heute eher üben, uns dem allgegenwärtigen Hang zum blinden Aktionismus entgegenzustemmen?

Fragt man Mediziner, fällt die Antwort eindeutig aus: »Wir bemerken, dass im Onlinezeitalter viele Menschen die Fähigkeit verlernt haben, geistig und seelisch offline zu gehen, also abzuschalten«, diagnostiziert etwa Götz Mundle, Psychotherapeut und Ärztlicher Geschäftsführer der Oberbergkliniken, in denen schwerpunktmäßig Erkrankungen wie Sucht, Burn-out und Depressionen behandelt werden. Die meisten seiner Patienten würden gar nicht bemerken, wie viel Stress die stete Aufmerksamkeit und Bereitschaft zur Kommunikation bedeutet, sagt Mundle. »Wir alle wissen, dass wir bei einem Bürojob körperlichen Ausgleich benötigen, daher gehen viele ins Fitnessstudio. Den wenigsten ist aber bewusst, dass auch die Informationsflut geistig verarbeitet werden muss.« Viele seien mit dieser Bewältigung inzwischen überfordert. »Das Problem unserer Patienten ist nicht, Höchstleistungen zu erbringen. Im Gegenteil, das Problem ist, abschalten zu können und nichts zu tun.«[11]

Wie Mundle sind viele andere Ärzte und Therapeuten überzeugt, dass die neuen Medien auch neue Wege des Stressmanagements und der Entspannung erfordern und dass, wer online sein möchte, auch aktiv offline gehen können muss. Dem Aufzeigen solcher Wege und Strategien ist daher *ein* Teil dieses Buches gewidmet. Allerdings macht es auch klar, dass es mit individuellen Tipps allein in vielen Fällen nicht getan ist. Denn dies ist genau der Irrtum all jener Zeitmanagement-Ratgeber, die suggerieren, die allgemeine Zeitnot sei lediglich ein persönliches Problem und wer es nicht bewältige, sei demnach selbst schuld – was uns alle letztlich noch mehr unter Druck setzt.

Dabei ist das allgegenwärtige Gehetztsein längst ein kollektives Problem geworden, das sich aus vielen Quellen speist – technischer Fortschritt, sozialer Wandel, Globalisierung und veränderte religiöse Vorstellungen. Das Gefühl der Zeitnot ist sozusagen das Charakteristikum der modernen Beschleunigungsgesellschaft, die wir alle gemeinsam am Laufen halten. Daher müssen alle Ratschläge, die diesen größeren Rahmen außer Acht lassen, auf lange Sicht notgedrungen scheitern.

Einen der schlagendsten Belege dafür liefert die Kommunikationswissenschaftlerin Miriam Meckel, die wie kaum eine andere die Fallen der modernen Beschleunigungsgesellschaft kennt. 2007 schrieb sie ein kluges Buch *(Das Glück der Unerreichbarkeit)*, in dem sie den täglichen Termindruck und das Trommelfeuer der Dauerkommunikation beklagte und ihren Lesern dringend empfahl, immer wieder Ruhephasen einzuplanen und gezielt abzuschalten. Das klang alles höchst einleuchtend – drei Jahre später allerdings bewies ausgerechnet Meckel selbst, dass es mit solchen Tipps allein nicht getan ist. 2010 veröffentlichte die Erfolgsfrau, die mit 31 Jahren Deutschlands jüngste Professorin war, dann Regierungssprecherin und Staatssekretärin wurde und heute an der Universität St. Gallen in der Schweiz lehrt, ein neues Buch: *Brief an mein Leben – Erfahrungen mit einem Burnout.* Darin berichtet Meckel, wie ihr genau das passierte, wovor sie in ihrem ersten Buch gewarnt hatte: Während sie wieder mal eine Flut von E-Mails beantwortete, den Koffer für eine Konferenz packte und an tausend Dinge zugleich dachte, klappte sie regelrecht zusammen, ihr Körper versagte den Dienst. Nichts ging mehr.[12]

Bemerkenswert an Meckels Geschichte ist nicht nur, dass sogar eine so reflektierte Frau der Erfolgsfalle nicht entkommt, die sie selbst genau beschrieben hat; interessant daran ist auch, dass ihr Buch prompt zu einem Bestseller wurde und der Wissenschaftlerin (die auch als Lebensgefährtin der Fernsehmoderatorin Anne Will im Schweinwerferlicht steht) einmal mehr große Aufmerksamkeit bescherte. Mit ein wenig Zynismus könnte man sagen: Meckel hat bewiesen, dass man selbst einen Burn-out noch zum Erfolg machen kann.

Ein Burn-out sei die einzige Seelenpein, »mit der Menschen offenbar gern an die Öffentlichkeit gehen«, schreibt dazu das Magazin *Focus* treffend.[13] »Gerade in den Rängen der Prominenten und Halbprominenten scheint es zum guten Ton zu gehören, sich entsprechend zu outen.« Wer ausbrennt, hat zumindest bewiesen, dass er vorher für eine Sache ganz gebrannt hat, lautet das verharmlosende Klischee. Dabei geht das Erschöpfungsleiden häufig mit schwerwiegenden Erkrankungen wie Angststörungen und Depressionen einher, die – wie bei dem Fussballtorwart Robert Enke – sogar zum Suizid führen können.

Das Fatale an diesem Leiden ist, dass es von den Betroffenen häufig gar nicht als »richtige Krankheit« angesehen, sondern gern verdrängt und als vorübergehende Schwäche abgetan wird, der man am besten dadurch begegnet, indem man sich mehr »am Riemen reißt«. Wer wissen will, ob er ein Burn-out-Kandidat ist, dem mag der folgende Selbsttest helfen, den der Hamburger Mediziner Michael Stark entwickelt hat.

Bin ich ein Burn-out-Kandidat?

Beantworten Sie einfach eine Woche lang jeden Tag die zehn Fragen mit einem roten oder grünen Kreuz.

	Mo.	Di.	Mi.	Do.	Fr.
Wie sind Sie aufgewacht? Ausgeruht (grün), kaputt (rot)					
Haben Sie den Morgen in Ruhe verbracht, sich z. B. Zeit für ein Frühstück genommen? Ja (grün), nein (rot)					
Haben Sie tagsüber kurze Erholpausen gemacht, z. B. in Ruhe zu Mittag gegessen? Ja (grün), nein (rot)					
Haben Sie viel oder mehr als sonst geraucht? Ja (rot), nein (grün)					
Haben Sie tagsüber oder nach Feierabend Bewegung gehabt? Ja (rot), nein (grün)					
Hatten Sie Probleme mit Ihrer Verdauung? Ja (rot), nein (grün)					
Hatten Sie an diesem Tag Stress? Ja (rot), nein (grün)					

	Mo.	Di.	Mi.	Do.	Fr.
Haben Sie nach der Arbeit bewusst etwas Erholsames gemacht (z. B. Sauna, Sport, Kino)? Ja (grün), nein (rot)					
Haben Sie heute genug Zeit für sich selbst gehabt? Ja (grün), nein (rot)					
Haben Sie zum Ein-/Durchschlafen Tabletten oder Alkohol gebraucht? Ja (rot), nein (grün)					

Auswertung: Wenn Sie bei insgesamt fünf oder sechs Fragen überwiegend rote Kreuze gemacht haben, zeigen Sie erste Anzeichen eines Burn-outs. Bei sieben oder mehr Fragen mit überwiegend roten Kreuzen, sollten Sie ärztlichen Rat einholen.

Quelle: Michael Stark/Das Gesundheitshaus (www.prof-stark.de/)

Dieses Buch will Sie allerdings nicht nur vor einem Burn-out bewahren, sondern auch die Ursachen der überall spürbaren Beschleunigung analysieren.

Das erste Kapitel widmet sich daher dem Paradox, dass wir immer weniger Zeit zu haben scheinen, obwohl wir ständig neue Techniken zum Zeitsparen entwickeln. Wo ist all die gewonnene Zeit geblieben? Warum führen die üblichen Methoden des Zeitmanagements in der Regel zwar zu mehr Effizienz, aber nicht zur Gelassenheit? Und wie ist es zu erklären, dass der technische Fortschritt mit seiner Vielzahl an Optionen und Wahlmöglichkeiten uns das Leben nicht erleichtert, sondern uns eher stresst?

Im zweiten Kapitel geht es um die Frage: Wie bewältigen wir die Herausforderungen der modernen Informationsflut am besten? Hier wird beschrieben, wie Internet, Smartphones und permanenter E-Mail-Verkehr unser Denken verändern, wie unser Gehirn auf eine Vielzahl auf uns einprasselnder Reize reagiert und wie dies unsere Willenskraft und die Fähigkeit zur Selbstkontrolle beeinflusst. Letztlich geht es in diesem Teil um die Kunst, von der Fremd- auf die Selbststeuerung umzuschalten.

Den Wert des Nichtstuns dagegen beschreibt Kapitel drei. Im Licht der Wissenschaft offenbaren die scheinbar unproduktivsten Fähigkeiten – Schlafen, Tagträumen, Meditieren – verblüffend wertvolle Eigenschaften. Und es zeigt sich, dass Zeiten gelegentlichen Nichtstuns nicht nur für unsere geistige Gesundheit unabdingbar sind, sondern auch für unsere Konzentration und Kreativität.

Doch warum kommen wir so selten dazu? Das ist das große Thema in Kapitel vier. Hier wird die Funktionsweise der Beschleunigungsgesellschaft analysiert und die Frage beantwortet, wie technischer Fortschritt, sozialer Wandel und veränderte Wertvorstellungen unausweichlich dazu führen, dass heute in allen Bereichen unseres Lebens die Zeit knapp zu werden scheint.

Dass es auch anders geht, zeigt Kapitel fünf. Es berichtet von Orten und Kulturen der Muße, stellt sinnvolle Gegenmodelle und Verlangsamungsstrategien vor, die als Vorbild und Anregung zu eigenen Verhaltensänderungen dienen können.

Da man allerdings bei entsprechenden Vorsätzen bald auf die Macht der Gewohnheit stößt, geht es in Kapitel sechs um die richtigen Strategien auf dem Weg zur Veränderung. Psychologen und Verhaltensforscher erklären, wie es gelingt, aus vertrauten Strukturen auszubrechen und alteingefahrene Gewohnheiten zu verändern. Dabei geht es nicht allein um nötige Auszeiten und Ruhephasen vom alltäglichen Getriebe, sondern letztlich um die Grundfrage, was wir in unserem Leben als wesentlich erachten.

Natürlich steuert jeder Mensch nach seinem eigenen Navigationssystem, der »innere Kompass« ist bei uns allen unterschiedlich ausgerichtet. Daher will dieses Buch auch kein für alle gleichermaßen gültiges Patentrezept liefern, sondern vor allem vielfältige Anregungen und Anstöße geben, die jede Leserin und jeder Leser auf ihre ganz persönliche Tauglichkeit überprüfen kann.

Diesem Zweck dient auch die »Galerie großer Müßiggänger«, eine Reihe von Kurzporträts, die jeweils Menschen vorstellen, die alle – auf ihre ganz eigene Art – die Kunst des Nichtstuns perfektionierten. Sie machen uns bewusst, wie wichtig es ist, in einer hektisch beschleunigenden Welt die eigenen Prioritäten und die Selbst-Besinnung nicht aus dem Blick zu verlieren. Die Beispiele dieser Müßiggänger belegen zugleich, dass wir der allgemeinen Hetze nicht hilflos ausgesetzt sein müssen, sondern dass es immer wieder Wege und Möglichkeiten gibt, auf kluge Weise damit umzugehen. Denn so, wie wir das System der Beschleunigung alle zusammen in Gang gesetzt haben, können wir es auch alle gemeinsam ändern.

I

GEWONNENE UND VERLORENE ZEIT

Wenn Babbitt in die Nähe seines Büros gelangte, ging er schneller und schneller und murmelte dabei: »Muss mich sputen.« Um ihn herum sputete sich die ganze Stadt, Eile um der Eile willen. Männer in Autos eilten, einander zu überholen in dem rasenden Verkehr. Männer eilten, um Züge zu erreichen, auf Zügen, die mit Verspätung anlangten, sprangen von den Zügen, galoppierten über die Straßen, stürzten in die Häuser und in die auf und ab schießenden Expressaufzüge. Männer in Speisewirtschaften sputeten sich, ihr Essen hinabzuwürgen, das der Koch in rasender Eile gebraten hatte. Männer in Frisierläden keuchten: »Rasieren Sie mich ein bisschen fix. Bin eilig.« In fiebernder Hast suchten Männer ihre Besucher loszuwerden in Büroräumen, die mit der Aufschrift »Bin heute beschäftigt« oder »Der Herr hat die Welt in sechs Tagen erschaffen, du kannst alles Nötige in sechs Minuten sagen!« verziert waren. Männer, die im vorletzten Jahr 5000 und im letzten Jahr 10000 Dollar verdient hatten, trieben ihre zerrütteten Nerven und ihr erschöpftes Gehirn in toller Hast an, um dieses Jahr 20000 herauszuschlagen; und die Männer, die schon 20000 Dollar verdient hatten und gleich hinterher zusammengebrochen waren, hasteten, um Züge zu erreichen und ihre Ferien, eilig von hastenden Ärzten verschrieben, in Hast und Eile zu verbringen.

In unnachahmlicher Weise hat Sinclair Lewis 1922 in seinem Roman *Babbitt* das gehetzte Leben der modernen Gesellschaft nachgezeichnet.[1] Lewis' Immobilienmakler George F. Babbitt hat den Drang, Zeit zu sparen, vollständig verinnerlicht und sein ganzes Leben dem Effektivitätsprinzip verschrieben. Nichts geschieht bei ihm spontan; Babbitt hält sich an alle geschriebenen und ungeschriebenen Gesetze des bürgerlichen Lebens – und erhofft doch insgeheim nichts so sehr wie einen Ausbruch aus diesem strengen Raster.

Sinclair Lewis' provokante Porträts des amerikanischen Bürgertums wirkten wie eine Karikatur der Realität und schockierten die Zeitgenossen. Eine Steigerung der von ihm geschilderten Zustände schien kaum vorstellbar. Und doch wäre selbst einem George F. Babbitt schwindelig geworden, hätte man ihn plötzlich an den Beginn des 21. Jahrhunderts versetzt, in dem die Zeit ein noch viel knapperes Gut geworden ist. Angesichts der Kommunikation mit Lichtgeschwindigkeit, der globalen *Just-in-time*-Lieferung und der nanosekundengenauen Taktung von Produktionsprozessen erschiene Lewis' Helden sein Leben der zwanziger Jahre wohl wie ein Relikt aus »guter alter Zeit«.

Musste damals schon alles schnell gehen, so heißt es heute: instantan. Babbitt wäre *auf dem Weg* zum Büro bereits online und mitten in der Arbeit, die gemütlichen »Speisewirtschaften« hätten längst einem Fast-Food-Imbiss Platz gemacht, und statt zum gemächlichen Zug würde er zum Flugzeug hasten. Auch Babbitts Hör- und Sehgewohnheiten hätten sich zweifellos verändert. Dieselbe Jazzmusik, die ihm in den 1920er Jahren wild und atemlos erschien, würde er heute als entspannende Hintergrundmusik in ruhigen Stunden auflegen. Theaterstücke, die ihn damals schockierten, empfände er nun als langatmig und öde, und die ruhigen Angelurlaube, die er sich zur Entspannung seinerzeit gönnte, hätten wohl einem aufregenden Erlebnisurlaub Platz gemacht. Der Vergleich der Lebenstempi Anfang des 20. und Anfang des 21. Jahrhunderts erinnert damit unwillkürlich an das überspannte Taktmaß in Robert Schumanns 2. Klaviersonate g-moll (opus 22), die mit der Aufforderung »so rasch wie möglich« beginnt – nur um als Nächstes vom Pianisten zu fordern »noch schneller«.

Wie sehr sich das Gefühl der knapper werdenden Zeit ausbreitet, weisen Studien seit Jahrzehnten nach. Schon 1970 sprach der Sozialwissenschaftler Staffan Linder in *The Harried Leisure Class* (etwa: Die gequälte Klasse der Müßiggänger) von einer allgemeinen »Zeit-Hungersnot«.[2] Und die Zeitbudgetforscher John Robinson und Geoffrey Godbey stellen fest: »Der unerfüllte Hunger nach Zeit führt nicht zum Tod, sondern eher, wie schon die alten Athener Philosophen feststellten, dazu, dass man nie beginnt zu leben.«[3]

Dabei ist nichts so verbreitet wie das Bemühen, Zeit zu sparen. Bücher zum *Time*-Management sind Bestseller, Arbeitsprozesse werden genauso optimiert wie die alltäglichen Verrichtungen des Lebens, und ständig beglückt man uns mit neuen »Zeit-Spartechniken« wie Mikrowelle, Digitalkamera oder Speed-Dating, die das lästige Kochen, Knipsen oder Kennenlernen enorm beschleunigen und uns damit unendliche Zeitgewinne verheißen.

Doch seltsam, trotz all dieser Anstrengungen geht es uns wie den Figuren in Michael Endes Kinderbuchklassiker *Momo*, die verwundert feststellen: Je mehr Zeit sie sparen, umso weniger haben sie. In Endes Geschichte sind dabei die Schuldigen leicht auszumachen: Es sind die »grauen Herren« von der »Zeit-Spar-Agentur«, die den Menschen ihre Zeit rauben, um selbst davon zu leben. Wer aber ist im wirklichen Leben für den Zeitnotstand verantwortlich? Wer oder was spielt die Rolle der »grauen Herren«? Und wo ist all die Zeit versteckt, die uns auf geheimnisvolle Weise abhanden gekommen zu sein scheint?

Offenbar müssen wir uns nicht auf die Suche nach der *verlorenen* Zeit begeben (wie einst Marcel Proust), sondern vielmehr die Suche nach der *gewonnenen* Zeit in Angriff nehmen.

1. Im Teufelskreis des Rasierapparates

Vor einigen Jahren erschien eine großflächige Anzeige des Computerkonzerns IBM, die einen etwa zehnjährigen Jungen zeigte, der in einem Chefsessel saß und traurig den Betrachter anblickte: »Wenn er groß ist«, so lautete der Anzeigentext, »erbt er die Firma von dem komischen Typen, der nie Zeit für ihn hatte.« Selbstverständlich wusste IBM auch gleich ein probates Mittel gegen die kindliche Traurigkeit: Wenn der Vater in eine neue Software zur Unternehmenskommunikation investiere, könne er »zeitraubende Entscheidungsprozesse« verkürzen. Auf diese Weise werde IBM ihm »wieder etwas von der Zeit zurückgeben«, die er in seine Firma investiert hat.

Das suggestive Plakat dürfte seine Wirkung auf Väter mit schlechtem Gewissen nicht verfehlt haben. Was es allerdings verschwieg, waren jene Konsequenzen, die der Kauf der Zeitspartechnik wirklich zur Folge hätte: Denn würde der investierende Unternehmer tatsächlich fortan schon um vier Uhr das Büro verlassen, um mit seinem Sohn Fußball zu spielen? Im Gegenteil: Die neue Software würde wohl dafür sorgen, dass die Firma effizienter wird, also mehr produziert, worüber wiederum mehr kommuniziert werden muss, sodass sich am Ende der Stress des Vaters eher noch erhöht. Und selbst wenn er sich fest vornähme, mit besserer Technik auf dem alten (Produktions-)Stand zu bleiben, dürfte ihn die Konkurrenz, die sich ja ebenfalls der zeitsparenden Software bedient, schon bald davon abbringen. Im Endeffekt bekäme der Sohn wohl eine produktivere Firma, aber keinen entspannteren Vater.

»Jede neue Technologie, die uns objektiv Zeit gewinnen lässt, beschleunigt unseren Rhythmus und den Fluss unserer Tätigkeit.

Sie verschafft uns mehr Arbeit, anstatt dass sie uns mehr Zeit bescheren würde«, bringt es Jeremy Rifkin, Leiter der amerikanischen Foundation on Economic Trends auf den Punkt.[4] Als Ergebnis sieht Rifkin »eine Zivilisation der Ungeduld«. Wir seien weniger tolerant, leichter genervt und verzweifelten schon, wenn der Computer nicht innerhalb von drei Sekunden reagiert. »Wir verlangen sofortige Belohnung oder wir werden wütend.« Der amerikanische Ökonom Nicholas Georgescu-Roegen hingegen sieht den modernen Menschen im »Teufelskreis des Rasierapparates« stecken: »Ich rasiere mich schneller, damit ich mehr Zeit habe, eine Maschine zu erfinden, mit der ich mich schneller rasieren kann, damit ich noch mehr Zeit habe …«[5]

Dabei war die Sache doch ursprünglich ganz anders gedacht. Die moderne Technik und der ökonomische Fortschritt sollten den harten Arbeitsalltag erleichtern, die Menschen von ungeliebten Tätigkeiten entlasten und ihnen mehr Freiraum für die angenehmen Dinge des Lebens eröffnen. So prophezeite 1930 der Ökonom John Maynard Keynes in einem Essay über die »Ökonomischen Möglichkeiten unserer Enkel«, die zentrale Herausforderung kommender Generationen bestünde in der zu erwartenden Überfülle an freier Zeit und Muße und der Frage, wie man diese sinnvoll nutze.[6] Selbst in den sechziger Jahren, als eigentlich schon absehbar war, dass es mit dem Muße-paradies nichts werden würde, hielt sich dieser Glaube noch ungebrochen. 1964 behauptete etwa das *Life-Magazine*: »Amerikaner stehen vor einer Fülle an Muße – die Aufgabe jetzt: Wie man das Leben leicht nimmt.«[7]

Heute kann man solche naiven Vorstellungen nur belächeln. Vom Zeitwohlstand sind wir weit entfernt, stattdessen leiden wir an einer steten Verknappung der wertvollen Ressource Zeit. »Ich muss nur einen ehemaligen Angestellten, einen höheren Staatsbeamten oder, schlimmer noch, einen Professor anrufen, um von ihnen zu erfahren, dass es diese Woche oder diesen Monat wirklich nicht geht«, klagte der inzwischen verstorbene britische Soziologe und Labour-Politiker Michael Young in seinem Buch *The Metronomic Society*, »als ob man unbedingt gedemütigt werden muss mit der Liste all jener Ansprüche, die an ihre Zeit gestellt werden und so viel wichtiger als meine sind.«[8]

Dass das von Keynes propagierte Zeitalter der Muße einfach nicht eintreten will, belegt unter anderem eine Studie der Ökonomen Valery Ramey und Neville Francis. Sie haben die Entwicklung von Arbeits-, Schul-, Haushalts- und Freizeiten in den USA von 1900 bis 2005 bilanziert und kommen zu dem Ergebnis, dass die Zeit für Muße* keinesfalls zugenommen hat, sondern im Schnitt »heute dieselbe wie vor 105 Jahren ist«.[9]

Dabei arbeiten wir heute in der Regel doch deutlich weniger als unsere Väter und Großväter. Seit Jahren weisen die Statistiken eine stetig sinkende Arbeitszeit aus, in Deutschland sind es heute gerade mal 30 Stunden pro Woche, die der durchschnittliche Angestellte arbeitet, dazu kommen 31 Tage Urlaub und je nach Bundesland 9 bis 13 Feiertage. Von solch gemütlichen Verhältnissen konnten unsere Vorväter doch nur träumen, oder?

Von wegen. Denn die Statistik führt in die Irre. Die Arbeitszeit sinkt eben nur im *Durchschnitt*. Aber anders als früher, als nahezu alle Beschäftigten auch wirklich Vollzeit arbeiteten, hat sich der Arbeitsmarkt aufgespalten in Teilzeit-, Halbtags- und Minijobber auf der einen Seite, sowie Vielabeiter, Überstundenfresser und Dauererreichbare auf der anderen Seite. Einer Studie der Bundesanstalt für Arbeitsschutz und Arbeitsmedizin zufolge widmet etwa jeder zehnte Vollbeschäftigte in Deutschland mehr als 60 Stunden pro Woche seinem Beruf[10] – Freizeit wird unter solchen Umständen zum Fremdwort.

---

* Wobei sie Muße als jene Zeiten definieren, die wir mit Tätigkeiten füllen, »die uns direkt Freude bringen«.

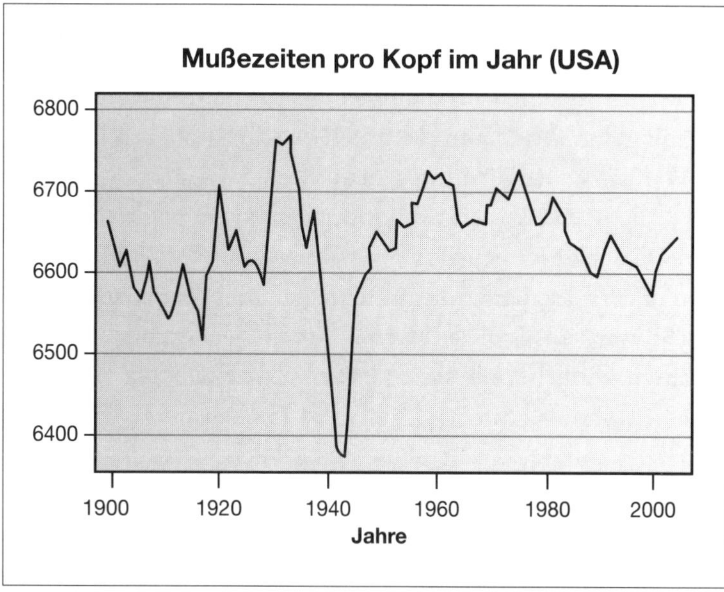

Seit dem Jahr 1900 hat sich die Zahl der frei zur Verfügung stehenden Mußestunden kaum verändert – sieht man einmal von den Jahren des Zweiten Weltkriegs ab.
Quelle: Ramey / Francis 2006

Doch das ist nur ein Teil der Antwort auf die Frage, wo die Muße geblieben ist. Einige Menschen arbeiten ja tatsächlich weniger als ihre Vorfahren. Müsste daher nicht *im Mittel* die frei zur Verfügung stehende Zeit eigentlich zunehmen? Leider nein, argumentieren die Ökonomen Ramey und Francis. Im selben Maße wie die reine Arbeitszeit (über ein ganzes Leben gerechnet) in den vergangenen Jahren gesunken ist, sind die Schulzeiten angestiegen; durch den Zwang zur permanenten Fortbildung dehnen sich die Zeiten aus, die mit dem Konsum und Verarbeiten von Informationen zugebracht werden. Erstaunlicherweise hat sich – trotz allen technischen Fortschritts – nicht einmal die Zeit verringert, die wir für Hausarbeiten aufwenden! Frauen sind zwar heute weniger im Haushalt tätig als im Jahr 1900; dafür aber hat der Anteil der Männer deutlich zugenommen, sodass am Ende die Summe der mit Hausarbeit verbrachten Zeit dieselbe geblieben ist.

Wie ist das möglich, fragt man sich verwundert? Schließlich war doch die Hausarbeit vor hundert Jahren ein ungleich mühsameres Geschäft als heute! Um etwa einen Wäscheberg sauber zu bekommen, den heute die Waschmaschine beinahe von alleine wäscht, war damals die arme Hausfrau gut vier Stunden lang beschäftigt; Ähnliches gilt für das Putzen ohne Staubsauger, das Vorrathalten ohne Kühlschrank oder das Kochen ohne Mikrowelle oder Tiefkühlkost. Wo ist all die Zeit geblieben, die uns der technische Fortschritt doch eigentlich abgenommen hat?

Eine erste Antwort liefert *Parkinson's law*: »Eine Arbeit dehnt sich in genau dem Maß aus, wie Zeit für ihre Erledigung zur Verfügung steht – unabhängig davon, wie groß die Arbeitsmenge tatsächlich ist.« Dieses (nur halb scherzhaft gemeinte) Gesetz formulierte der britische Historiker und Soziologe Cyril Northcote Parkinson einst mit Blick auf das Wachstum von Bürokratien; seine Beobachtung lässt sich aber leicht auf nahezu alle Arbeitsprozesse in Betrieben und im Haushalt ausdehnen.[11]

Freundlicher formuliert kann man Parkinsons Gesetz auch so interpretieren: In dem Maße, in dem wir durch Technik Zeit gewinnen, steigen unsere Ansprüche und Anforderungen. Vor hundert Jahren galten gepflegte Kleider, ein sauberes Haus und ein Essen mit mehreren Gängen noch als Luxus, heute sind diese Dinge weitgehend zum Standard geworden. Und dieses Prinzip gilt für alle Lebensbereiche: Die Kommunikation via E-Mail, Fax oder Telefon ist ungleich schneller geworden als die Briefpost im Jahre 1900 – was zur Folge hat, dass wir mehr kommunizieren als je zuvor und die (eigentliche arbeitsvereinfachende) E-Mail ein zeitfressendes Folterinstrument geworden ist. Schnellere Autos,

Züge und Flugzeuge versprechen uns enorme Zeitgewinne beim Reisen – was allerdings nicht dazu führt, dass wir *kürzer* unterwegs wären, sondern dass wir *mehr und weiter* reisen, sodass unsere Fahr- und Transportzeiten insgesamt so lange sind wie vor hundert Jahren[12]. Gäben wir uns mit denselben Speisen, Reisen und Unterhaltungen zufrieden wie unsere Vorväter – wir lebten im Zeitparadies. Stattdessen sehen wir uns dem Paradox gegenüber, dass wir keine Zeit haben, obwohl wir sie doch im Überfluss gewinnen.

Und daran ändern nicht einmal die viel gepriesenen Seminare zum Zeitmanagement etwas. Denn dort lernt man in der Regel nur, seine (Arbeits-)Zeit effizienter zu nutzen, nicht aber, sich mehr Zeit zu lassen. Das kann am Ende geradezu einen kontraproduktiven Effekt haben: Wer es nämlich dank Zeitmanagement schafft, noch mehr Dinge in noch kürzerer Zeit zu erledigen, profiliert sich als besonders effizienter Angestellter, der umgehend mehr Arbeit aufgebürdet bekommt, und letztlich ist der Stresspegel dann so hoch wie zuvor.[13]

2. Die Missverständnisse um die Muße

Offenbar sind die üblichen Zeitspartechniken denkbar ungeeignet, uns zu mehr Muße zu verhelfen. Weder führt uns der technische Fortschritt in das ersehnte Paradies der Zeitüberfülle, noch macht uns eine bessere Arbeitsorganisation automatisch zu entspannten Müßiggängern. Die Ursachen für das Gefühl des Gehetztseins liegen tiefer, und der erste Schritt zu einem entspannteren Leben besteht darin, sich zunächst einmal mit diesen Ursachen und unseren (oft unbewusst wirkenden) psychologischen Mechanismen und Wertvorstellungen auseinanderzusetzen. Dabei gilt es, auch einige der populärsten Irrtümer über den Begriff der Muße auszuräumen.

Das erste Missverständnis besteht zum Beispiel in jenem Glauben, den uns all die *Simplify-your-life*-Ratgeber und Zeitmanager suggerieren: dass es sich nämlich um ein individuelles Problem handele, das man durch eine entsprechende Verhaltensänderung ganz leicht lösen könne. In Wahrheit ist die Empfindung der Zeitnot längst kein persönliches Problem mehr, sondern ein kollektives. Wer von lauter gehetzten Menschen umgeben ist, kann sich dieser Atmosphäre nicht ohne Weiteres entziehen und zum gelassenen Flaneur werden. Deshalb leiden mitunter selbst jene Menschen unter Zeitnot, die darüber eigentlich bestens Bescheid wissen (der Autor bildet da leider keine Ausnahme). In einer Gesellschaft, die auf dem Grundprinzip der Beschleunigung basiert, ist es kaum möglich, »ganz entspannt im Hier und Jetzt« zu sein – auch wenn manche gerne so tun, als hätten sie dieses Ideal verwirklicht. Daher hilft es schon, sich nicht mit überzogenen Ansprüchen zu quälen. Manchmal ist das Leben eben hektisch – nicht weiter schlimm, solange die Hektik nicht zum Dauerzustand wird und man auch versteht, sich mußevolle Ruhephasen zu gönnen.

Damit aber beginnt bei vielen das nächste Missverständnis: Es besteht in der Ansicht, zur Muße seien besondere Auszeiten nötig, die sich nur außerhalb des gewöhnlichen Alltags und mit hohem Aufwand verwirklichen ließen. Ein schönes Beispiel für diese Haltung lieferte das Nachrichtenmagazin *Der Spiegel*, das zur Ferienzeit im Sommer 2010 eine Ausgabe der »Kunst des Müßiggangs im digitalen Zeitalter« widmete.[14] Mit dem Vorsatz, ihren ständig nervenden E-Mails und dem bimmelndem iPhone endlich einmal zu entfliehen, begab sich *Spiegel*-Redakteurin Susanne Beyer auf die Suche nach der Muße. Doch wie meinte sie diese zu finden? Zunächst stieg sie dazu in den ICE, fuhr von Hamburg nach Berlin, quartierte sich dort in einem teuren Wellnesshotel ein und gönnte sich einen »Day Spa« inklusive eines eiligen Meditationskurses. Was für eine Hetze, was für ein Aufwand (von den Kosten gar nicht zu reden)! Dabei hätte die Autorin ihre Geräte auch einfach ausschalten und sich gemütlich auf ihren Balkon setzen können. Doch offenbar war man in der Redaktion der Meinung, Muße erfordere zunächst große Anstrengung.

Gewöhnt an eine Konsumgesellschaft, die jedes Bedürfnis durch entsprechende Produkte befriedigt, wird eben oft auch die Muße als konsumierbares Gut betrachtet. Wer sich gestresst fühlt, bucht den Entspannungskurs, wer unter Zeitdruck leidet, kauft den Ratgeber zum Zeitmanagement, wer nicht mehr zum Musizieren kommt, gönnt sich neue CDs – als ob man sich mit dem Buch oder der CD die Zeit zum entspannten Lesen oder Hören gleich mitkaufen könnte. Dementsprechend schlachtet die Werbung gnadenlos unser Bedürfnis nach Ruhe aus. »Sie wollen Muße genießen? Mal richtig entspannen und erholen, sich verwöhnen lassen oder sich besinnen?«, hieß es etwa passend zum *Spiegel*-Titel auf der Internetseite des Nachrichtenmagazins, wo dem erholungssuchenden Leser die »Reise-Tipps von SPIEGEL ONLINE« präsentiert wurden: Ayurveda auf Sri Lanka, Klosterurlaub auf Mallorca oder Planschen im Schwefel-Spa auf der Karibikinsel Dominica. Je exotischer und aufwändiger, so scheint es, desto mehr Muße. Dabei ist das Gegenteil richtig. Eine Fernreise will vorbereitet und finanziert sein, vor Ort gilt es, sich zu akklimatisieren und zurechtzufinden, was unter Umständen nicht unerheblichen Stress für Körper und Psyche bedeutet. Und gerade wenn man anfängt, sich zu entspannen, steht der Rückflug schon bevor.

Statt sich den Stress einer Fernreise zu »gönnen«, käme man der Muße vermutlich näher, wenn man das Geld vier Wochen in eine Köchin und einen Butler investierte und sich zuhause einmal richtig verwöhnen ließe. Doch häufig erwarten wir von den Mußezeiten eben auch gleich ein besonderes Erlebnis – die außergewöhnlich wohlige Entspannung, den rundum gelungenen Urlaub, den ungetrübten Musikgenuss, die harmonische Zeit mit der Familie – und unterliegen so dem dritten Missverständnis: Denn mit diesen Ansprüchen setzen wir ausgerechnet jene Auszeiten, in denen es einmal nichts zu leisten gilt, prompt wieder unter einen Erwartungsdruck, dem sie häufig nicht genügen. Im Wellness-Spa merkt man erst, wie verspannt man ist, im Urlaub regnet es, im Konzert schweifen die Gedanken ständig ab, und am ruhigen Wochenende mit der Familie kommen zunächst einmal lang verdrängte Probleme hoch. Muße lässt sich eben nicht auf Knopfdruck verwirklichen, sie bedarf vor allem einer Sache: ausreichend Zeit. Sonst unterwirft man sie prompt wieder jenem Effizienzdenken, das bereits unseren gesamten Arbeitsalltag regiert.

Allerdings müssen wir uns auch von der Vorstellung lösen, viertes Missverständnis, dass die Verwirklichung der Muße ausschließlich mit der zur Verfügung stehenden Freizeit zu tun habe. Manche Menschen vertrödeln unendliche Stunden ihrer freien

Zeit mit Tätigkeiten, die weder zur Erholung noch zum Glück führen; andere bleiben selbst inmitten großer Aktivität entspannt und froh, ja, sie betrachten sogar ihre Arbeit als befriedigende, mußevolle Aktivität und nicht als saure Pflicht.

Die Kunst der Muße hat letztlich also nichts mit der Zahl der freien Stunden zu tun, sondern mit einer Haltung. »Muße«, so drückt es die österreichische Wissenschaftsforscherin Helga Nowotny aus, »ist die Intensität des Augenblicks, der sich zeitlich zu Stunden oder Tagen ausdehnen kann, um sich auf ein Einziges zu konzentrieren: Eigenzeit.« Und diese »Eigenzeit« kann vieles sein – ein intensives Gespräch ebenso wie Musikgenuss oder ein spannendes Arbeitsprojekt, sie kann spielerisch oder ernsthaft sein, zielorientiert oder suchend, aber sie wird immer charakterisiert durch eine Eigenschaft, sagt Nowotny: »Muße ist die Übereinstimmung zwischen mir und dem, worauf es in meinem Leben ankommt.«[15]

3. Zeitdruck, Stress und Selbstkontrolle

Als italienische Psychologen vor einigen Jahren die Lebensgewohnheiten von Südtiroler Bergbauern untersuchten, machten sie eine erstaunliche Entdeckung: Als sie diese nach ihrem Verständnis von Arbeit und Freizeit befragten, stellten die Psychologen verdutzt fest, dass die Bauern diesen Unterschied gar nicht machten. Sie taten eben, was zu tun ist – sie molken ihre Kühe, mähten die Wiesen, erzählten den Kindern zwischendurch Geschichten oder spielten abends Akkordeon –, ohne zwischen Pflicht und Vergnügen klar zu trennen. Und als sie gefragt wurden, was sie tun würden, wenn sie mehr Zeit zur Verfügung hätten, antworteten die Bergbewohner verwundert: dasselbe. Milch, Mahd, Märchen und Musik.[16]

Offenbar hatten die Bauern das von Helga Nowotny formulierte Ideal der Eigenzeit perfekt verwirklicht. Dass eine solche Haltung häufig in ländlichen Gebieten anzutreffen ist, die noch der Tradition und nicht dem Takt der Industriegesellschaft folgen, belegen auch andere Studien. Obwohl Vieh und Felder ständig Zuwendung verlangen und die Arbeitsbelastung von Landwirten in der Regel weit höher ist als die normaler Angestellter, klagen sie kaum über Zeitmangel. Als besonders belastbar erweisen sich dabei die Bäuerinnen: Sie geben erst an, unter zu wenig Zeit zu leiden, wenn ihr Arbeitstag länger als 11 Stunden dauert. Rentner dagegen klagen schon über Zeitnot, wenn sie im Schnitt 4 Stunden und 45 Minuten Verpflichtungen haben.[17]

»Das Gefühl der Zeitnot hat wenig mit Zeit, viel hingegen mit Perspektive zu tun«, schreibt deshalb der Wissenschaftsjournalist Stefan Klein in seinem Buch *Zeit* und zitiert dazu eine eindrückliche Studie der französischen Soziologin Nicola Le Feuvre. Diese hatte 150 Frauen nach ihrem Arbeits- und Freizeitverhalten befragt und festgestellt, dass die Interviewten je nach ihrem Bildungsgrad diese Zeiten ganz unterschiedlich definierten. Während Frauen mit einem niedrigen Schulabschluss »Freizeit« einfach mit der arbeitsfreien Zeit gleichsetzten, die sie etwa mit ihren Kindern oder mit Einkaufen verbrachten, antworteten Frauen mit Hochschulabschluss ganz anders: Sie sahen das Zusammensein mit ihren Kindern nicht nur als Vergnügen, sondern auch als Pflicht an. »Freizeit« dagegen bedeutete für diese Mütter, sich allein in einem Fitnessstudio zu entspannen oder mit dem Partner auszugehen. Und ihre (meist anspruchsvollen) Berufe sahen sie auch als Möglichkeit zur Selbstverwirklichung – während die ungebildeteren Frauen ihre Berufstätigkeit nur als lästige Pflicht wahrnahmen, die sie von dem mußevollen Zusammensein mit ihren Kindern abhielt.*

Je nach Einstellung kann also ein Besuch auf dem Spielplatz mal als Vergnügen, mal als saure Pflicht erscheinen und die Arbeit Last oder Lust bedeuten. »Zeitdruck«, so folgert Klein aus solchen Studien, »lässt sich nicht in Minuten und Sekunden bemessen. Entscheidend ist, wie sehr wir das Gefühl haben, den Rhythmus unserer Tages selbst zu bestimmen – ob wir uns als Herren unserer Zeit empfinden.«

Eindrucksvoll belegen dies auch die Untersuchungen des britischen Epidemiologen Michael Marmot, der in London mehr als zehntausend Beamte nach ihrer Arbeit befragte und zugleich ihren Gesundheitszustand prüfen ließ. Das ebenso eindeutige wie

---

* Damit ist natürlich nicht gesagt, dass die einen schlechtere Mütter als die anderen wären. Es zeigt nur, wie unterschiedlich der Begriff »Freizeit« interpretiert wird. Hätte man dieselbe Untersuchung unter Männern angestellt, fiele das Ergebnis vermutlich noch drastischer aus. Für viele Väter ist das Büro geradezu ein Pol der Ruhe gegenüber dem als aufreibend empfundenen Familienleben.

erschütternde Ergebnis: Je tiefer unten die Angestellten in der behördlichen Hierarchie standen, umso häufiger litten sie unter Stress und wurden krank. Die Beamten auf der untersten Stufe meldeten sich demnach dreimal häufiger krank als ihre obersten Chefs – und ihre Wahrscheinlichkeit, früh zu sterben, war bei gleichem Alter dreimal so hoch![18]

Die üblichen Risikofaktoren wie Alkohol- und Tabakkonsum, Bildung, Einkommen, Sport konnten diese Unterschiede nicht erklären. Auch hatte der Stress nichts mit der jeweiligen Arbeitszeit zu tun. Die niederen Beamten verbrachten im Schnitt sogar *weniger* Stunden im Büro als ihre Chefs; dennoch schienen sie unter dem Arbeitsdruck stärker zu leiden. Den Schlüssel zur Erklärung ihrer Ergebnisse fanden die britischen Epidemiologen schließlich in den Fragebögen, die ihre Probanden ausgefüllt hatten: Je weniger die Beamten selbst darüber bestimmen konnten, wie und wann sie ihre Arbeit verrichteten, umso mehr fühlten sie sich gestresst und umso höher war ihr Risiko, an einem Herzinfarkt oder Schlaganfall zu sterben.

Wie sehr das Empfinden von Stress von der sozialen Position abhängt, zeigt sich selbst in einer Pavianhorde. Wie der Stressforscher Robert Sapolsky in der Serengeti-Savanne beobachtete, schreiben die Männchen an der Spitze der Pavianhierarchie den anderen vor, wann sie trinken dürfen. Kommt das Alphatier zum Wasserloch, müssen die Schwächeren weichen. Und obwohl sie keinen Mangel an Wasser oder Futter leiden, fühlen sich die rangniederen Paviane dadurch enorm unter Druck. Je mehr sie der Willkür ihrer Anführer ausgeliefert sind, desto mehr Stresshormone zirkulieren in ihrem Blut, desto häufiger sind sie krank und desto früher sterben sie[19].

Offenbar ist es für Mensch und Tier gleichermaßen entscheidend, selbst die Kontrolle über die eigenen Lebensbedingungen zu haben. Wer über seine Aktivitäten selbstbestimmt entscheiden kann, empfindet weniger Stress und ist gesünder. Die Frage, ob wir dabei viel oder wenig Zeit zur Verfügung, viel oder wenig Arbeit zu bewältigen haben, tritt dagegen in den Hintergrund. Denn es belastet uns weit mehr, wenn wir keine Kontrolle haben, als wenn wir stark gefordert sind. Im Zweifelsfall ist es daher nicht der viel beschäftigte Manager, der das Magengeschwür bekommt, sondern sein Untergebener, den der rastlose Chef mit immer neuen Anweisungen herumscheucht.

4. Opportunitätskosten und das Paradox der Entscheidungsfindung

Die (Wieder-)Gewinnung der Herrschaft über unsere Zeit ist also *einer* der Schlüssel, um dem Gefühl der Zeitnot und des ständigen Unter-Druck-seins zu entkommen. Die Kunst der Muße hängt allerdings noch an einer zweiten Grundbedingung, und zwar an unserer Fähigkeit, nicht ständig abzuschweifen, sondern das Glück eines Augenblicks auch wirklich ausschöpfen zu können.

Eine eindrückliche Lehre in dieser Hinsicht erteilte mir einmal ein alter Almwirt im Elsass, der inmitten des französisch-deutschen Grenzgebirges eine Hütte betrieb. Nach einer langen Wanderung erschien mir dieser Ort wie eine Oase, in der das Bier ungewöhnlich gut schmeckte und das einfache Essen ein ganz besonderer Genuss war. Abends, als die Tagesausflügler verschwunden waren und nur noch ein paar Übernachtungsgäste auf der Terrasse saßen, kamen wir mit dem wettergegerbten Almwirt ins Gespräch, der viel zu erzählen hatte. Er war ursprünglich Bauer gewesen, begann dann, sich politisch zu engagieren, saß zeitweise als Abgeordneter im Straßburger Europaparlament, bevor er sich schließlich in die Ruhe der Berge zurückzog. Den politischen Betrieb und den Rummel der Stadt sei er irgendwann leid gewesen, erzählte er, doch seine Verbindungen habe er behalten, und ab und zu kämen frühere politische Weggefährten, Unternehmer und selbst Konzernchefs zu ihm heraufgewandert. Und alle würden sie dieselbe Erfahrung machen wie wir, das Essen und den Wein genießen und sich darüber wundern, dass es ihnen hier oben oft besser schmecke als in einem Vier-Sterne-Restaurant im Tal.

Ein schelmisches Lächeln zog über sein runzliges Gesicht, als er uns sein Erfolgsgeheimnis enthüllte. »Sehen Sie diesen Trampelpfad?«, sagte er und zeigte auf einen steinigen Weg, der vom Tal heraufführte. »Natürlich hätte ich den längst teeren lassen können, sodass man mit dem Auto bis zu meiner Hütte fahren könnte – doch ich werde mich hüten!« Denn dann wäre der Zauber seiner Alm bald vorbei. »Wer bei mir speisen will, kommt um eine zweistündige Wanderung nicht herum«, erklärte das alte Schlitzohr. »Und wenn so ein Konzernchef erst einmal zwei Stunden geschwitzt hat, dann erscheint ihm dieser Ort wie ein Paradies und jeder Schluck Wein wie ein Gedicht.« Die satten Stadtbewohner erlebten bei ihm eben einen Genuss, den sie kaum mehr kannten – das Gefühl, wirklichen Hunger und Durst stillen zu können. Und genau deshalb kämen sie immer wieder. »Würde ich ihnen die Zufahrt erleichtern, erschiene ihnen mein Ziegenkäse nur halb so gut, und am Ende fangen sie womöglich noch an, über meinen Wein zu meckern.«

Was der Almwirt seinen Gästen bescherte, war nichts anderes als das Glück, einen tief empfundenen Mangel beheben zu können. Man könnte auch sagen: Er lehrte sie, ganz im jeweiligen Augenblick zu leben. Denn in solchen Glücksmomenten sind wir völlig präsent, die üblichen Alltagssorgen wie weggeblasen, und wir haben das Gefühl, »Leben pur« zu erfahren. Da wir in solchen Momenten unsere Aufmerksamkeit ungeteilt einer einzigen Sache zuwenden (und sei es nur einem alten Ziegenkäse), brennt sich dieses Erlebnis so nachdrücklich in unser Hirn ein, dass wir noch Tage später davon schwärmen.

Nun ist es den wenigsten unter uns vergönnt, vor jedem Essen erst einen zweistündigen Almaufstieg bewältigen zu müssen oder besser: zu dürfen. Die Kunst der ungeteilten Aufmerksamkeit können wir freilich auch im Alltag kultivieren. Dazu bedarf es nur eines radikalen Umdenkens: Statt der Logik des Immer-mehr zu folgen, gilt es, sich klarzumachen, dass das Glück manchmal gerade in der Beschränkung liegt. Denn ob wir etwas wirklich genießen, hängt nicht so sehr von der Sache selbst ab, sondern eher von unserer eigenen Fähigkeit, uns voll und ganz darauf einzulassen.

Das ist allerdings leichter gesagt als getan. Denn die übliche Werthaltung unserer Gesellschaft weist genau in die entgegengesetzte Richtung: Man redet uns ein, dass uns umso eher das Glück winke, je mehr Angebote und Optionen wir hätten. Das bessere Leben, so haben wir gelernt, ist jenes mit dem dickeren Bankkonto, der noch größeren Wohnung, dem noch schnelleren Auto, der noch weiteren Reise. Gerade in der schier unendlichen Vervielfältigung der Möglichkeiten liegt das Glücksversprechen unserer »Multioptionsgesellschaft«, die jedem verheißt, nach seiner ganz eigenen Façon selig werden zu können.

Bis in die 1980er Jahre galt vielen Gesellschaftstheoretikern ein Mehr an Möglichkeiten tatsächlich als Garant für das Glück. Allmählich aber bröckelt dieser Glaube. Wie die Sozialpsychologie nämlich mittlerweile gezeigt hat, ist oft das Gegenteil richtig: Weniger ist mehr.

Stellen Sie sich vor, Sie betreten einen üppig ausgestatteten Supermarkt, der alles unternimmt, um seine Kunden zufriedenzustellen. Die Regale biegen sich unter dem neuesten Warenangebot, Sie können zwischen 30 verschiedenen Kartoffelchip-Varianten wählen, haben 100 Käsesorten zur Auswahl und mehr als 200 unterschiedliche Weine. Das ganze Kaufhaus folgt dem Credo der modernen Warenwelt: je mehr Optionen, desto besser. Wird Sie das wirklich glücklich machen?

Wohl kaum. Viel wahrscheinlicher ist, dass Sie am Ende gestresst aus dem Laden treten, unendlich viel Zeit mit Suchen und Auswählen zugebracht haben und schließlich das unbefriedigte Gefühl haben, eventuell doch die knackigsten Chips und den aufregendsten Wein verpasst zu haben. Denn das Abwägen verschiedener Alternativen kostet erstens Zeit und zweitens Energie, und es bringt zudem sogenannte »Opportunitätskosten« mit sich, wie die Psychologen sagen: Mit jeder Wahl muss man nämlich zwangsläufig auf alle anderen Alternativen verzichten. Und da uns Verluste in der Regel mehr schmerzen als Gewinne uns freuen, ist die Enttäuschung vorgezeichnet.

Erstaunlicherweise ist es sogar so, dass uns eine Vielzahl an Optionen letztlich eher von einem Kauf *abhält*, als dass sie uns dazu motiviert! Das hat die indischstämmige Psychologin Sheena Iyengar in ihrem klassisch gewordenen Marmeladen-Experiment demonstriert[20]. In einem Luxusladen in den USA ließ sie einen Werbetisch aufbauen, der die Kunden zum Kauf verschiedener Marmeladengläser animieren sollte. Einmal wurden dabei 24 verschiedene Sorten* angeboten, das andere Mal nur karge 6. Preisfrage: An welchem Tisch wurde wohl mehr gekauft? Iyengars Experiment liefert eine deutliche Antwort: Die Kunden blieben zwar häufiger an dem Tisch mit der größeren Auswahl stehen; angesichts der 24 Marmeladensorten konnten sich aber nur drei Prozent der Testesser zu einem Kauf durchringen; an dem Tisch mit den 6 Sorten griffen dagegen dreißig Prozent der Kunden zu, also zehnmal so viele.

Offenbar übte die größere Auswahl keine stimulierende, sondern eher eine demotivierende Wirkung aus. Die Überfülle des Angebots überforderte die potenziellen Käufer so sehr, dass sie sich am Ende für überhaupt keine der offerierten Marmeladensorten entscheiden konnten. (Dass trotz solcher frustrierender Erfahrungen noch immer Super-, Hyper- und Megamärkte gebaut werden, liegt wohl daran, dass die Kaufhaus-Manager keine Zeit

* Um das Ergebnis nicht zu verfälschen, wurden besonders beliebte Sorten wie Erdbeere stets weggelassen.

hatten, solche Ergebnisse der psychologischen Forschung zur Kenntnis zu nehmen.) Ähnliche Versuche hat der Psychologe Barry Schwartz durchgeführt und immer wieder demonstriert: Je größer die Auswahl, umso mühsamer die Entscheidung und umso höher die Opportunitätskosten. Kaum haben wir die neue Digitalkamera gekauft, fällt uns prompt ein Sonderangebot ins Auge, das noch günstiger gewesen wäre. Kaum hat man sich für einen Plan zur Altersvorsorge entschieden, kommen einem Zweifel, ob der andere Rentenfonds nicht doch besser gewesen wäre. Schwartz hat nachgewiesen, dass die Bereitschaft zum Abschließen eines solchen Altersvorsorgevertrags umso mehr sinkt, je mehr unterschiedliche Varianten davon angeboten werden.[21]

Auch wenn uns die Werbung tagtäglich das Gegenteil einzureden versucht: Ein Mehr an Möglichkeiten befördert selten unser Glück, sondern es bereitet uns eher zusätzlichen Stress. (Oder ist jemand wirklich über das Dickicht der unzähligen verschiedenen Handytarife glücklich?) Vom »Paradox der Entscheidungsfindung« spricht Barry Schwartz in diesem Zusammenhang und fragt in seinen Vorträgen gern rhetorisch: »Warum war früher alles besser?« Antwort: »Weil früher alles schlechter war.« Denn in einer nicht perfekten Welt musste man sich mit Unzulänglichkeiten einfach abfinden und konnte sich darauf freuen, dass es vielleicht eines Tages besser würde. In der modernen Warenwelt, die für jedes noch so ausgefallene Bedürfnis das passende Produkt bereithält, gibt es dagegen keine Entschuldigung mehr für Mängel. Wer sich heutzutage nicht glücklich fühlt, trägt gewissermaßen selbst die Schuld daran – eine Logik, die einen unerträglichen Druck erzeugt und leicht zu einem depressiven Gefühl der Ich-Erschöpfung führt.*

---

* Ausführlich entwickelt der französische Soziologe Alain Ehrenberg diesen Gedanken in seinem Buch *Das erschöpfte Selbst. Depression und Gesellschaft in der Gegenwart*, Suhrkamp, Frankfurt/M., 2008.

Barry Schwartz ist daher überzeugt, dass der stete Zuwachs an Wohlstand die Menschen am Ende nicht glücklich, sondern eher unglücklich mache. Und ein Grund dafür, sagt Schwartz, sei die enorm gestiegene Wahlfreiheit in allen Bereichen des Lebens. Wer zwischen einer kaum zu überschauenden Zahl von Joghurtmarken, Versicherungen oder Fernsehkanälen wählen muss, gewinnt nicht an Freiheit – wie die Werbung suggeriert –, sondern erhöht seinen Stresspegel.

5. Der Reiz des Neuen

Natürlich muss man Schwartz' radikales Argument etwas einschränken. Erstens ist ein gewisser Wohlstand für die Lebenszufriedenheit durchaus wichtig. Wer seine Grundbedürfnisse nicht befriedigen kann, fühlt sich selten froh, die Wirklichkeit straft das Klischee »arm, aber glücklich« meist Lügen. Zweitens hängt das persönliche Glück an vielen Faktoren wie dem familiären und sozialen Umfeld, der Zahl der Freunde und der Stabilität der Gesellschaft insgesamt.

Dennoch ist das Argument von Schwartz mit Blick auf die Muße nicht zu unterschätzen. Gerade das Gefühl der Zeitnot und der fehlenden Muße ist häufig der Preis, den wir für eine Überfülle an Angeboten und Möglichkeiten zu entrichten haben. Das erklärt auch das Paradox, dass die Menschen im Allgemeinen umso mehr unter knapper Zeit leiden, je reicher sie sind.

Diese Erkenntnis zieht jedenfalls der amerikanische Wirtschaftswissenschaftler Daniel Hamermesh aus einer vergleichenden Untersuchung der Lebenszufriedenheit in vier Kontinenten.[22] Anhand von Daten aus Deutschland, den USA, Korea und Australien stellte er fest, dass bei steigendem Wohlstand in der Regel auch die Klagen über Zeitnot zunehmen – und zwar selbst dann, wenn die Arbeits- und Haushaltszeiten sich gar nicht verändern. Das habe damit zu tun, schreibt Hamermesh, dass die Zeit umso wertvoller werde, je mehr jemand verdiene. »Die Menschen haben selbst das Gefühl, als ob ihre Zeit immer knapper würde, aber ihre Klage rührt zum Teil einfach daher, dass sie im Vergleich zu der ihnen zur Verfügung stehenden Zeit zu viel Geld haben.« Denn: Wenn das Einkommen steigt, nehmen auch die Wünsche zu. Da aber nicht mehr Zeit bleibt, sie alle zu erfüllen, fühlt man sich umso mehr im Zeit-Stress. »Ob man diese Klagen ernst nehmen oder ob man sie einfach als Yuppie-Gejammer ansehen sollte, ist eine Frage der Einstellung«, bemerkt Hamermesh dazu süffisant.

Verstärkt wird dieses Leiden noch durch einen anderen Grundzug unseres Wesens, nämlich unsere ständige Gier nach Neuem, und die damit verknüpfte Neigung, das Bestehende gering zu schätzen. Egal, wie aufregend uns ein neuer Luxus, eine erstmals bewältigte Herausforderung oder eine neue Liebe anfangs erscheinen mögen – im Laufe der Zeit gewöhnen wir uns selbst an das größte Glück. Wir beginnen es für selbstverständlich zu nehmen und streben alsbald danach, unseren Zustand weiter zu verbessern.

Neurobiologische und verhaltenspsychologische Studien haben mittlerweile gezeigt, dass es sich dabei nicht um eine Charakterschwäche, sondern um einen grundlegenden biologischen Mechanismus handelt. Denn jede Spezies tut gut daran, nach Möglichkeit ihre Lage zu verbessern: Wer die ergiebigsten Futterplätze oder die sichersten Brutplätze findet, hat die höchsten Überlebenschancen. Beim Menschen jedoch erstreckt sich dieser Drang nicht nur auf die Stillung der einfachen Überlebensbedürfnisse, sondern auf nahezu alle Aspekte seiner Existenz. Ja, Homo sapiens kann geradezu als Spezies definiert werden, die immer neue Wünsche und Wege zu ihrer Befriedigung entwickelt.

Neurobiologisch lässt sich dieser Drang am sogenannten »Belohnungssystem« festmachen, einer Ansammlung von Gehirnregionen, die immer dann aktiv werden, wenn uns etwas besonders Erfreuliches in Aussicht steht. Die positiven Gefühle im Gehirn werden dabei vor allem durch den Botenstoff Dopamin vermittelt[23], und dieser wird angesichts *neuer* Belohnungsreize offenbar in besonderem Maße freigesetzt.[24] Warum das so ist, erklären Neurobiologen gern mit einem uralten Reflex. »In der Evolution setzten sich diejenigen durch, die bekannte und unbekannte Nahrung oder Feinde am schnellsten unterscheiden konnten. Ein neues Signal bedeutet immer Veränderung, und ein schnelles Erkennen beschleunigt die Reaktion darauf«, erklärt der Magdeburger Neurologe Emrah Düzel. Daher setze das Gehirn bei der Wahrnehmung von Neuem besonders viel Dopamin frei und verknüpfe diese Entdeckung so mit dem Gefühl einer Belohnung. »Wäre das nicht so, hätte sich der Mensch nie aus der Höhle getraut, Kolumbus hätte nie einen neuen Seeweg gesucht und der Marsflug wäre keine Überlegung für uns«, sagt Düzel.*

Der Begriff »Belohnungszentrum« führt dabei eigentlich in die Irre. Genauer wäre wohl die Bezeichnung »Erwartungszentrum«, denn die entsprechenden Neuronen reagieren vor allem auf die *Erwartung* einer Belohnung, weniger auf die Belohnung selbst.[25] Das zeigen zum Beispiel Fütterungsversuche an Affen. Die Nervenzellen in ihrem Belohnungszentrum feuern immer dann an, wenn man ihnen (zum Beispiel durch ein aufleuchtendes Lämpchen) die baldige Fütterung signalisiert. Wenn die Affen einige Minuten später ihre Äpfel tatsächlich erhalten, ist die Erregung der entsprechenden Neuronen schon wieder abgesunken – ganz im Einklang mit der Volksweisheit, wonach Vorfreude die schönste Freude ist.[26]

Unter dem Gesichtspunkt der Aufmerksamkeitsökonomie ist das durchaus sinnvoll: Ist der Lämpchen-Apfel-Mechanismus erst einmal verstanden, lohnt es nicht, darauf noch allzu viel Energie zu verschwenden. Besser ist es, die Augen nach anderen Dingen offen zu halten – etwa eventuellen Feinden. Um das Belohnungszentrum auch bei der Fütterung anzukurbeln, müssen die Wis-

* Bei alten Menschen sterben übrigens die Dopaminneurone allmählich ab und die Konzentration des Botenstoffes sinkt. Das erklärt, warum bei ihnen die Lust auf Neues drastisch zurückgeht.

senschaftler die Tiere schon mit einem besonderen Leckerbissen überraschen: Bekommen die Affen statt der erwarteten Äpfel plötzlich Rosinen, springt das Neuronenfeuerwerk prompt wieder an. Allerdings hält auch dieser Effekt nur eine Zeit lang. Gibt es nämlich jedes Mal Rosinen, gewöhnen sich die Tiere alsbald ebenfalls daran und fahren die Aktivität im Belohnungszentrum entsprechend herunter.

Dass dieser Mechanismus auch beim Menschen aktiv ist, lehrt jede kritische Selbstbeobachtung. Anfangs beschert uns die neue Wohnung mit dem tollen Ausblick noch wunderbare Glücksgefühle; schon nach ein paar Wochen haben wir uns daran gewöhnt und beginnen, über den täglichen Aufstieg in den vierten Stock zu stöhnen. Ähnlich ist es mit vielen anderen Dingen – dem neuen Kleid, der Gehaltserhöhung oder einem neuen Auto –, die uns immer nur vorübergehend das Glück der Dopaminausschüttung verschaffen, bevor wir uns nach neuen Quellen der Lust umsehen.

Selbst im Zusammenspiel der Geschlechter scheinen diese Regeln eine Rolle zu spielen. Jeder Paartherapeut weiß, dass nach einiger Zeit die Attraktivität des schönsten Ehepartners verblassen und dementsprechend die Anziehungskraft neuer Geschlechtspartner wachsen kann. Psychologen sprechen in diesem Zusammenhang vom »Coolidge-Effekt«, benannt nach dem amerikanischen Präsidenten Calvin Coolidge (1872–1933). Als dieser einmal mit seiner Frau eine Hühnerfarm besuchte, erblickten sie einen eifrig kopulierenden Hahn. Da erkundigte sich Mrs. Coolidge, wie oft es dieser mit seinen Hennen treibe. Antwort: Dutzende Male am Tag, was sie mit den Worten kommentierte: »Bitte sagen Sie das meinem Mann.« Daraufhin fragte der Präsident, ob der Hahn immer mit derselben Henne kopuliere. Antwort: »O nein, immer mit einer anderen«, worauf Coolidge trocken bemerkte: »Bitte, sagen Sie das meiner Frau.«[27]

Der Reiz des Neuen ist offenbar unwiderstehlich. Nicht umsonst ist das Wort »Neu!« *der* Schlüsselbegriff jeder Werbekampagne. Die Konsumgesellschaft lebt geradezu davon, immer neue Bedürfnisse zu wecken – selbst solche, die den Konsumenten bislang gar nicht bewusst waren. Als etwa Apples iPad im Frühjahr 2010 auf den Markt kam, hieß es, damit würde nun endlich »die Lücke zwischen Notebook und Smartphone« geschlossen – dabei hatte zuvor kaum jemand diese Lücke wahrgenommen, geschweige denn darunter gelitten. Aber als die ersten iPad-Käufer nach langem Schlangestehen endlich ihre elektronische Schiefertafel begeistert in die Fernsehkameras hielten, spürte plötzlich die halbe Welt das dringende Bedürfnis, es ihnen gleichzutun und die »Lücke« im eigenen Gerätepark zu schließen. (Dass nach der Anfangseuphorie bald die ersten nörgelnden Kritiken über das iPad erschienen, ist Teil des Spiels. Nur so wird schließlich der Wunsch nach neuen, noch besseren Geräten geweckt.)

Das alltägliche Gefühl des Gehetztseins ergibt sich also zu einem guten Teil aus unserem Drang, ständig nach einer Verbesserung zu suchen, und der Unfähigkeit, uns mit einem bestehenden Zustand zufriedenzugeben. Deshalb haben Philosophen wie Epikur ebenso wie buddhistische Lehrer immer wieder betont, der Weg zum Glück liege eher im Aufgeben als im Erfüllen unserer Wünsche. Sonst werden wir von unserem Dopaminspiegel und immer neuen Begehrlichkeiten ständig vorangetrieben, ohne jemals zur Ruhe zu kommen.

Nun heißt das nicht, dass wir alle zu Asketen werden müssten, die sich mit einem Lendenschurz und einer Schale Reis am Tag zufriedengeben. Dennoch ist es hilfreich, die fatale Logik des Immer-mehr zu durchschauen und nicht ständig dem trügerischen Freiheitsversprechen der Multioptionsgesellschaft aufzusitzen. Gerade weil wir als Menschen so beschaffen sind, dass wir stets von neuen Bedürfnissen vorangetrieben werden, müssen wir darauf achten, nicht völlig von diesem Mechanismus beherrscht zu werden. Die Muße könnte man daher auch so definieren: Als Kunst, nicht ständig unseren (eigenen oder eingeredeten) Wünschen hinterherzurennen, sondern auch einmal stehen zu bleiben und das Glück des Augenblicks genießen zu können.

Und diese Kunst bedarf, wie alle Künste, einer gewissen Übung. Statt immer unseren automatischen Impulsen zu folgen, müssen wir lernen, auch loszulassen und bewusst zu verzichten. Wem das Wort Verzicht in diesem Zusammenhang zu moralinsauer klingt, der denke einfachr daran, wie man einen Ballon zum Fliegen bringt: indem man Ballast abwirft. Ähnlich wie der Almwirt im Elsass, der weise auf einen Ausbau seiner Zufahrt verzichtete, eröffnen wir uns nämlich häufig gerade durch die Beschränkung die Möglichkeit, einen Moment, eine Begegnung oder eine Tätigkeit voll und ganz auszukosten.

Muße, so hat sich in diesem Kapitel gezeigt, ist also im Wesentlichen durch zwei Bedingungen definiert: Zum einen durch das Gefühl, Herr über unsere Zeit zu sein, und zum zweiten durch den Verzicht auf immer neue Möglichkeiten und Alternativen, der uns erlaubt, unsere ganze Aufmerksamkeit und Konzentration einem einzigen Moment zuzuwenden: dem Jetzt. Gelingt es, die Gegenwart vollständig auszukosten, dann kommen wir, wenn man den antiken griechischen Philosophen glaubt, in solchen Momenten sogar den Göttern nahe.

Im zweiten Jahrtausend allerdings stehen zwischen uns und den Göttern viele Hürden, und eine der größten ist ausgerechnet jene Technik, die uns eine fast göttliche Allwissenheit verheißt: die digitale Informationstechnik mit ihrer unendlichen Vervielfältigung unserer Kommunikations- und Wissenskanäle. Das folgende Kapitel handelt daher von den Möglichkeiten der digitalen Welt und fragt, wie man mit ihnen am besten umgeht.

II

INFORMATIONSSTRESS UND SELBSTKONTROLLE

Wer jemals ein Pärchen Kaninchen in seinen Garten gesetzt hat, weiß, was schnelles Bevölkerungswachstum bedeutet: Innerhalb weniger Monate steigt die Zahl der Nager sprunghaft an. Zugleich lernt man eine volkswirtschaftliche Grundregel: Überpopulation führt zu einer Verknappung von Ressourcen. Anders gesagt: Je mehr Karnickel, desto weniger Salatköpfe im Garten.

Mit diesem plastischen Beispiel leitete der Wirtschaftswissenschaftler (und spätere Nobelpreisträger) Herbert A. Simon im September 1969 einen prophetischen Vortrag über die Herausforderungen des heraufziehenden Informationszeitalters ein. Vor Zuhörern, die nicht einmal im Traum an Personal Computer oder ein Internet dachten, skizzierte Simon bereits die Folgen des sich abzeichnenden technologischen Wandels.[1] Er sagte den Siegeszug der Computer sowie die Entstehung einer »Informations-reichen Welt« voraus und warnte zugleich davor, dass die künftige Fülle an Informationen, ähnlich wie die Überpopulation der Kaninchen, notgedrungen zu einer Armut an anderer Stelle führen werde. »Information frisst die Aufmerksamkeit ihrer Empfänger«, erklärte Simon. Je mehr Botschaften auf uns einstürmen, umso knapper werde die Zeit für ihre Verarbeitung. Eine Flut an Informationen werde daher eine Armutswelle an Aufmerksamkeit erzeugen.

Heute, vierzig Jahre später, werden uns die Konsequenzen von Simons Analyse mit voller Wucht bewusst. Keine Klage ist im modernen Arbeitsleben verbreiteter als das kollektive Stöhnen über mangelnde Zeit und den aufmerksamkeitsfressenden *information-overload*. Viele haben den Eindruck, buchstäblich in der

Info-Flut zu ertrinken, hilflos im Strudel ihrer E-Mails, Tweets, Feeds und Blogs zu strampeln und selbst auf der vermeintlich sicheren Insel der Freizeit noch von einem ständigen, aus Blackberrys und Smartphones quellenden Nachrichtenstrom überspült zu werden. Die »Informationsüberlastung« ist, wie Simon es vorhergesehen hat, zum großen Leiden der Wissensgesellschaft geworden. Und mancher fühlt sich morgens beim Öffnen seines E-Mail-Postfachs wie der antike Held Sisyphos, der sich täglich mit äußerster Kraft gegen sein Schicksal stemmt und dessen Last doch nie geringer wird. Kaum hat man den Informationsberg gerade so bewältigt und die wichtigsten E-Mails abgearbeitet, ist das Postfach schon wieder vollgelaufen, und alle Mühsal beginnt von vorn.

Zwischen 15 und 25 Prozent seiner Arbeitszeit wendet der typische Büroarbeiter heute für die Bearbeitung seiner elektronischen Post auf[2], dabei schlägt er sich im Schnitt mit mehr als hundert E-Mails am Tag herum (von denen ein Großteil Spam-Mails sind). Und da die Zahl der weltweiten Mail-Accounts, Schätzungen zufolge, alle fünf Jahre um etwa 30 Prozent zunimmt, wächst entsprechend auch die Menge zirkulierender E-Mails.[3] Geht die Entwicklung im bisherigen Tempo weiter, kann man sich ausrechnen, dass wir etwa im Jahre 2040 unsere komplette Arbeitszeit ausschließlich in das Bearbeiten von E-Mails investieren.

Es ist aber nicht allein die zu verarbeitende Informations*menge*, die uns vom kreativen Denken und effizienten Arbeiten abhält, sondern ebenso der »Fluch der Unterbrechung«[4]. Denn die überall verfügbaren Informationskanäle lenken uns immer wieder von unserer eigentlichen Tätigkeit ab, zerstückeln unsere Arbeitszeit und schwächen damit eines unserer wichtigsten Güter: die Aufmerksamkeit.

Welche Kraft dieser Fluch hat, wies die Computerwissenschaftlerin Gloria Mark minutiös nach. Mit der Stoppuhr verfolgte sie in einer kalifornischen Hi-Tech-Firma den Arbeitsalltag der

Manager und Programmierer und erstellte über mehrere Tage hinweg ein genaues Verlaufsprotokoll ihrer Tätigkeiten. Ergebnis: Im Schnitt konnten sich die Untersuchten ganze elf Minuten auf ein Thema konzentrieren, bevor sie durch klingelnde Telefone, summende Handys, piepsende Postfächer oder hereinstürzende Kollegen unterbrochen wurden.[5]

Elf Minuten. Da lassen sich kaum tiefschürfende Gedanken fassen. Zumal sich, Marks Analyse zufolge, der moderne Büroarbeiter nach jeder Unterbrechung mindestens zwei anderen Aufgaben zuwendet, bevor er zur ursprünglichen Tätigkeit zurückkehrt. Dann sind im Schnitt 25 Minuten vergangen, und es heißt erst einmal: Wo war ich stehen geblieben? Weitere acht Minuten vergehen, bis der Held der Geistesarbeit sich wieder in seinen ursprünglichen Gedankenstrang eingedacht und sein volles Konzentrationsniveau erreicht hat. Nun winkt möglicherweise ein kreativer Geistesblitz – um ihn zu entfalten, bleiben noch ganze drei Minuten. Schon folgt die nächste Unterbrechung.

Marks erschütterndstes Ergebnis ist allerdings die Beobachtung, dass viele der untersuchten Manager und Programmierer sich so sehr an die ständigen Störungen gewöhnt hatten, dass sie die Ablenkungen auch dann brauchten, wenn Telefon, Blackberry und Kollegen einmal stillhielten. Dann unterbrachen sich die Angestellten eben selbst – um Kaffee zu holen, Papierstapel zu ordnen, den Blumen Wasser zu geben oder um dem Kollegen nebenan einen Witz zu erzählen (was wiederum diesen von der Arbeit abhielt). Zu längeren Konzentrationsphasen schienen Marks Probanden kaum mehr in der Lage.

Wenn aber niemand mehr Zeit findet, Dinge in Ruhe mit anderen zu durchdenken (und die anderen sich diese Zeit auch nicht nehmen), werden Probleme selten wirklich gelöst, sondern vor sich hergeschoben und vertagt – was den Arbeitsdruck noch erhöht. Zugleich wirkt sich die Unfähigkeit zur Konzentration auf unsere Frei- und Mußezeiten aus: Wer darauf gepolt ist, alle elf Minuten einen neuen »Informations-Kick« zu erhalten, nimmt diese Gewohnheit auch ins Wochenende mit. Und statt die lang ersehnte Ruhe zu genießen, fühlen wir uns von der Ereignislosigkeit gelangweilt und verfallen in rastlose Freizeithektik.

Eine »epidemische Verbreitung« dieser Art von Zerstreutheit konstatiert der amerikanische Psychologe Edward M. Hallowell, der sich berufsbedingt mit Aufmerksamkeitsstörungen beschäftigt. In Anlehnung an die genetisch bedingte Aufmerksamkeits-Defizit-Disposition (ADD) spricht Hallowell von *Attention Deficit Trait* (ADT), der erworbenen Unfähigkeit zur Konzentration, die er als »direkte Folge der modernen Arbeitswelt« sieht.[6] Die Betroffenen seien »abgelenkt, reizbar, impulsiv und ruhelos«, könnten zwar beim Multitasking in einen regelrechten Adrenalinrausch geraten, seien aber unterm Strich viel weniger leistungsfähig als Arbeiter, die sich normal konzentrieren können. Das sei »die große Verführung des Informationszeitalters«, sagt Hallowell: »Man kann so tun, als ob man bei der Arbeit produktiv und kreativ wäre, auch wenn man es nicht ist. Man tritt nur Wasser.«[7]

Angesichts solcher Umstände macht sich ein Gefühl der Überforderung selbst bei jenen breit, die im Umgang mit Informationen eigentlich bestens geübt sein sollten. »Mein Kopf kommt nicht mehr mit«, stöhnt etwa der Feuilletonchef der *Frankfurter Allgemeinen Zeitung*, Frank Schirrmacher. Er müsse bekennen, dass er sich den geistigen Anforderungen unserer Zeit nicht mehr gewachsen fühle, schreibt Schirrmacher in seinem Buch *Payback* und berichtet von dem Eindruck, dass die Menschen, die er kenne, »immer schneller erzählen, gerade so, als könnten sie nicht damit rechnen, dass genug Zeit bleibt, ihnen zuzuhören, weil die Informationskonkurrenz so gewaltig ist.«[8]

Den amerikanischen Autor Nicholas Carr beschleicht gar der Eindruck, »dass irgendjemand oder irgendetwas an meinem Gehirn herumgebastelt hat, die Neuronenschaltkreise neu gepolt und meine Erinnerung umprogrammiert hat«. *Macht uns Google dumm?*, fragt Carr und konstatiert, dass das ständige Surfen im Internet, das »Lesen und Schreiben von E-Mails, das Scannen der Überschriften und Blog-Einträge, das Video-Gucken und Podcast-Hören und das Hüpfen von Link zu Link« sein Denken massiv verändert habe.[9] Früher habe er sich stundenlang in ein Buch vertiefen können. »Jetzt beginnt meine Konzentration schon nach zwei oder drei Seiten abzuschweifen. Ich werde unruhig, verliere den Faden und beginne zu überlegen, was ich sonst noch tun könnte.« Einst habe er sich wie ein Tiefseetaucher im Meer der Worte gefühlt. »Heute gleite ich nur noch über die Oberfläche wie ein Jet-Ski-Fahrer.«

Mit dieser (2008 veröffentlichten) Selbstanalyse traf Carr einen Nerv. Rund um den Globus wurde seine Kritik aufgegriffen, in Blogs diskutiert, in Zeitungsartikeln kommentiert, glossiert oder mit eigenen Beobachtungen illustriert.[10] Im Internet-Debatten-Forum *Edge* avancierte die von Carr aufgeworfene Frage, wie das Internet das Denken verändere, gar zur »Jahresfrage 2010«, an der sich über 170 Forscher, Publizisten und Denker abarbeiteten.[11]

Die Journalisten Alex Rühle und Christoph Koch haben es nicht beim Debattieren belassen, sondern eine radikale Konsequenz gezogen und sich beide eine Auszeit von E-Mail und Internet verordnet.[12] In ihren Büchern beschreiben sie, dass sie wieder häufiger in Bibliotheken gingen, sich nicht mehr von ihren Blackberrys terrorisiert fühlten und den Eindruck hätten, »wohltemperierter zu leben« (Rühle). Dumm nur, dass der Arbeitsalltag keine Rücksicht auf die digitale Fastenkur nahm. Rühle, Redakteur bei der *Süddeutschen Zeitung*, bewältigte sein halbes Jahr *Ohne Netz* auch deshalb, weil ihm seine Kollegen durch die digitale Dürrephase halfen; der Freiberufler Koch stellte nach seiner 40-tägigen *Offline*-Phase fest, dass ihm in dieser Zeit mehrere Aufträge durch die Lappen gegangen waren. Inzwischen sind beide wieder online, und nach Veröffentlichung ihrer Bücher dürften sie vermutlich mehr E-Mails bekommen als je zuvor.

Ihre Erlebnisse zeigen: Das radikale Abschalten hat zwar einen gewissen Originalitätswert, aber in einer Informationsgesellschaft ist es auf Dauer keine Lösung, sich völlig vom digitalen Nachrichtenstrom abzukoppeln. Die Kunst liegt wie immer in der Balance, in einem souveränen Umgang mit Internet, E-Mail und Handy, der uns eher Muße schafft, statt sie aufzufressen. Dazu reicht es allerdings nicht, sich einfach vorzunehmen, öfter mal abzuschalten. Zunächst muss man sich über die inneren und äußeren Zwänge klar werden, die diesem guten Vorsatz entgegenstehen.

1. Die Droge Information

Beginnen wir mit einem kleinen Selbsttest. Mal ehrlich:

- *Öffnen Sie morgens auf der Arbeit als Erstes Ihr elektronisches Postfach, bevor Sie etwas anderes tun?*
- *Werden Sie unruhig, wenn Sie auf Ihre Mails oder SMS nicht innerhalb einer Stunde eine Antwort bekommen?*
- *Haben Sie manchmal das Gefühl, Ihr Handy vibriere, obwohl niemand anruft?*
- *Beantworten Sie eine E-Mail, in der sich jemand bedankt, wiederum mit einer Dankesmail?*
- *Enthält Ihr elektronisches Postfach mehr als tausend Nachrichten?*
- *Klicken Sie auf »Senden/Empfangen«, oder checken Sie Ihren Spam-Filter, nur um sicherzugehen, keine E-Mail zu verpassen?*
- *Führen Sie schwierige Gespräche lieber per Mail oder SMS?*
- *Ist Ihnen beim Buchen eines Hotelzimmers ein Internetanschluss wichtiger als ein gutes Bett oder die Lage des Hotels?*
- *Schlafen Sie nachts mit Blackberry/Handy neben dem Bett?*

Wenn Sie mehr als drei Fragen mit »Ja« beantworten, gehören Sie zum Kreis der Informationsgefährdeten, bei mehr als sechs positiven Antworten dürften Sie bereits süchtig sein. Denn E-Mails, SMS und Internet können tatsächlich eine Art von Sucht auslösen. Die Betroffenen organisieren ihr Leben um den Suchtstoff herum, sie werden unruhig, wenn er knapp wird, und verlieren die Kontrolle, wenn der Stoff einmal ganz ausbleibt.

»Es ist wie mit Schokolade oder Kartoffelchips. Ich weiß, ich sollte meine Hand nicht nach ihnen ausstrecken, aber mir fehlt die Willenskraft«, gab ein Manager in einer Studie zum Umgang mit E-Mails zu Protokoll. Ein anderer sagte: »Natürlich muss ich nicht sofort jede E-Mail checken, die eingeht, das ist nun wirklich nicht nötig – aber ich habe doch irgendwie das Gefühl, ich sollte nachsehen.«[13]

Schon gibt es – wie für Alkoholiker oder Junkies – ein Zwölf-Punkte-Programm zur Entwöhnung für E-Mail-Süchtige[14]. Denn auch sie leiden unter Entzugserscheinungen. Manche stehlen sich bei einem geselligen Abend heimlich vor die Tür, um ihre E-Mails zu checken; andere lassen beim Gang in die Sauna den Blackberry in die Tasche des Bademantels gleiten. Schätzungen gehen davon aus, dass sechs bis acht Prozent aller Internetnutzer stark suchtgefährdet oder internetsüchtig sind und dass mehr als zwanzig Prozent »zwanghaft« mit ihren Mails umgehen.[15]

Die meisten Menschen haben zwar gelernt, unpersönliche Masseninformation aus Zeitungen, Fernsehen oder Werbung auch mal auszublenden. Doch direkt an uns adressierte Botschaften zu ignorieren, fällt sehr viel schwerer. Früher sahen sich mit diesem Problem nur Prominente konfrontiert. Nun müssen wir alle die richtige »Informationshygiene« lernen, wie es Herbert Simon vor vierzig Jahren prophezeite: »In einer Wissens-reichen Welt geht es nicht mehr darum, Informationen schneller lesen oder schreiben zu können und noch mehr von ihnen speichern zu können. Der Fortschritt liegt darin, Mechanismen der Auswahl zu entwickeln (…) so dass weniger Informationen gelesen, geschrieben oder gespeichert werden müssen.«

Der erste Schritt zur Informationssouveränität ist die richtige »Netikette« in Bezug auf eigene E-Mails. Man kann sich ein Beispiel an dem IBM-Forschungsmanager Dan Russell nehmen, der eines Tages merkte, dass er zum Sklaven seiner E-Mails zu werden drohte, und an alle ausgehenden Nachrichten den Aufruf anhängte: »Schließe Dich der Slow-E-Mail-Bewegung an! Lies E-Mails nur noch zweimal am Tag! Hol Dir Deine Lebenszeit zurück und lerne wieder zu träumen!«

Oder man kann die folgenden Tipps zum souveränen Umgang mit elektronischer Post beherzigen – auch im Interesse unserer Mitmenschen. Denn die eherne Regel des elektronischen Verkehrs lautet: Jede Mail provoziert eine Reaktion. Und jede unnütz geschriebene Mail kostet auch die Zeit des Empfängers. Ein sparsamer Einsatz von E-Mails ist daher geradezu ein Ausweis von Mitgefühl.

Tipps zum Umgang mit elektronischer Post

- Gönnen Sie sich Zeiten, in denen das Postfach geschlossen, Handy und Blackberry stumm bleiben – zum Beispiel morgens eine kommunikationsfreie Stunde für kreative Ideen.
- Trennen Sie zwischen beruflicher und privater Kommunikation, indem Sie verschiedene Geräte und E-Mail-Adressen benutzen.
- Rufen Sie Ihre E-Mails nur zu festgelegten Zeiten ab (man rennt ja auch nicht ständig zum Briefkasten); ansonsten schließen Sie das E-Mail-Programm. Andernfalls bedeutet jede einkommende Mail eine Verführung.
- Rufen Sie ihre Mails nur ab, wenn Sie diese auch gleich bearbeiten können (sonst machen Sie sich doppelte Arbeit). Idealerweise sollten Sie jede Mail nur einmal anfassen. Danach entweder löschen oder zur Archivierung in einen Unterordner verschieben. Nach dem Bearbeiten des Postfachs sollte dieses im Idealfall aussehen wie ein Briefkasten: leer. Das ist nicht nur effizient, sondern erzeugt umgehend ein Erfolgserlebnis.
- Viele Mails brauchen gar keine Antwort. Legen Sie sich die »Stockwerkfrage« vor: »Würde ich für eine Antwort auch einen Brief schreiben, den ich ausdrucken und drei Stockwerke höher zum Empfänger tragen müsste?« Falls nicht, ist die Mail meist unnötig.

Sollte Ihnen all das zu mühevoll erscheinen, erproben Sie doch eine ganz simple Strategie: einfach nicht reagieren. Wer sich verweigert, dem offenbart sich nämlich das große Geheimnis der elektronischen Kommunikation: Die meisten Mails erledigen sich von selbst.

Diese Erfahrung beschreibt jedenfalls Miriam Meckel in ihrem Buch *Das Glück der Unerreichbarkeit*. Um in der E-Mail-Flut den Überblick zu behalten, schuf die Kommunikationswissenschaftlerin in ihrem Postfach einen Ordner für alle tagesaktuell zu bearbeitenden Mails. »Ich fühlte mich gleich besser, als ich zum ersten Mal nach dem morgendlichen Blick in die Inbox die wichtigsten Mails dort hineinschieben konnte«, berichtet Meckel. Dummerweise vergaß sie prompt diesen Teil ihrer elektronischen Post – aus den Augen, aus dem Sinn. Erst zehn Tage später fiel er ihr siedend heiß wieder ein. »Nahezu panisch checkte ich die Box – um festzustellen, dass bei keiner einzigen der etwa 40 dringenden Mails eine Nachfrage gekommen war.«

Meckels Fazit: »Zehn Tage hatte die elektronische Post friedlich in dem Fach geruht, mir war es viel besser gegangen, und nach den zehn Tagen war nichts geschehen.«

Zugegeben: Diese Strategie erfordert einen gewissen Mut. Doch einen Versuch ist sie allemal wert. Vermutlich werden Sie allerdings feststellen, dass Ihnen auch das erstaunlich schwerfällt und dass sich E-Mail-Gewohnheiten nur mit großer Mühe ändern lassen. Woran liegt das?

Zum einen natürlich daran, dass unser Informationsverhalten längst von unserem Umfeld (Chefs, Arbeitskollegen, Freunde, Familie) mit gesteuert wird. Ein viel beschäftigter Manager muss erreichbar sein und schnell reagieren – sonst ist er seinen Job bald los. Zum anderen aber, so paradox es klingt, genießen wir den steten Nachrichtenstrom auch. Denn er vermittelt uns den Eindruck sozialer Anerkennung (»je mehr Mails, desto wichtiger«)

und trägt so zu unserem Selbstwertgefühl bei. Außerdem verschafft uns jede neue Information auch den befriedigenden Kick des Neuen. Tipps zum kontrollierten Umgang mit E-Mails haben daher häufig eine ähnliche Wirkung wie der gut gemeinte Rat an den Alkoholiker: »Trink doch mal weniger!«

Experten sprechen in diesem Zusammenhang gern vom »Steinzeitreflex«. »In der Evolutionsgeschichte hat das Gehirn gelernt, auf große Überraschungen postwendend zu reagieren«, sagt der Medienforscher Clifford Nass. »Heute allerdings gibt es eine wachsende Zahl von Menschen, die auf den kleinsten Hinweis, dass etwas Interessantes vor sich geht, sofort anspringen.«[16] Dass neue Reize im Gehirn postwendend bearbeitet werden, war in der Steinzeit tatsächlich überlebenswichtig. Tauchte ein Löwe auf, mussten alle geistigen Aktivitäten sofort auf diese Gefahr konzentriert und längerfristige Pläne, etwa der Bau einer Hütte, zurückgestellt werden. Einen ähnlichen Reflex kann bei modernen Büromenschen eine eintrudelnde E-Mail auslösen und längerfristige Ziele – wie das Feilen am neuen Businessplan – über den Haufen werfen. *Es könnte ja sein*, dass die E-Mail oder das Klingeln des Handys eine lebenswichtige Information birgt, etwa das Angebot für den lang erwarteten Karrrieresprung, die Nachricht eines plötzlichen Unfalls oder die Einladung auf eine Party (auch wenn es am Ende nur wieder eine öde Spam-Mail ist).

Und dieser Mechanismus kann süchtig machen. Denn bei jedem interessanten Reiz werden – wie in Kapitel eins beschrieben – im Gehirn Botenstoffe freigesetzt, die eine gewisse Spannung im Körper erzeugen. Eine einzelne Mail führt zwar nur zu einem leichten Kribbeln, in der Summe aber stellt sich ein Erregungsniveau ein, das einem milden Rausch ähnelt. Suchtforscher vergleichen den »Kick«, den uns neue Informationen bescheren, dabei weniger mit der rauschhaften Wirkung von Drogen oder Alkohol, sondern eher mit dem Kitzel eines guten Essens. Denn beides –

Informationen wie Nahrung – brauchen wir in einem gewissen Mindestmaß zum Überleben, an beidem aber können wir uns auch überfressen.*

»Höhlenmenschen zählen keine Kalorien«, schreibt dazu der amerikanische Journalist und Internetexperte Stephen Baker. Während der Mensch früher, wie andere Tiere auch, über jedes bisschen Nahrung froh war, lebt er heute in einer Überfluss-Gesellschaft, in der die althergebrachten Instinkte leicht zur Fettleibigkeit führen. Ebenso seien auch Informationen längst kein rares Gut mehr, meint Baker: »Wir können uns mit ihnen überfrachten. Wir können uns am Ramsch ins Koma saufen. Mehr als je zuvor müssen wir steuern, was wir in unsere Köpfe lassen.« Die Frage »Was lassen wir in unsere Köpfe« ist für Baker sogar *»die* Frage unserer Generation.«[17]

Bezüglich unseres Umgangs mit Informationen stehen wir in der digitalen Welt also vor derselben Herausforderung wie angesichts der unendlich verfügbaren Kalorienmenge in einem Supermarkt: Wir müssen die richtige Mischung finden und lernen, uns zu bescheiden. Längst geht es nicht mehr um die verfügbare Quantität, sondern um die Qualität dessen, was wir zu uns nehmen.

---

* Dass der Mensch von seinem Hunger nach neuer Erkenntnis ebenso vorangetrieben wird wie vom Hunger nach realen Kalorien, zeigt auch die Theorie der »Informations-Nahrungssuche« des Kognitionspsychologen Peter Pirolli. Ihm zufolge verwenden wir bei der Informationssuche ganz ähnliche Strategien wie bei der Nahrungssuche: Wir orientieren uns an Schlüsselreizen – am Duft eines guten Essens, an verheißungsvollen Begriffen auf einer Webseite –, die uns dahin leiten, wo wir die erwartete »Nahrung« vermuten. Diese Theorie nutzt Pirolli unter anderem, um das Suchverhalten von Internet-Nutzern zu berechnen.

2. Der Muskel der Willenskraft

Es war nur ein kleiner Gag, doch die Wirkung war durchschlagend: Zum dreißigsten Geburtstag des Videospiels »Pac Man« präsentierte die Suchmaschinenfirma Google ihr Logo auf der Startseite als kleines, spielbares Pac-Man-Game – und beeinflusste damit den Arbeitstag von Millionen Menschen. Weltweit vergaßen entzückte Internetsurfer nach dem Aufrufen der Google-Seite ihre Suchanfrage und gönnten sich ein kleines Spielchen. Am Ende hatte Pac Man insgesamt 4,82 Millionen Arbeitsstunden aufgefressen und damit umgerechnet rund 120 Millionen Dollar an Arbeitslohn gekostet. So lautete zumindest die Bilanz, die die Firma *Rescue Time* mithilfe automatischer Zeiterfassungssysteme zog. Mit dieser Summe hätte man sämtliche 19835 Angestellten von Google sechs Wochen mieten können, kommentierte Rescue Time und seufzte: »Stellen Sie sich vor, was man mit dieser Armee von Arbeitskraft alles hätte aufbauen können.«[18]

Nichts gegen eine kleine Ablenkung am Arbeitsplatz: Ein Computer- oder ein Tischfussballspiel zwischendurch kann enorm entspannend und kreativitätsfördernd wirken. Entscheidend ist allerdings, ob man solche Pausen bewusst einlegt oder ob man sich von bunten Icons und blinkenden Buttons fremdbestimmen lässt. Auch in dieser Hinsicht gleicht unser Informations- dem Essverhalten: Wer versucht, seine Aufmerksamkeit einer einzigen Sache zuzuwenden, während das Handy in Griffweite, das World Wide Web in Klickweite und hundert TV-Kanäle auf Abruf stehen, ähnelt dem Diätbeflissenen, der sich mit einem Naturjoghurt zu bescheiden bemüht, während er vor einer vollen Pralinenschachtel sitzt. Um einer solchen Versuchung zu widerstehen, bedarf es fast übermenschlicher Kräfte.

Dabei geht es nicht nur um die Wahl zwischen Wichtigem und Unwichtigem, sondern um etwas viel Fundamentaleres: um das Maß unserer Willenskraft oder, wie Psychologen sagen, unsere Fähigkeit zur Selbstkontrolle. Diese ist nämlich, wie Untersuchungen in den vergangenen Jahren gezeigt haben, ein höchst wertvolles Gut, über das wir nur begrenzt verfügen; es gleicht (wie das Wort »Willenskraft« andeutet) einem Muskel, der nur eine bestimmte Spannkraft besitzt und bei übermäßiger Belastung irgendwann seinen Dienst versagt.

Machen Sie doch einmal folgenden Test: Holen Sie sich bei der nächsten anspruchsvollen Tätigkeit (oder jetzt, während Sie lesen) eine Leckerei, die Sie wirklich gerne mögen (eine duftende Tasse Kaffee, edle Pralinen, ein gutes Glas Wein), stellen Sie das Gewünschte in Sichtweite – aber verbieten Sie sich, es anzurühren! Wahrscheinlich werden Sie bald merken, dass Ihnen die Arbeit (beziehungsweise die Lektüre) nun sehr viel schwerer fällt und dass ein Großteil ihrer geistigen Energie von dem Versuch absorbiert wird, der verlockenden Versuchung zu widerstehen.

Solche und ähnliche Versuche führten den Sozialpsychologen Roy Baumeister zu der Erkenntnis, dass unsere Willenskraft einer Art »Kraftspeicher« gleicht: Sobald wir eine willentliche Handlung ausführen, greifen wir darauf zurück – was aber nur so lange möglich ist, wie der Speicher gefüllt ist.[19] Je mehr Willenskraft wir benötigen, umso mehr erschöpft sich diese Ressource und umso schwerer fällt uns die Konzentration auf das, was wir tun. Ist der Speicher leer, tritt das ein, was Baumeister »Ich-Erschöpfung« nennt: Wir fühlen uns zu eigenständigen Entscheidungen kaum mehr in der Lage und haben enorme Mühe, Wichtiges von Unwichtigem zu trennen.[20]

Um diesen Zusammenhang zu demonstrieren, instruierte Baumeister zum Beispiel Versuchspersonen, sechs Minuten lang ungehemmt ihren Gedankenfluss niederzuschreiben, dabei aber *auf keinen Fall* an einen weißen Bären zu denken. Natürlich drängte sich gerade dadurch der Bär immer wieder ins Bewusstsein, die Probanden mussten also ständig Willenskraft aufbringen, um den Gedanken an ihn zu verdrängen. Mussten sie danach schwierige Puzzles oder andere Aufgaben lösen, gaben sie deutlich schneller auf als andere Versuchsteilnehmer, die von dem weißen Bären verschont geblieben waren. Offenbar hatte die willentliche Kontrolle des eigenen Gedankenstroms (»Nicht an einen weißen Bären denken!«) so viel Willenskraft verbraucht, dass nur noch wenig davon übrig war, um die Frustration beim Problemlösen zu überwinden.[21]

Dass das Maß der Selbstkontrolle nicht nur unsere Disziplin beim Puzzlen, sondern viele Verhaltensweisen beeinflusst, haben Psychologen in allen möglichen Experimenten demonstriert. Die einen zeigen, dass Menschen aggressiver auf Provokationen reagieren, wenn sie zuvor viel Selbstkontrolle aufbringen mussten.[22] Andere belegen, dass Menschen mit geschwächter Willenskraft mehr Mühe haben, den eigenen Rededrang zu beherrschen[23], sexuelle Impulse zu unterdrücken[24] oder den Drang, hemmungslos Geld auszugeben[25].

Ähnliches gilt für das Essverhalten: Wer zunächst viel Selbstbeherrschung üben muss, kann danach der Verführung durch leckere Schokokugeln nur schwer widerstehen.[26] In diesen Versuchen des Würzburger Forschers Wilhelm Hofmann offenbarte sich übrigens ein verblüffendes Phänomen: Am Ende griffen nämlich jene Menschen am hemmungslosesten zu, die zuvor auf die Kontrolle ihres Essverhaltens besonders großen Wert legten. Anders gesagt: Bei erschöpfter Willenskraft erweisen sich die strengsten Moralapostel als die größten Sünder. Man könnte von einer Art innerem Dammbruch reden, der zu einer Überschwemmung mit verdrängten Impulsen führt. Und dabei scheint die »Flutwelle«, die alle guten Vorsätze hinwegspült, umso stärker zu sein, je höher zuvor der Deich aufgeschüttet wurde.

Angesichts solcher Befunde raten Psychologen dringend, die Fähigkeit zur Selbstkontrolle nicht zu überfordern und darauf zu achten, dass der »Speicher« der Willenskraft nie völlig ausgeschöpft wird. Wer sich zu viel auf einmal vornimmt, läuft nicht nur Gefahr, das Ziel zu verfehlen – sondern geradezu ins Gegenteil zu kippen. Alle, die sich je an einer Diät versuchten, können ein Lied davon singen: Je radikaler die guten Vorsätze, desto größer die Gefahr, irgendwann einer hemmungslosen Fressattacke zu verfallen. Dasselbe gilt für den Informationskonsum. Wer alle Ratschläge zum besseren Umgang mit der E-Mail-Flut auf einmal umsetzen will, gibt vermutlich nach ein paar Tagen überfordert auf und lässt sein Postfach voller laufen denn je.

Weiter führt da stets die Politik der kleinen Schritte: Erst einmal nur auf den Schokoriegel zwischendurch verzichten und das elektronische Postfach wenigstens mal eine Stunde schließen – das kostet schon genug Selbstkontrolle. Ist diese Verhaltensänderung dann zur Gewohnheit geworden (und die Willenskraft vom Erfolgserlebnis beflügelt), kann man den nächsten kleinen Schritt in Angriff nehmen.*

Das Rezept gegen einen erschöpften Willensspeicher ist übrigens denkbar einfach. Genau genommen besteht es nur aus einem Wort: Entspannung. Schon drei Minuten aktiver Entspannung können die kurz zuvor erschöpfte Willenskraft wieder auf-

---

* Im Übrigen sollte man sich nicht mit allzu viel Ehrgeiz quälen. Manchmal ist der Kontrollverlust ja auch ganz schön, wie schon der Dichter Heinrich Heine erkannte: *Himmlisch wars, wenn ich bezwang, / meine sündige Begier, / Aber wenn's mir nicht gelang, / hatt ich doch ein groß Pläsier.*

frischen.[27] »Gerade in Lebensphasen, die durch vermehrte Willensanstrengungen gekennzeichnet sind (zum Beispiel bei einer Umstellung der Ernährungsweise), können derartige Entspannungsverfahren eine sinnvolle Strategie darstellen, um die nötige Willenskraft verfügbar zu halten«, sagt der Psychologe Alex Bertrams von der Universität Mannheim.[28]

Das klingt schlüssig. Allerdings sollte man bedenken: Um sich zu einer Entspannungspause aufzuraffen, braucht man zunächst vor allem eines – Willenskraft. Ist diese erst einmal erschöpft, fällt es umso schwerer, die Kurve zum heilsamen Nichtstun zu finden. Deshalb empfiehlt es sich, gar nicht erst so lange zu warten, bis man geistig ausgepumpt ist, sondern vorsorglich immer mal wieder eine Pause einzulegen.

3. Das Betriebssystem unseres Denkens

Was die Erkenntnisse zur Willenskraft gerade in der Informationsgesellschaft so brisant macht, ist die Tatsache, dass sich dieser »Muskel« nicht nur durch häufige Akte der Selbstkontrolle erschöpft, sondern auch durch eine Vielzahl von Informationen und äußeren Reizen. Denn für beide Fähigkeiten – Selbstkontrolle und Informationsverarbeitung – ist ein und dieselbe Schaltzentrale in unserem Kopf verantwortlich. Die Rede ist vom Arbeitsgedächtnis, einer zentralen Instanz, die sowohl die Aufnahmekapazität für neue Reize begrenzt als auch unsere Willenskraft steuert.

Vielen Menschen scheint allerdings das Betriebssystem ihres Computers vertrauter als die Regeln, nach denen ihr eigenes Denkorgan funktioniert. Häufig beschäftigen sie sich mit neuer Software oder den diversen *Apps* ihres Smartphones intensiver als mit den neurobiologischen Mechanismen, die unseren Umgang mit Informationen oder unser Entscheidungsverhalten steuern. Reden wir daher einmal nicht von digitaler Technik, sondern vom Betriebssystem unseres Gehirns und davon, wie man es am besten nutzt.

Zunächst hält das Arbeitsgedächtnis einfach all jene Informationen in unserem Geist präsent, die wir im Moment benutzen und benötigen. Es ist also jener Teil des Gehirns, mit dem Sie gerade diese Zeilen lesen und deren Inhalt zu erfassen suchen. Ebenso ist das Arbeitsgedächtnis aktiv, wenn wir im Supermarkt durch die Regale streifen, einzelne Produkte vergleichen und uns zwischen ihnen entscheiden. Andere Informationen, die wir nicht aktuell benötigen – etwa den Parkplatz unseres Autos –, haben wir dagegen im Langzeitgedächtnis abgespeichert, das wir erst abrufen, wenn wir den Laden verlassen.

Die Schnelligkeit unseres Denkens, unsere Fähigkeit zum Fokussieren, zum Auswählen und Entscheiden – all das hängt also vom Arbeitsgedächtnis ab. Leider hat dieser wunderbare Part unseres Gehirns eine entscheidende Schwäche: Sein Aufnahmevermögen ist begrenzt und daher ist es reichlich störanfällig. Auch wenn der Vergleich des Gehirns mit einem Computer in der Regel fehl geht, in dieser Hinsicht ist er einmal berechtigt: Stürzt ein Rechner ab, gehen all jene Informationen verloren, die sich gerade im Arbeitsspeicher befinden. Erhalten bleiben dagegen die Daten im Langzeitgedächtnis der Festplatte. Auf ähnliche Weise ist der Inhalt unseres Arbeitsgedächtnisses bedroht, wenn sich eine andere, wichtige Information ins Bewusstsein drängt – wenn etwa plötzlich das Handy klingelt oder ein Kollege ins Zimmer stürzt.

Der Hirnforscher Torkel Klingberg illustriert diese Fragilität gern mit dem Erlebnis eines Freundes, der eines Abends in einer Kneipe mit einer Frau flirtete und von ihr beim Abschied ihre Telefonnummer erhielt. Leider hatte der Glückliche nichts zum Schreiben dabei; und er wagte es auch nicht, sich auf sein Langzeitgedächtnis zu verlassen. »Stattdessen behielt er die Nummer in seinem Arbeitsgedächtnis, indem er sie den ganzen Heimweg über stumm vor sich hin wiederholte und sorgfältig vermied, auf Nummernschilder, die Linienbusnummern oder sonst irgendwelche Zahlen zu schauen, die ihn hätten ablenken können«, berichtet Klingberg. Dank dieser Strategie nahm die Geschichte ein glückliches Ende: Zuhause angekommen, notierte der Freund die Telefonnummer auf einem Zettel, rief bald darauf die Frau an – und gründete später mit ihr eine Familie.[29]

Diese Geschichte beweist nicht nur, zu welch geistigen Leistungen uns Verliebtheit motivieren kann, sondern auch, wie begrenzt die Kapazität des Arbeitsgedächtnisses ist. Die wenigen Ziffern einer Telefonnummer reichen, um es auszulasten; jede weitere Information, die sich ins Bewusstsein drängt – und sei es nur ein Nummernschild –, kann es aus der Balance werfen.

Für den Psychologen George Miller waren solche Beobachtungen ein Hinweis darauf, dass es eine fixe Grenze für die Aufnahmefähigkeit unseres Arbeitsgedächtnisses gibt. Für ihn lag diese Grenze bei ungefähr sieben Informationseinheiten, die man gleichzeitig im Kopf behalten kann. »Warum gibt es wohl gerade sieben Weltwunder, die Legende von Sindbad und den sieben Meeren, sieben Todsünden und die sieben Töchter des Riesen Atlas in den Plejaden, die sieben Lebensalter des Menschen, die sieben Höllen der alten brahmanischen Lehren, sieben Grundfarben, die sieben Töne der Tonleiter und sieben Wochentage?«, fragte Miller 1956 in einem Artikel über *Die magische Nummer Sieben*, der in der Psychologie legendär wurde.[30]

Zwar zeigte sich in späteren Studien, dass wir mal mehr, mal weniger als sieben Dinge im Kopf behalten können – je nach Aufgabenstellung und Testdesign. Folgen die zu memorierenden Zeichen einer gewissen Logik, etwa KGB1968CIA2001, liegt die Grenze höher, in anderen Fällen auch niedriger – meist aber doch in der Nähe von sieben Informationseinheiten. Sie können Ihre eigene Kapazitätsgrenze testen, indem Sie versuchen, eine längere Aufgabenliste – etwa »Flug buchen, Post erledigen, Müll runterbringen, Steuererklärung prüfen, Brot einkaufen, Fahrrad reparieren, Wäsche waschen …« – in dieser Reihenfolge mehrere Minuten lang im Kopf zu behalten. Bei drei, vier Aufgaben ist das vermutlich noch kein Problem, doch wird die Liste länger, stößt das Arbeitsgedächtnis irgendwann an die Grenze seines Fassungsvermögens.*

Diese Begrenztheit ist deshalb so bedeutsam, weil davon nicht nur unsere Aufnahmefähigkeit für *neue* Informationen abhängt,

---

* Die wissenschaftliche Methode zur Ermittlung der Kapazitätsgrenze unseres Arbeitsgedächtnisses ist der sogenannte Block-Tapping-Test: Dabei muss man sich

sondern auch unser Vermögen, *störende* Botschaften auszublenden. Denn um einen Störreiz zu ignorieren, muss man ihn zunächst einmal als unwichtig klassifizieren. Und genau diese Trennung zwischen Wichtigem und Unwichtigem benötigt »Rechenkapazität« in unserem Gehirn.

Das heißt: Je größer die Kapazität des Arbeitsgedächtnisses, umso leichter können wir uns konzentrieren.[31] Und je geringer dessen Reserven, umso leichter sind wir ablenkbar und zerstreut. Und dann passiert es, dass man die Autoschlüssel aus Versehen in das Kühlfach legt oder die Butter in den Ofen stellt, weil man geistig eigentlich gerade anderweitig ausgelastet ist.

Falls Sie übrigens an dieser Stelle das Gefühl haben, allmählich an den Rand ihrer Konzentrationsfähigkeit zu geraten, ist das kein Wunder. Im Laufe dieses Kapitels musste Ihr Arbeitsgedächtnis eine Vielzahl von Informationen aufnehmen und miteinander verknüpfen, und das kann geistig ganz schön erschöpfen. Eine kleine Pause zwischendurch wirkt da Wunder. Schauen Sie sich doch zur Entspannung einmal dieses kuriose Video im Internet an: http://viscog.beckman.illinois.edu/grafs/demos/12.html

Dieses sogenannte Türwechselexperiment zeigt, wie leicht sich unser Arbeitsgedächtnis austricksen lässt, wenn es ausgelastet ist. Bittet man Versuchspersonen, einem Passanten einen komplizierten Weg zu erklären, bemerken diese es häufig nicht, wenn ein zweiter Passant mit dem ersten heimlich den Platz tauscht. *Change blindness*, Wechselblindheit, nannten die Wahrnehmungsforscher Daniel Simons und Daniel Levin dieses Phänomen, für das es

die Reihenfolge merken, in der ein Versuchsleiter auf verschiedenfarbige Klötze zeigt – zunächst auf zwei, dann auf drei Klötze, auf vier usw. Die Testperson hat dann die Kapazitätsgrenze ihres Arbeitsgedächtnisses erreicht, wenn die Anzahl der zu memorierenden Klötzchen so hoch ist, dass ihre Erfolgschance nur noch 50 Prozent beträgt, das heißt, wenn sie bei jedem zweiten Versuch Fehler macht.

viele Beispiele gibt. In einem anderen Versuch sollen die Teilnehmer die Ballwechsel bei einem Basketballspiel zählen. Wenn dabei plötzlich ein Gorilla übers Feld spaziert, nehmen das die wenigsten wahr.[32]

Auch Magier wie David Copperfield machen sich unsere Anfälligkeit für die Wechselblindheit zunutze. Die Zauberkünstler wissen, wie sie unsere Aufmerksamkeit so fesseln, dass wir die entscheidende Manipulation nicht mitbekommen. »Ein Magier vollführt irgendeine dramatische Geste mit der linken Hand und während man sich darauf konzentriert, entgeht einem der Trick, den er mit der rechten Hand anstellt«, erklärt die Londonder Kognitionspsychologin Nilli Lavie.[33]

Lavie hat selbst diverse Experimente angestellt, in denen sie die Hirnaktivität ihrer Probanden im Kernspintomografen beobachtete. Dabei zeigte sich: Je stärker eine Aufgabe das Arbeitsgedächtnis beanspruchte, umso leichter waren Lavies Probanden ablenkbar, umso mehr Mühe hatten sie, wichtige von unwichtigen Reizen zu unterscheiden.[34]

Deshalb reagieren Schachspieler bei anstrengenden Partien oft mimosenhaft auf die geringste Störung; diese belastet ihr Arbeitsgedächtnis und kann sie schnell aus dem Konzept bringen. Doch nicht nur Schachgroßmeister, wir alle sind bei anstrengenden Aufgaben auf eine ruhige Umgebung angewiesen; je mehr äußere Reize ins Bewusstsein drängen und ignoriert werden müssen, desto schwerer fällt es uns, die Konzentration auf eine einzige Sache zu richten.

Daher bestimmt dieser Part unseres Gehirns auch das Maß unserer Willenskraft: Je geringer die Kapazität des Arbeitsgedächtnisses, umso schwerer fällt es Versuchspersonen, ihr Verhalten zu kontrollieren und sexuellen Impulsen oder dem Drang nach Süßigkeiten zu widerstehen.[35] Das Arbeitsgedächtnis ist somit die entscheidende Größe für unsere Fähigkeit, Optionen abzuwägen,

Entscheidungen zu treffen und unsere Aufmerksamkeit für eine Sache zu mobilisieren.

Leider wird dieser geistige »Muskel« häufig dann am meisten beansprucht, wenn wir besonders viel Willenskraft benötigen – wenn wir uns etwa in einem Großraumbüro, umgeben von telefonierenden Kollegen, piepsenden Handys und ratternden Nachrichtentickern, zu konzentrieren versuchen. Da gerät das Arbeitsgedächtnis schnell an seine Grenze, wir können uns immer schlechter konzentrieren und geraten leicht in jene Art von hektischem Aktionismus, der wilden Arbeitseifer vortäuscht, aber ineffektiv ist.

Gehen wir also mit unserem Gehirn pfleglich um, respektieren wir es mindestens ebenso sehr wie das Betriebssystem unseres Handys oder iPads (siehe die Tipps auf S. 89). Sonst kann uns bald die einfachste Entscheidung unüberwindliche Mühe kosten; und statt unser Tun und Handeln selbst zu kontrollieren, lassen wir uns leicht von außen steuern – etwa wenn plötzlich ein »Pac-Man«-Spiel auf der Google-Seite lockt.

Zum Glück ist das Gehirn ein biologisches Organ und damit wandelbar. In gewissem Maße lässt sich das Arbeitsgedächtnis durchaus trainieren. So hat der Hirnforscher Torkel Klingberg gezeigt, dass sich mit speziellen Aufgaben »die Grenzen des Gehirns hinsichtlich seiner Kapazität im Umgang mit Informationen überhaupt ausweiten lassen«.[36] Allerdings muss ein solches Training mindestens fünfmal in der Woche jeweils für eine halbe Stunde am Tag praktiziert werden und das Arbeitsgedächtnis wirklich an seine Belastungsgrenze führen. Entsprechende Trainingsprogramme bietet mittlerweile die (von Klingberg gegründete) Firma Cogmed an – allerdings kosten diese 1 500 Dollar und mehr.[37] Die handelsüblichen Spielchen à la »Dr. Kawashimas Gehirnjogging« dagegen sind viel zu einfach und eintönig, um das Denkorgan zu ertüchtigen. Wer sie benutzt, meistert zwar die im Gerät gespeicherten Übungsaufgaben mit der Zeit immer leichter – wer viel Tetris spielt, wird besser in Tetris –, die allgemeine geistige Tüchtigkeit ändert sich dadurch aber keinen Deut.[38]

Wer nach preisgünstigeren Wegen sucht, sich geistig fit zu halten, kann sich einfach ein Schachspiel kaufen. Denn das Spiel mit den 32 Figuren ist eine der Aktivitäten mit dem größten kognitiven Trainingseffekt. »Mehrere Schachzüge im Voraus zu denken gehört vermutlich zu den anspruchvollsten Aufgaben fürs Arbeitsgedächtnis«, sagt auch Klingberg. Ebenso fördern Aktivitäten wie Lesen, Musizieren und Tanzen die geistige Spannkraft und verringern das Risiko, im Alter an Demenz zu erkranken. Das hat die sogenannte *Einstein Aging Study* in New York gezeigt*. Mindestens ebenso wichtig wie diese Aktivitäten selbst ist jedoch der soziale Kontakt, der dadurch entsteht. Denn kaum etwas stimuliert Menschen (und ihre Gehirne) so sehr wie das Gefühl, gebraucht zu werden und für andere wichtig zu sein.

Wenn wir aber angesichts einer Vielzahl auf uns einstürmender Reize keinen klaren Gedanken mehr fassen können und uns dem krankhaften Zustand chronischer Zerstreuung nähern, dann gibt es nur eins: Raffen Sie den letzten Rest Ihrer Willenskraft zusammen und gönnen Sie sich eine Auszeit. Der Hirnforscher Ernst Pöppel hat dazu eine einfache Faustregel parat: Wer wissen wolle, ob er nur erschöpft sei oder eine Auszeit brauche, solle sich abends den Tag noch einmal vor Augen führen und sich fragen, was er Kreatives geleistet habe. »Kreativität ist ein wichtiges Merkmal eines ausgeglichenen Menschen«, sagt Pöppel. »Wer nur noch erledigt, abarbeitet, reagiert, braucht definitiv eine Pause.«[39]

---

* Verghese, J. et.al.: Leisure activities and the risk of dementia in the elderly. *The New England Journal of Medicine*, Vol. 348, S. 2508, 2003.

Hinweise zum pfleglichen Umgang mit dem Arbeitsgedächtnis

- Erstellen Sie eine klare Liste Ihrer Prioritäten.
- Lassen Sie sich nicht ablenken – auch nicht von sich selbst. Kommt Ihnen ein wichtiger Einfall, der nichts mit Ihrer momentanen Tätigkeit zu tun hat, notieren Sie ihn auf einem Zettel für später und machen Sie einfach da weiter, wo sie stehen geblieben sind. Somit verschwenden Sie keine Arbeitskapazität auf die neue Idee – und sie geht dennoch nicht verloren.
- Erliegen Sie bei der Tagesplanung nicht dem Sog der Technik. Wie eine Umfrage unter Menschen ergab, die in ihren Berufen Spitzenleistungen vollbringen, verlassen sich viele »Superproduktive« auf erstaunlich simple Low-Tech: Statt sich mit komplizierten Organizern oder Palm Pilots herumzuschlagen, notieren sie Wichtiges handschriftlich auf Papier, erinnern sich selbst per E-Mail daran oder packen alles in eine einzige Datei. Vor allem bleiben sie bei einer einmal erprobten Methode und verlieren keine Zeit mit immer neuen Möglichkeiten.
- Organisieren Sie sich ruhige Arbeitszeiten: Kommen Sie morgens eine Stunde früher, wenn im Büro noch Ruhe herrscht (und gehen Sie dementsprechend früher), arbeiten Sie zeitweilig von zuhause aus, oder ziehen Sie sich zum ungestörten Nachdenken in ein stilles Café zurück. Bei starkem Lärm hilft es, sich Kopfhörer aufzusetzen (wahlweise mit weißem Rauschen oder leiser Musik).
- Gönnen Sie Ihrem Gehirn Erholungspausen: Ein Spaziergang zwischendurch kann Wunder wirken. Auch Jonglieren erfrischt den Geist. Es ist gar nicht schwer zu erlernen und hervorragend geeignet, ein überlastetes Gehirn wieder ins Gleichgewicht zu bringen.
- Räumen Sie Ihren Schreibtisch auf, stellen Sie ihn so, dass Vorbeigehende Sie nicht stören. Entsorgen Sie Papier- und Bücherstapel, die ständig Aufmerksamkeit fressen.
- Last but not least: Versuchen Sie *nicht*, all diese Tipps auf einmal umzusetzen, sondern erproben Sie in Ruhe einen nach dem anderen.

4. Von Füchsen, Igeln und der Kunst des Lesens

Nun könnte man sagen: Die Klage über die Veränderung unseres Denkens wurde noch bei jeder neuen Kommunikationstechnik laut. So wetterte schon Sokrates im 5. Jahrhundert vor Christus gegen die damals neue Unsitte des Schreibens. Wer sich nicht mehr auf Selbstgehörtes und -begriffenes verlasse, sondern sich auf geschriebene Worte stütze, würde »die Anstrengung des erinnernden Verstehens« verlernen und sich nur noch »von außen« helfen lassen[40], fürchtete der griechische Philosoph, der sein eigenes Denken vorwiegend im Dialog mit anderen entwickelte. Folgerichtig ist von ihm selbst keine einzige Schrift erhalten, das Festhalten seiner Gedanken überließ er seinen Schülern. So wird der Philosoph etwa in Platons *Phaidros* mit der Sorge zitiert, das in Schriftrollen niedergelegte Wissen fördere nur »den Schein von Weisheit« und nicht wirkliche Weisheit.

Ähnliche Befürchtungen wurden im 15. Jahrhundert laut, als Johannes Gutenberg den Buchdruck erfand. Damals hieß es, die einfache Verfügbarkeit des gedruckten Wissens würde die intellektuelle Faulheit fördern und damit den menschlichen Geist schwächen; außerdem würden Bücher die religiöse Autorität untergraben, die Arbeit von Schreibern und Gelehrten entwerten, Ausschweifungen und Aufruhr fördern.

Auch wenn das aus heutiger Sicht kurios klingt – in gewisser Weise waren diese Befürchtungen damals alle zutreffend: Die Fähigkeit, sich an das gesprochene Wort zu erinnern, wurde mit Aufkommen der Schrift entwertet; und der Buchdruck trug tatsächlich zur Emanzipation der Bürger von kirchlichen und anderen Autoritäten bei. Allerdings sieht man mit dem nötigen historischen Abstand auch: Die Kritiker der damals »neuen Medien« waren zu sehr auf deren negative Folgen fixiert; sie konnten sich nicht vorstellen, dass diese das menschliche Denken auch erweitern und einen Kulturschub auslösen würden.

Heute befinden wir uns inmitten eines ähnlich historischen Umbruchs wie Gutenbergs Zeitgenossen bei der Erfindung des Buchdrucks oder Sokrates' Jünger beim Übergang vom gesprochenen Wort zur Schrift. Der weltumspannende elektronische Wissensaustausch und die globale Vernetzung via Internet, E-Mail oder Facebook beeinflussen nicht nur unseren Zugang zu Wissen und den Umgang damit, sondern ebenso unseren Alltag und unsere Verhaltensweisen. Angesichts dieser Umwälzung ist die Frage, wie sich all das auf unsere Denk-, Konzentrations- und Wahrnehmungsfähigkeit auswirkt, nur zu berechtigt.

Eine *pauschale* Antwort darauf wird man kaum finden, dazu ist unser Informationsverhalten dann doch zu individuell und unterschiedlich. Man kann das Problem aber so formulieren: Gehören wir eher zu den Füchsen oder den Igeln?

Diese Frage verdanken wir, wie so vieles, den alten Griechen. Im 7. Jahrhundert vor Christus formulierte der Poet und Krieger Archilochos neben allerlei lyrischen Ergüssen nämlich den Satz: »Der Fuchs weiß viele Dinge, aber der Igel weiß eine große Sache«.[41] Vermutlich wäre diese kryptische Erkenntnis längst auf dem Dachboden der abendländischen Geistesgeschichte verstaubt, hätte sie nicht 1953 der Philosoph Isaiah Berlin aufgegriffen und kongenial als Beschreibung unseres Umgangs mit Wissen gedeutet. Berlin zufolge wollte uns Archilochus damit nämlich Folgendes sagen: Der Igel interpretiert die Welt im Lichte einer einzigen, übergeordneten Idee; der Fuchs hingegen ist nicht auf eine Theorie festgelegt, sondern lässt sich von möglichst vielen Erfahrungen und Quellen inspirieren.

Platon, Hegel und Marx wären demnach Igel; Aristoteles, Shakespeare und Goethe zählten dagegen zu den Füchsen.[42]

Auch wenn Berlin seine Überlegungen eher spielerisch gemeint hatte, wurden sie mit großem Ernst rezipiert. Und heute erscheint die Unterscheidung zwischen Fuchs und Igel wie geschaffen zur Beschreibung der digitalen Gegenwart: Der (Internet-)Fuchs surft hin und her, ist bei sozialen Netzwerken wie Facebook oder Xing aktiv und lässt sich von einer Vielfalt an Quellen inspirieren; der Igel dagegen steht für die altmodische Weise der Informationsbeschaffung, indem er langsam vorantrippelt auf seiner Suche nach (Informations-)Futter, dem einmal eingeschlagenen Weg stur folgt und Widersachern gegenüber die Stacheln aufstellt. Der Verdacht liegt nahe, dass in Zeiten des Internets die Igel nach und nach aussterben. »Heute sind wir alle zu Füchsen geworden«, erklärt etwa der Kolumnist der britischen *Times*, Ben Macintyre. »Wir surfen durch Gedanken und Anregungen und plündern sie, nehmen auf, was uns gefällt, lassen alles andere links liegen, speichern, verlinken, erjagen und sammeln Informationen, Unterhaltung und unser Sozialleben.«[43]

Einen perfekten Beleg für diese These scheinen die Studien des *Centre for Information Behaviour and the Evaluation of Research* (CIBER) am University College London zu liefern. Dort untersuchen der Informationsforscher David Nicholas und sein Team das Verhalten von Internet-Surfern. Anhand der Computerprotokolle der British Library haben die Forscher beispielsweise ermittelt, wie die Nutzer digitaler Bibliotheken agieren, wonach sie suchen und wie lange sie sich Zeit nehmen, um die einzelnen Webseiten zu lesen. Ergebnis: Die meisten Online-Besucher neigen dazu, fuchsartig im Netz umherzuschweifen und eilig von einer Seite zur anderen zu hüpfen. Selbst wenn sie das Gesuchte endlich gefunden haben, nehmen sie sich kaum Zeit für die Lektüre; typischerweise lesen die »Bibliotheksbesucher« nur ein oder zwei Seiten eines E-Books oder eines elektronischen Fachartikels, bevor sie zur nächsten Webseite weiterklicken. Manche setzen zwar Lesezeichen – doch kaum einer kehrt zu den abgespeicherten Seiten zurück, um sie wirklich zu lesen.[44]

»Es ist klar, dass die Online-Nutzer nicht das tun, was man Lesen im traditionellen Sinn nennt«, folgern die britischen Wissenschaftler. »Es gibt vielmehr Hinweise darauf, dass sich neue Formen des ›Lesens‹ herausbilden, bei denen die Nutzer auf der Suche nach schnellen Erfolgserlebnissen höchst eilig die Titel, Inhaltsverzeichnisse und Abstracts überfliegen. Es scheint fast so zu sein, als ob sie online gingen, um sich das Lesen im traditionellen Sinn zu ersparen.«

Damit scheinen die britischen Forscher genau jenen Trend zu bestätigen, den kritische Zeitgenossen wie Macintyre oder Nicholas Carr an sich beobachten: Wer viel im Internet unterwegs ist, neigt zum oberflächlichen Nachrichten-Hopping. Die gewaltige Breite an Informationen geht auf Kosten unserer Reflexions- und Urteilsfähigkeit.

Allerdings zeigen die Studien der CIBER-Forscher auch, dass dieses Urteil nur für einen Teil der Webgemeinde zutrifft; insgesamt aber erweist sich das Surf-Verhalten als erstaunlich vielgestaltig, und neben »Füchsen« und »Igeln« tummeln sich im Internet noch andere tierische Cyber-Identitäten. Mindestens acht verschiedene »Web-Typen« haben die britischen Forscher mittlerweile ausgemacht: zum Beispiel den »Web-Elefanten«, der sich langsam und stetig durchs Internet klickt, dabei aber – anders als der Igel – eine große Anpassungsfähigkeit beweist und sozial gut vernetzt ist; »Web-Leoparden« wiederum sind Einzelgänger, die sehr schnell im Netz unterwegs sind, ihr Ziel dabei aber – anders als Füchse – nie aus den Augen verlieren. (Wer wissen will, welches »Web-Tier« zum eigenen Verhalten am besten passt, kann sich im Web-Behaviour-Test selbst prüfen.[45])

Dieser Blick in den Internetzoo zeigt, wie vielfältig die Möglichkeiten im Umgang mit dem Netz sind. Und je nach Anforderung ist mal der eine, mal der andere Webtyp im Vorteil. Der flinke Internetfuchs in schnell im Aufspüren von Namen, Daten, Klatschgeschichten oder Zitaten; wenn es jedoch darum geht, eine knifflige Grundsatzfrage zu lösen, gelangen Igel oder Elefanten eher ans Ziel.

Ideal wäre es also, wenn man je nach Aufgabenstellung von einem Internetstil zum anderen wechseln könnte: mal fuchsartig schnell, mal elefantenmäßig gründlich. Dazu aber muss man sich zunächst darüber klar werden, dass es sehr verschiedene Arten des Lesens gibt: zum einen das schnelle, scannende Überfliegen von Informationen im Netz; andererseits aber auch das langsamere, reflektierende Lesen von längeren Texten oder Büchern.

Wie sehr sich beide Lesarten unterscheiden, kann vermutlich niemand besser erklären als Maryanne Wolf, Direktorin des »Center for Reading and Language Research« an der Bostoner Tufts University. Der Leseforscherin zufolge befördern digitale Medien wie Internet und E-Mail vor allem eine Horizonterweiterung, indem sie die rasche Aufnahme einer großen Zahl an Fakten, Meinungen und Bewertungen ermöglichen; das gründliche Lesen von Büchern dagegen geht eher in die Tiefe, lässt Zeit für kritisches Hinterfragen und schafft somit eine vertikale Bewusstseinserweiterung.

Deep reading nennt Wolf diese Art des »tiefen Lesens«. Es eröffne uns einen gedanklichen Raum, in dem unsere Phantasie zu arbeiten beginnt und der uns enorm bereichere. »Wir können uns in einen Tyrannen hineinversetzen, in einen Mörder, wir können Anna Karenina oder Madame Bovary werden«, schreibt Wolf. Das Lesen sei »ein Repertoire der Menschenkenntnis, ein Königreich der Vorstellungskraft«. Und mit dieser Fähigkeit, sich in fremde Gedankenwelten hineinzuversetzen, bilde das Gehirn auch neue

Verknüpfungen und Assoziationen, die selbst über die Gedanken des Autors hinausgehen können. »Das Geheimnis im Herz des Lesens«, so drückt es Maryanne Wolf aus, »ist die Zeit, mit dem es dem Gehirn die Freiheit gibt, Gedanken zu haben, die tiefer sind als die Gedanken, die ihm bisher gekommen sind«.[46]

Der Unterschied zwischen dem »tiefen« und dem oberflächlichen Lesen wurde Wolf selbst schlagartig klar, als sie nach langer Zeit einmal wieder zu Hermann Hesses *Glasperlenspiel* griff. Denn bei der Lektüre stellte sie plötzlich erschrocken fest, dass sie im Gegensatz zu früher gar keine Assoziationen und eigenen Bilder mehr zu dem Roman entwickelte. »Ich las dreißig Seiten, aber wie eine Maschine. Es war, als würde ich nur Informationen aufnehmen, ohne sie zu verarbeiten und darüber nachzudenken. Ich las wie ein Prozessor, ohne Gefühl, ohne Phantasie.« Die Erkenntnis, dass sie über die Buchstaben des Romans genauso maschinengleich hinweghuschte wie über ihre täglichen E-Mails am Bildschirm, wurde für Wolf zum Schlüsselerlebnis.

Und so plädiert sie in ihrem Buch *Das lesende Gehirn* energisch für die Kunst des »tiefen Lesens«, das man mindestens genauso kultivieren müsse wie die Fähigkeit zur schnellen Informationsaufnahme im Netz: »Wir brauchen Gehirne, die von einem Modus in den anderen wechseln können.« Und am besten erreiche man das, logisch, durch den Griff zum Buch. Denn wer ein Buch lese, sei weniger abgelenkt als ein Internetsurfer, er müsse nicht parallel daran denken, seine Mails zu checken oder mal kurz die neuesten Twitterbotschaften zu verfolgen, sondern könne seine Aufmerksamkeit mehr fokussieren. »Das Buch hat eine stabilisierende Qualität«, sagt Wolf. »Es bewegt sich nicht und bringt uns dazu, Pausen zu machen und in eine der Zeit enthobene Sphäre einzudringen.«[47]

Man muss ja nicht gleich so weit gehen wie der italienische Adlige Niccolò Machiavelli, der seine Verbundenheit mit seiner Lektüre dadurch demonstrierte, dass er sich jeweils im Stil der Epoche seines aktuellen Autors kleidete. Hilfreich sind auch schon weniger aufwändige Rituale: Die Einrichtung einer schönen Leseecke mit angenehmen Licht und passendem Getränk; Empfehlungen von Freunden zu deren Lieblingsbüchern; und allgemein: Eine größere Aufmerksamkeit für unsere individuelle Art und Weise des Lesens in verschiedenen Umständen. Diese Selbstbeobachtung verrät uns vermutlich mehr über uns selbst, als wir ahnen. Denn wie Maryanne Wolf sagt: »Wir sind, was wir lesen und wie wir lesen«.

III

DER WERT DES NICHTSTUNS

Was haben Cicero, Montaigne, Mark Twain, Winston Churchill, Albert Einstein und John Lennon gemein? Antwort: Sie waren allesamt große Freunde der (Bett-)Ruhe und liebten ihren Schlaf. Bei dem französischen Essayisten Michel de Montaigne ging diese Liebe sogar so weit, dass er seinen Diener anwies, ihn mitten in der Nacht zu wecken, damit er das Gefühl der Schläfrigkeit und das Vergnügen, wieder einzuschlafen, noch einmal genießen konnte. Denn das einzig Bedauerliche am Schlaf, so argumentierte Montaigne, sei der Umstand, dass man sich dessen Freuden, *während* man schlafe, leider nicht bewusst sei.

Inzwischen wagt es kaum noch jemand, den Schlaf derart zu verherrlichen. Im Gegenteil: Heute heißt es, früh und munter aus dem Bett zu springen und freudig sein Tagwerk in Angriff zu nehmen. Damit wir dem Übel des Schlafes nicht zu sehr frönen (oder zumindest ein schlechtes Gewissen haben, falls wir es doch einmal tun), hämmert man uns von Kindesbeinen an ruhestörende Merksätze in den Kopf wie »Morgenstund hat Gold im Mund« oder, in grauslicher angelsächsischer Eindeutschung: »Früher Vogel fängt den Wurm«. Benjamin Franklin hat auf ganzer Linie gesiegt, jener amerikanische Staatsmann und Erfinder des Blitzableiters, der schon im 18. Jahrhundert das Frühaufstehen pries und in einem *Tugendweiser* sich und seine Zeitgenossen pausenlos antrieb: »Verliere keine Zeit, sei immer mit etwas Nützlichem beschäftigt; entsage aller unnützen Tätigkeit.« Der Forscher, der seinen Tagesablauf mit wissenschaftlicher Gründlichkeit organisierte, unterwarf nicht nur die Naturgesetze, sondern auch sein Leben einem strengen Kalkül, er legte sich in einem Tagebuch über jede

Stunde seines Tages Rechenschaft ab und prägte schließlich in seinem *Advice to a Young Tradesman* 1748 jenen schicksalhaften Satz, der zur stahlharten Doktrin der industriellen Moderne werden sollte: »Zeit ist Geld«.[1]

Heute, ein Vierteljahrtausend später, sind wir alle kleine Franklins geworden. Die Ansichten des zwanghaften amerikanischen Fleißapostels haben sich gegen die genießerische Entspanntheit eines Michel de Montaigne auf ganzer Linie durchgesetzt. Statt den Schlaf zu lieben und zu zelebrieren, klagen insgesamt rund 70 Prozent aller Deutschen über »gelegentliche«, »häufige« oder »ständige« Schlafprobleme. Sie liegen nachts wach, wälzen sich im Bett und fühlen sich morgens unausgeschlafen und schlecht erholt.[2] Fast genau so viele, nämlich 72 Prozent, antworten auf die Frage nach dem Motiv für ihre tägliche Arbeit ganz im Sinne Franklins: »Um Geld zu verdienen.« Dass man mit Arbeit auch positive Effekte wie »Selbstbestätigung« oder »Kontakt mit anderen Menschen« verbinden könnte, kommt nur einer Minderheit in den Sinn.[3] Kurz gesagt: Wir schlafen schlecht und hassen unsere Arbeit, und höchstwahrscheinlich hat das eine mit dem anderen eine ganze Menge zu tun.

Höchste Zeit für eine Kurskorrektur. Höchste Zeit, sich von Benjamin Franklin nicht länger tyrannisieren zu lassen und seine (Lebens-)Zeit nicht ausschließlich mit Geldverdienen gleichzusetzen, sondern einmal die Freuden des Nichtstuns, des Faulenzens und des Dösens zu preisen. Da wir allerdings die Tugendpredigten von Franklin und seinen zahllosen Nachfolgern inzwischen so verinnerlicht haben, dass wir den Müßiggang unwidersprochen als aller Laster Anfang akzeptieren, müssen wir zu einem Trick greifen: Wir schlagen die Jünger der Fleiß- und Produktivitätsreligion mit ihren eigenen Waffen. Indem wir uns nämlich bewusst werden, dass müßiggängerische Zustände wie Schlafen, Meditieren oder schlichtes Aus-dem-Fenster-Schauen keinesfalls verlorene Zeit sind. Im Gegenteil: Sie fördern nicht nur Wohlbefinden und Kreativität, sondern letztlich auch die Leistungskraft.

Selbstverständlich kann man gegen eine solche Betrachtung einwenden, dass man damit Zeiten des Müßiggangs prompt auch wieder einem Nützlichkeitsimperativ unterwerfe und sie zum bloßen Mittel erniedrige, die Schaffenskraft wiederherzustellen; dabei geht es doch in der Muße um viel mehr als nur Wellness und Fitness. Dieser altertümliche Begriff erinnert uns vielmehr daran, dass unser Leben seinen Wert in sich selbst trägt, jenseits aller Nützlichkeitserwägungen und jeder Verwertungslogik. Doch bevor wir diesen Gedanken im fünften Kaptiel vertiefen, hilft es, sich und anderen zunächst einmal klarzumachen, dass das Nichtstun selbst dann wert- und sinnvoll ist, wenn man es ausschließlich nach den Maßstäben der modernen Leistungsgesellschaft beurteilt.

1. Lernen im Schlaf

Als hätte der weise König Salomo die Sorgen von uns modernen Bürosklaven vorausgeahnt, sang er schon vor rund dreitausend Jahren das ultimative Loblied auf den Schlaf: »Es ist umsonst, dass ihr früh aufsteht und hernach lange sitzet und esset Euer Brot mit Sorgen; denn seinen Freunden gibt er es im Schlaf«, mahnt Psalm 127 in der Bibel. Diese klare Anweisung ist heute so gültig wie damals.

Die Historie hält unzählige Beispiele dafür bereit, dass dem Schlaf viele große Ideen entspringen – und dass diese Gnade keinesfalls nur auf gottesfürchtige Christenmenschen begrenzt ist. So berichtete etwa der geniale indische Mathematiker Scrinivasa Ramanujan (1887–1920), ihm würden seine wunderbaren Formeln immer nachts von der Göttin Namakkal eingegeben. Dem Chemiker Friedrich Kekulé (1829–1896) wurde die lang gesuchte Struktur des Benzolrings klar, als er von zwei, sich gegenseitig in den Schwanz beißenden Schlangen träumte. Und dem jungen Carl Friedrich Gauß kam morgens im Bett, kurz nach dem Aufwachen, die (1796 bahnbrechende) Erkenntnis, dass man das regelmäßige Siebzehneck exakt mit Zirkel und Lineal konstruieren könne.[4] (Dass Gauß allerdings selbst in der Hochzeitsnacht aus dem Bett gesprungen sei, um mathematische Formeln zu notieren, wie es Daniel Kehlmann in einer satirischen Szene seines Romans *Die Vermessung der Welt* darstellt, entspringt dichterischer Freiheit.)

Auch Johann Sebastian Bach wusste um die kreativitätsfördernde Zeit zwischen Wachen und Träumen: Es sei nicht schwierig, musikalische Ideen zu finden, so die Erkenntnis des Jahrtausendkomponisten, schwierig sei es vielmehr, »morgens beim Aufstehen nicht auf sie zu treten«.[5] Ganz ähnlich sah das der Philosoph René Descartes, der Begründer des modernen Rationalismus und einer der scharfsinnigsten Geister seiner Zeit. Von Geburt an von schwacher Konstitution erhielt er als junger Student einer Jesuitenschule die offizielle Erlaubnis, morgens später aufzustehen und lange im Bett liegen zu bleiben – eine Gewohnheit, die er sein ganzes Leben lang beibehalten sollte.[6] So lag der Philosoph entspannt in seinen Kissen, sann über Träume nach oder löste im Kopf mathematische Rätsel. Ist es verwunderlich, dass ein so geruhsamer Philosoph dabei auf den Gedanken verfiel, sein (untätiger) Körper und sein (hellwacher) Geist gehörten wohl zu zwei unterschiedlichen Sphären? Sehr gut möglich, dass die berühmte kartesianische Dualität, die Trennung von Körper und Geist, *Res extensa* und *Res cogitans*, letztlich der Gemütlichkeit entsprang. Und vermutlich muss Descartes' berühmtes Diktum *»cogito, ergo sum«* in Wahrheit so übersetzt werden: Ich liege denkend im Bett, also bin ich.

Als Descartes aber im Alter von 54 Jahren einer Einladung der Königin Christina von Schweden folgte, musste er sich umstellen: Die Königin wünschte schon um fünf Uhr morgens mit ihm zu philosophieren. Das frühe Aufstehen und die eisige Kälte des schwedischen Januars führten dazu, dass Descartes an Lungenentzündung erkrankte und bald darauf starb.

Dichter, Musiker und Denker bezeugen also: Müßiggang ist aller großen Ideen Anfang. Schöpferische Einfälle kommen uns häufig gerade dann, wenn wir sie nicht herbeizuzwingen versuchen, sondern die Gedanken schweifen lassen und der sprichwörtlichen Muse die Zeit und Gelegenheit geben, uns zu küssen. Und welcher Ort wäre dafür besser geeignet als das eigene Bett?

Passionierte Müßiggänger wie Tom Hodgkinson, Autor einer (dringend zu empfehlenden) *Anleitung zum Müßiggang*, loben daher den Schlaf als »eine der wichtigsten Freuden des Lebens«, als »Freund der Betrübten« und als Quelle der Produktivität: »Nach einer guten Nacht fühle ich mich wie ein anderer Mensch. Ich bin heiter, nachsichtig und hilfsbereit. Ich bin auch produktiver. Ich kann die Tagesarbeit in drei oder vier Stunden schaffen, was mir viel mehr Zeit zum Nichtstun lässt.« Im Schlaf würden zudem die eigenen kleinlichen Gedanken einmal Ruhe geben: »Dabei beurlauben wir den rationalen Verstand und geben uns in die Hand einer größeren Macht.« Der sklaventreiberischen Devise unserer Leistungsgesellschaft »mehr Arbeit, weniger Schlaf« setzt Hodgkinson daher das »Glaubensbekenntnis des Müßiggängers« entgegen: »Weniger Arbeit, mehr Schlaf.«

Dazu zitiert der Brite seinen Lieblingsphilosophen Lin Yutang, einen chinesisch-amerikanischen Autor, der Anfang des 20. Jahrhunderts die Amerikaner zu einer »klugen und fröhlichen Lebensphilosophie« anregen wollte. In seinem Essay *On Lying in Bed* warnt Lin Yutang nachdrücklich vor dem Frühaufstehen und preist das »Im-Bett-Liegen« als unschätzbares Gut. »Ein Schriftsteller wird in dieser Stellung mehr Einfälle für seine Artikel oder Romane bekommen, als wenn er morgens und nachmittags beharrlich an seinem Schreibtisch säße«, propagiert Lin Yutang. »Denn dort, befreit von Telefonanrufen, wohlmeinenden Besuchern und den üblichen Trivialitäten des täglichen Lebens, sieht er das das Leben gleichsam in einem Spiegel oder auf einer Perlleinwand, und ein Glorienschein poetischer Ideen fällt auf die Welt der Wirklichkeit und durchdringt sie mit magischer Schönheit.«[7]

Wissenschaftler betrachten die Sache naturgemäß nüchterner. Doch auch sie wissen mittlerweile um die ebenso heilsamen wie kreativitätsfördernden Effekte des Ausruhens. Zunehmend haben in den vergangenen Jahren Schlafforscher, Mediziner und Neurobiologen untersucht, was in unserem Organismus geschieht, wenn wir dösen, träumen oder einfach mal gar nichts tun. Und dabei zeigt sich: In der Ruhe sind wir erstaunlich aktiv. Die Stunden scheinbarer Untätigkeit helfen uns nicht nur, uns körperlich zu regenerieren, sondern fördern auch Gedächtnisleistung, Selbstbewusstsein und Einfallsreichtum.

Am deutlichsten zeigt sich das bei der Untersuchung des Schlafes. Psychologische Tests und Messungen mit dem Elektroenzephalografen (EEG) haben offenbart, dass das Gehirn im Schlaf hochproduktiv ist. Es verarbeitet nicht nur tagsüber gemachte Erfahrungen, sondern vertieft und festigt sogar alles neu Gelernte. »Schlaf«, so drückt es der Lübecker Schlafforscher Jan Born aus, »ist ein Bewusstseinsverlust, der Bewusstsein schafft.«

Einer der ersten Forscher, die auf diesen Zusammenhang stießen, war der Psychiater und Schlafforscher Robert Stickgold von der Harvard University. 1999 fand er heraus, dass sich bestimmte Lernleistungen durch eine entspannte Nachtruhe deutlich steigern lassen. Dazu ließ er seine Versuchspersonen zunächst Wahrnehmungsaufgaben an einem Computer üben und Unregelmäßigkeiten in einem ansonsten regelmäßigen Strichmuster erkennen. Wie zu erwarten verbesserte sich die Leistung der Probanden im Laufe der Übung kontinuierlich, die Reaktionszeiten zum Auffinden der Unregelmäßigkeiten wurden immer kürzer. Wirklich interessant wurde es allerdings am nächsten Tag: Nachdem Stickgolds Probanden eine Nacht geschlafen hatten, war ihre Leistung sprunghaft angestiegen, gerade so, als hätte das Gehirn im Schlaf weiter geübt. Hinderte man die Versuchspersonen am Schlafen, blieb der Lerneffekt prompt aus.[8]

»Arbeitet« unser Gehirn etwa eigenständig weiter, wenn wir sanft in den Kissen schlummern? Um herauszufinden, was nächtens im Kopf vor sich geht, ersann Stickgold ein zweites Experiment: Zuerst ließ er seine Probanden tagsüber stundenlang das

Computerspiel *Tetris* spielen und bat sie dann abends in sein Schlaflabor. Dort weckte er sie kurz nach dem Einschlafen wieder auf und ließ sich von ihnen schildern, was ihnen gerade durch den Kopf ging. Schlaftrunken berichteten die Testpersonen von geometrischen Formen und fallenden Bauklötzen – also genau davon, womit sie sich tagsüber beim Tetris-Spielen beschäftigt hatten.[9]

Ähnliche Erkenntnisse lieferten Experimente mit Ratten, die tagsüber lernen mussten, sich in einem komplizierten Labyrinth zurechtzufinden. Anhand ihrer Hirnströme konnte der Neuroforscher Matthew Wilson vom MIT in Boston feststellen, dass die Rattenhirne während des Schlafens genau dieselben Muster wie am Tag produzierten. Wilson folgert daraus, dass die Nager im Schlaf sich noch einmal den Weg durch das Labyrinth unbewusst vergegenwärtigen und sich so das tagsüber Gelernte einprägen.[10]

Dass diese Art des Lernens im Schlaf nicht nur für bewusste Gedächtnisleistungen gilt, sondern selbst für das menschliche Immunsystem, zeigen wiederum Experimente von Jan Born: Er steckte frisch Geimpfte, die gerade eine Immunisierung gegen Hepatitis-A erhalten hatte, in sein Schlaflabor und hinderte einen Teil von ihnen am Schlafen. Ergebnis: Wer in der ersten Nacht nach der Impfung nicht ruhig durchschlafen konnte, wies nach vier Wochen nur halb so viele Antikörper gegen den Gelbsuchterreger auf wie diejenigen Mitglieder der Kontrollgruppe, die ungestört schlafen durften.[11] König Salomo würde dazu wohl sagen: Den Seinen gibt der Herr selbst die Antikörper im Schlaf.

Doch mit solch rein phänomenologischen Beschreibungen gibt sich ein echter Schlafforscher natürlich nicht zufrieden. Er will wissen: Was geschieht da genau im Kopf? Und: Welche Art von Schlaf hat den größten leistungsfördernden Effekt?

Die wissenschaftliche Antwort lautet, knapp zusammengefasst: Kommt darauf an. Denn Schlaf ist nicht gleich Schlaf. Vielmehr durchlaufen wir in der Nacht verschiedene Schlafstadien. Und diese haben unterschiedliche Auswirkungen auf unsere Lern- und Gedächtnisleistung. Ganz grob kann man dabei drei Arten von Schlaf unterscheiden (siehe Grafik):

Erstens die Leichtschlafphase, in der sich der Körper entspannt und die Hirnwellen langsamer werden; darauf folgt der traumlose Tiefschlaf, der durch das Auftreten besonders langsamer Deltawellen gekennzeichnet ist (und daher auch Deltaschlaf genannt wird); und von dort gleiten wir in eine Traumphase mit schnellen Augenbewegungen (daher auch *Rapid-Eye-Movement-* oder REM-Phase genannt), die in vielem dem Wachzustand gleicht. Dieses Muster wiederholt sich, wenn wir nicht gestört werden, etwa alle 90 Minuten, daher fällt uns das Aufwachen nach mehreren ganzen Zyklen (also nach 6, 7 ½ oder 9 Stunden) in der Regel leichter als in den Zeiten zwischendurch.

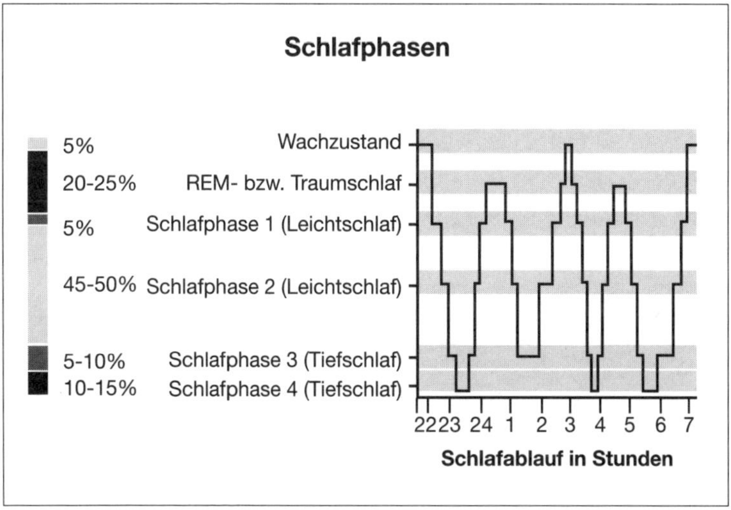

Schlafphasen im Laufe einer Nacht
Quelle: www.schlaf.de

Die Leichtschlafphase ist dabei zwar für die körperliche Regenerierung wichtig, aber noch nicht so sehr für die geistige Erholung. Diese beginnt erst so richtig im Tiefschlaf. Die langsamen Deltawellen fördern vor allem die Konsolidierung jenes Teils des Gedächtnisses, welcher für das Behalten von Fakten (Wissensgedächtnis) und die Erinnerung an bestimmte Episoden zuständig ist. Hat man etwa tagsüber Vokabeln gepaukt, ein neues Lied geübt oder seine erste Fahrstunde absolviert, so werden diese Fähigkeiten im sogenannten deklarativen Gedächtnis abgelegt und im Tiefschlaf gefestigt.

Drastisch hat das Jan Born an Medizinstudenten demonstriert: Nachdem diese sich tagsüber ihren Lernstoff eingetrichtert hatten, verwehrte er ihnen nachts den Tiefschlaf. Prompt erinnerten sie sich am nächsten Morgen schlechter an die gebüffelten Fakten und Fachbegriffe als andere Kommilitonen, die ihre Deltawellen ungestört genießen durften. In einer anderen Studie ließ er Schüler Vokabeln lernen und fragte sie zwei Tage später wieder ab. Dabei schnitten wiederum jene Schüler am besten ab, die nachts tief geschlafen hatten.

Besonders gut waren ihre Ergebnisse, wenn die Schüler abends, kurz vor dem Schlafengehen, gelernt hatten. »Offensichtlich fördert der Schlaf die Gedächtniskonsolidierung insbesondere dann, wenn er relativ bald nach dem Lernen auftritt«, folgert daraus Jan Born. Das hieße also: Eine neue Sprache und schwierige Fakten sollte man möglichst abends büffeln und dann ins Bett fallen. Den Rest besorgen die Deltawellen im Tiefschlaf.[12]

Wieder eine andere Funktion hat dagegen die Traumphase. Im REM-Schlaf wird nämlich vor allem die Einprägung unbewusster Automatismen gefördert, also all jener Lernerfahrungen, die sensorische und motorische Fähigkeiten betreffen und die man sich durch wiederholtes Üben einprägt – etwa Fahrradfahren, Klavierspielen, Krawattebinden oder Schminken, aber auch die (von Robert Stickgold getestete) Fähigkeit, bestimmte Muster schnell zu erkennen. Diese werden, im Unterschied zum deklarativen, im prozeduralen Gedächtnis abgelegt, und das profitiert beim Schlafen vor allem von den Traumzeiten.

Selbst einen »Tuning-Effekt« für den Schlaf hat Jan Born entdeckt. Als er in einem Experiment mithilfe von Elektroden nächtens die Delta-Frequenzen bei einigen Studenten künstlich verstärkte, schnitten diese bei Gedächtnistests am nächsten Tag prompt um acht Prozent besser ab als jene, die ohne die elektronische Denkhilfe schlafen mussten. Kommt also bald die technisch hochgerüstete Deltaschlafmütze auf den Markt, die durch entsprechende Elektroden unseren Tiefschlaf verstärkt und uns damit zu ungeahnten Leistungen beflügelt? Nicht auszuschließen, dass ein findiges Start-up-Unternehmen ein solches Produkt irgendwann auf den Markt bringt. Fairerweise müsste es dann potenzielle Käufer darüber aufklären, dass eine Verstärkung des Tiefschlafs möglicherweise auf Kosten anderer Schlafphasen (wie der REM-Periode) geht, was unbewusst ablaufende Lernprozesse eher bremst. Vermutlich steht so etwas dann im Kleingedruckten, das ohnehin niemand liest.

Der Schlafforscher Jan Born selbst will von solchen Visionen freilich nichts wissen. Der Direktor des Instituts für Medizinische Pharmakologie an der Universität Lübeck sieht sich als Grundlagenforscher, dem es um die Aufklärung fundamentaler Fragen geht, und nicht als Vermarkter solcher Erkenntnisse. Außerdem weiß er, dass die individuellen Unterschiede gerade beim Schlaf groß sind: Wo der eine nach sechs Stunden hellwach ist, fühlt sich der andere erst nach neun Stunden so richtig ausgeschlafen. Und während manche »Lerchen« (zu denen Benjamin Franklin zweifellos gehörte) von Natur aus zum Frühaufstehen neigen, sind andere eher »Eulen«, die erst zu später Stunde so richtig in Fahrt kommen. Mit allgemeingültigen Schlaftipps und Patentlösungen hält sich der Lübecker daher eher zurück.

Dass allerdings der Schlaf nicht nur den Körper regeneriert, sondern das Lernen fördert, ist auch für Jan Born sicher. Deshalb plädiert er, wie viele andere Schlafforscher dafür, dass vor allem Kinder ausreichend Schlaf erhalten. Einen späteren Schulbeginn um neun Uhr hielte er allemal für sinnvoller als den um acht Uhr.[13] Wer sich da Sorgen um mangelnde Lernleistungen mache, solle sich ein Beispiel an Albert Einstein nehmen: »Auch der war ein bekannter Langschläfer.«

2. Im Paradies der Nickerchen

Wer in der Nacht zu wenig Schlaf bekommt, braucht dennoch nicht zu verzweifeln. Für ihn oder sie gibt es immer noch ein Wundermittel: das altbewährte Mittagsschläfchen, das schon Winston Churchill zu schätzen wusste. Mit dem neumodisch-kurzen *power nap* hätte der britische Premier allerdings nichts anzufangen gewusst. Denn er war überzeugt, man brauche »eine gewisse Menge Schlaf zwischen Lunch und Dinner und keine halben Sachen«. Großbritanniens Held, der Bezwinger Hitlers und Nobelpreisträger für Literatur, ging jeden Nachmittag ins Bett – und verteidigte diese Angewohnheit offensiv: »Man soll nicht glauben, dass man weniger arbeitet, bloß weil man tagsüber schläft. Das ist eine alberne Vorstellung, und wer sie vertritt, hat keine Phantasie. Man schafft die Arbeit von zwei Tagen an einem – na ja, zumindest die von anderthalb, davon bin ich überzeugt.« Er selbst habe jedenfalls den Zweiten Weltkrieg nur durchgestanden, weil er jeden Tag ein Schläfchen einlegte.[14]

Heute würde Churchill massive Schützenhilfe vonseiten der Wissenschaft erhalten. Denn diese hat mittlerweile vielfach demonstriert, dass schon ein kurzes Dösen sich positiv auf die Leistungsfähigkeit auswirkt. So tritt etwa die Schlafforscherin Sara Mednick in einer Studie mit dem bezeichnenden Titel *A Nap is as Good as a Night* den Beweis an, dass in gewisser Hinsicht »ein Nickerchen so gut wie eine Nacht« ist[15].

Mednick, die als Doktorandin bei Robert Stickgold in Harvard begann und heute an der University of California in San Diego lehrt, ist mittlerweile zu einer lautstarken Lobbyistin für das Lernen im Schlaf geworden. Sie rechnet den amerikanischen

Unternehmen vor, dass übermüdete Angestellte für Unfälle und Produktionsausfälle im Wert von jährlich 150 Milliarden Dollar verantwortlich seien und dass, so gesehen, kaum etwas lukrativer sei als gesunder Schlaf. In ihrem Buch *Take a Nap! Change your Life* preist sie das Nickerchen gar als lebensverändernde Kraft und bringt diese Botschaft nicht nur als Wissenschaftlerin, sondern auch als Unternehmensberaterin mit Verve unters Volk.[16]

Wer etwa besonders seine Kreativität fördern will, sollte laut Mednick zwischendurch etwas träumen. Denn in einem ihrer Versuche, bei denen es um das Aufspüren von Begriffsanalogien ging, schnitten jene am besten ab, die ein Mittagsschläfchen mit mindestens einer REM-Phase einlegten.[17] »Für geistige Aufgaben, an denen wir schon geraume Zeit arbeiten, genügt einfach etwas Zeit, um eine Lösung zu finden«, kommentiert Mednick. »Bei einer neuen Herausforderung kann aber nur der REM-Schlaf die Kreativität steigern.« Ob das indische Mathegenie Ramanujan noch an die Göttin Namakkal geglaubt hätte, wenn er das gewusst hätte?

Doch kreative Geistesblitze sind für Sara Mednick nur einer von vielen Gründen, sich mittags aufs Ohr zu legen. In einem *Nickerchen-Manifest* zählt sie insgesamt 20 Vorteile des Mittagsschlafs auf.[18] Für die Schlaflobbyistin ist ein Schläfchen von unschätzbarem Wert, weil es

- die Aufmerksamkeit um bis zu 100 Prozent erhöht;
- die motorische Koordination und die Genauigkeit stärkt, was Gitarristen, Tänzerinnen oder Athleten ebenso zugute kommt wie Mechanikern, Verkäufern oder Chirurginnen;
- Wahrnehmungsfähigkeit und Entscheidungsfreude verbessert;
- das Risiko für Herzinfarkte und Schlaganfälle reduziert, die häufig durch Müdigkeit befördert werden;
- ein jugendliches Aussehen bewahren hilft;

- das Abnehmen fördert, da Ausgeschlafene weniger Heißhunger auf Süßigkeiten oder fettigen Knabberkram verspüren;
- allgemein die Stimmung hebt, da beim Schlafen der Botenstoff Serotonin im Gehirn freigesetzt wird;
- Stress ebenso reduziert wie die Abhängigkeit von Drogen oder Alkohol, die häufig als Mittel gegen Erschöpfung eingesetzt werden;
- Gedächtnisleistung und Kreativität verbessert;
- für einen besseren Nachtschlaf sorgt, indem es Übermüdung vorbeugt;
- und überdies – in den USA ein unschlagbares Argument – zu einem besseren Sexleben führt.

All diese Effekte seien nicht nur wissenschaftlich bewiesen, so Mednick, sondern auch noch »kostenlos, ohne Schadstoffe und ohne gefährliche Nebenwirkungen« zu haben.

Kein Wunder, dass so viele große Geister auf ihren Mittagsschlaf schwörten! Und das gilt sogar für erklärte Schlafgegner wie Thomas Edison, der die Glühbirne erfunden und sich schon damit als einer der größten Feinde des Nachtschlafs erwiesen hat. In der Öffentlichkeit tat er sich – ähnlich wie Benjamin Franklin – als rastloser Tüchtigkeitsprophet hervor und wetterte: »Die meisten Menschen essen 100 Prozent mehr als nötig und schlafen 100 Prozent mehr als nötig. Und diese überflüssigen 100 Prozent machen sie krank und ineffizient.«[19] Doch obwohl der Erfinderkönig die Nachtruhe als Zeitverschwendung geißelte und mit dem elektrischen Licht viele Menschen davon abhielt, sich rechtzeitig hinzulegen, wusste er sehr wohl um die heilsamen Wirkungen des Schlafes – er verlegte ihn nur von der Nacht in den Tag. So berichtet der Psychologe Stanley Coren in seinem Buch *Die unausgeschlafene Gesellschaft*, wie Edison einmal unerwartet Besuch von dem (ebenfalls rastlos tätigen) Unternehmer Henry Ford erhielt.

Doch vor Edisons Büro wurde er von einem Techniker aufgehalten, der ihn informierte, sein Chef mache gerade ein Mittagsschläfchen. »Ich dachte immer, Mr. Edison würde nicht viel schlafen«, bemerkte Ford amüsiert, worauf der Techniker antwortete, das stimme auch. »Er schläft fast gar nicht. Er hält nur viele Nickerchen.«[20] Auch Nikola Tesla, ehemaliger Mitarbeiter und späterer Konkurrent Edisons, prangerte dessen Verlogenheit in Sachen Ruhe an: »Er braucht zwar nur vier Stunden Schlaf pro Nacht, dafür aber jeden Tag zwei Nickerchen von je drei Stunden.«

Gerade Leistungsträger wissen also um den Wert der Siesta. Historische Größen wie Churchill, Napoleon oder Leonardo da Vinci kamen nur deshalb mit wenig Nachtschlaf aus, weil sie die Kunst perfektioniert hatten, sich tagsüber die notwendigen Ruhepausen zu gönnen. Dass man auf diese Weise Höchstleistungen vollbringen kann, beweist in unseren Tagen der siebenmalige Tour-de-France-Gewinner Lance Armstrong. Dem extrem ehrgeizigen Ausnahmeradler kann man bestimmt kein übersteigertes Ruhebedürfnis vorwerfen; umso interessanter, dass in seinem Trainingsplan »Nickerchen eine entscheidende Rolle gespielt« haben, wie Armstrongs Trainer, Chris Carmichael, erklärte.[21] Auch wenn man tagsüber nur für eine Stunde dösen könne, sei man am nächsten Tag besser in Form, schrieb Carmichael im *Bicycling Magazine*. »Ein Nickerchen regeneriert zwar nicht genauso wie der Schlaf einer ganzen Nacht, aber es schärft die Aufmerksamkeit eines Athleten für den ganzen Rest des Tages.«[22] Und es ist garantiert dopingfrei!

Dennoch hält sich hartnäckig das Vorurteil, die Mittagsruhe sei nur etwas für Schwächlinge. Vor allem in der Geschäftswelt gilt es als ungehörig, sich ein erquickendes Schläfchen zu gönnen, etwa mit dem Kopf auf der Tischplatte oder gar ausgestreckt auf dem Sofa. Zwar gibt es mittlerweile erste Firmen, die ein Einsehen zeigen und spezielle Ruheräume für Angestellte einrichten;

selbst in New York, der Stadt, die angeblich niemals schläft, kann man mittlerweile Schlafkabinen mieten, um sich für 15 Dollar ein 20-minütiges Schläfchen zu gönnen.[23] Doch noch immer haben Mittagsschläfer mit Vorurteilen zu kämpfen – auch wenn die Wissenschaft längst weiter ist.

Da hilft nur der Mut zu unkonventionellen Lösungen. Dösen kann man schließlich überall. Zur Not stapelt man ein paar Bücher auf den Schreibtisch, auf die man seinen Kopf betten kann (vorsichtige Naturen schlagen die Bücher dabei auf, als seien sie gerade mitten in die Lektüre vertieft). Andere quetschen sich in die Toilettenkabine, quer über den Sitz, die Füße gegen die Wand, den Kopf weich auf die Klopapierrolle gebettet. Sara Mednick empfiehlt gern auch den Rückzug ins eigene Auto, in dem man den Sitz in eine gemütliche Liegeposition stellen kann. Besser als solche halbherzigen Lösungen wäre allerdings ein allgemeiner Sinneswandel, sozusagen ein Paradigmenwechsel in Sachen Mittagsschlaf. Menschen in Führungsposition kann man da nur raten, mit gutem Beispiel voranzuliegen. Ihre Mitarbeiter werden es Ihnen danken!

Wer möchte, kann sich dazu von dem französischen Philosophen Thierry Paquot munitionieren lassen, der in seinem Buch *Siesta. Die Kunst des Mittagsschlafs* selbigen als einen heroischen »Akt des Widerstands« gegen die »Kontrolle der Uhrmacher« preist.[24] Weniger rebellische Typen finden Inspiration in Tom Hodgkinsons schönem Gedanken, es sei »absolut unzweifelhaft«, »dass im Paradies alle ein Nickerchen machen«. Denn so muss es sein im Garten Eden! Und ebenso unzweifelhaft ist es, dass man sich mit einem Nickerchen zwischendurch wenigstens einen Teil des Paradieses auf die Erde holen kann.

Wie lang diese paradiesischen Minuten dauern dürfen, sei dabei jedem selbst überlassen. Wer allerdings nach streng fachmännischen Kriterien schlafen möchte, möge sich an der folgenden Übersicht orientieren:

Die Nickerchen-Kategorien:

1. **Der Power-Nap** (5 – 20 Minuten) erhöht vor allem die Aufmerksamkeit und motorische Leistungsfähigkeit.
2. **Das klassische Nickerchen** (20 bis 30 Minuten) erreicht in der Regel die Tiefschlafphase (Delta-Wellen). Fördert dadurch auch die geistige Erholung und erhöht die Leistungsfähigkeit bei mentalen Aufgaben.
3. **Das Luxusschläfchen** (60 – 90 Minuten) schenkt einen vollständigen Schlafzyklus, REM-Phase inklusive. Verspricht den größten Effekt für körperliche Entspannung und geistige Kreativität.
4. **Der Espresso-Nap** beginnt mit einem Kaffee, nach dem man sich direkt (bevor er zu wirken beginnt) ins Bett legt. Durch das Koffein werden Stoffe im Blut abgebaut, die normalerweise für das Gefühl der Schläfrigkeit sorgen. So ist ein besonders frisches Aufwachen garantiert.

3. Vom Leerlauf zum Geniestreich

In einem seiner schönsten Sketche nimmt der Altmeister des Humors, Loriot, den trügerischen Frieden des Feierabends aufs Korn. Der Hausherr sitzt entspannt in einem Sessel, will einfach einmal nichts tun – und wird von den Fragen seiner Ehefrau nach und nach in den Wahnsinn getrieben:

»Sie: Was machst Du da?
Er: Nichts …
Sie: Nichts? Wieso nichts?
Er: Ich mache nichts …«

So beginnt dieser Dialog, in dessen Verlauf die Verwirrung der Ehefrau immer mehr zunimmt (»Überhaupt nichts?« … »Du sitzt da?«) und sich zu dem hilflosen Ausruf: »Aber irgend etwas *machst* Du doch?« steigert. Schließlich drängt sie ihm so penetrant und ausdauernd alle möglichen Tätigkeiten auf (»Es könnte ja nicht schaden, wenn Du mal etwas spazieren gingest« …, »Lies doch mal was …«,), bis der arme Mann mit seinen Nerven völlig am Ende ist.

In unnachahmlicher Weise hat Loriot damit das Unverständnis karikiert, das all jenen entgegenschlägt, die sich einmal dem ständigen Tätigkeitsimperativ verweigern. Einfach nichts tun – reagieren wir auf dieses Ansinnen nicht ähnlich irritiert wie die ruhelose Hausfrau? Eine solche Verweigerung *jeglicher* Aktivität passt nicht ins Raster unserer gesellschaftlichen Wertvorstellungen, die auf ständige Erlebnismaximierung ausgelegt sind. Nichtstun ist allenfalls unter dem Deckmantel einer (wenigstens scheinbar) nützlichen Form wie Schlafen, Angeln oder Meditieren erlaubt. Da entspannt man sich wenigstens, ist an der frischen Luft oder fördert die Erleuchtung! Aber einfach so gar nichts tun?

Zum Glück steht uns auch in diesem Fall die Wissenschaft hilfreich zur Seite. Denn es kann mittlerweile als erwiesen gelten, dass man selbst beim ziellosen Tagträumen keinesfalls nichts tut, sondern im Gegenteil mit etwas höchst Sinnvollem beschäftigt ist: nämlich mit unbewussten Aufräumarbeiten im Gehirn. Und diese dienen nicht nur unserer Selbstvergewisserung und geistigen Gesundheit, sondern sind letztlich die Basis jener Aha-Erlebnisse, die uns häufig scheinbar aus dem Nichts heraus überraschen.

Bevor wir auf diese wundersamen Wirkungen näher eingehen, sollte man vorausschicken, dass das Nichtstun für die Forschung mindestens so eine harte Nuss ist wie für Loriots Hausfrau. Denn wonach soll man da genau Ausschau halten? Wie wäre »Nichtstun« überhaupt zu definieren? Und woher weiß man, dass eine Versuchsperson wirklich ziellos in den Tag träumt und nicht vielleicht doch gerade einen konkreten Gedanken wälzt? Die Erforscher des Nichtstuns stehen in dieser Hinsicht vor einem wahrhaft Loriot'schen Dilemma: Denn wer einen Tagträumer einfach fragt, woran er gerade denkt, zerstört damit eben jenen absichtslosen Zustand, um den es eigentlich geht.

Aber die Wissenschaft ist bekanntlich erfinderisch. Und nachdem die Psychologie und Neurobiologie in den vergangenen Jahren so gut wie jede menschliche Regung mitleidlos durchleuchtet haben – die Gefühlskälte von Schwerverbrechern ebenso wie den Orgasmus liebender Paare im Kernspintomografen –, war es eigentlich nur eine Frage der Zeit, bis auch der letzte blinde Fleck auf der Forschungsagenda, das reine, pure Nichstun, erobert werden würde.

Im Jahr 1998 war es soweit. Da machte der amerikanische Hirnforscher Marcus Raichle bei Studien mit dem Kernspintomografen eine verblüffende Entdeckung: Immer wenn seine Probanden sich auf ihre Testaufgaben konzentrierten und zielgerichtet zu denken begannen, nahm in bestimmten Hirnarealen die Aktivität *ab* statt *zu* (wie es eigentlich zu erwarten wäre). Umgekehrt schienen diese Hirnregionen erst beim Nichtstun richtig tätig zu werden: Sobald die Tests beendet waren und seine Versuchspersonen *aufhörten*, sich auf ihre Aufgaben zu konzentrieren, sprang die Betriebsamkeit in diesen Arealen sprunghaft *an*.[25]

Raichle war elektrisiert: Entgegen jeder Erwartung schien das Gehirn bei geistiger Untätigkeit seine Betriebsamkeit (zumindest in manchen Regionen) sogar noch zu verstärken! Für dieses merkwürdige neuronale Muster prägte Raichle später den Begriff *default network*, was sich am besten mit »Leerlaufnetzwerk« übersetzen lässt. Dieses Netzwerk springt immer dann an, wenn wir nichts Besonderes denken, sondern unsere Gedanken ziellos schweifen lassen.[26] Diese Entdeckung gilt heute als eine der spannendsten Erkenntnisse der aktuellen Hirnforschung, und Raichles Aufsatz, in dem er erstmals vom *default network* spricht, ist inzwischen über tausendmal von anderen Wissenschaftlern zitiert worden. Dabei quält die Forscher vor allem eine Frage: Wozu um alles in der Welt ist der Leerlauf im Kopf gut?

Einer Antwort kommt man näher, wenn man analysiert, in welchen Situationen das Leerlaufnetzwerk aktiv wird: Wie verschiedene Studien gezeigt haben, geschieht dies nicht nur beim entspannten Tagträumen, sondern ebenso im Schlaf und bei komatösen Patienten, selbst bei Affen wurde es inzwischen entdeckt. Das deutet darauf hin, dass der Leerlaufmodus eine fundamentale Aufgabe erfüllt. Wie wichtig diese sein muss, zeigt auch die Tatsache, dass die Gehirnregionen des *Default*-Netzwerks ungewöhnlich selten von Schlaganfällen betroffen sind, weil sie besonders gut durchblutet sind. Offenbar ist der Leerlauf für das Denkorgan von so grundlegender Bedeutung, dass diese Funktion vor einem möglichen Ausfall unbedingt geschützt werden muss.[27]

Doch um welche Funktion geht es genau? Was *tut* das Gehirn, wenn es nichts Bestimmtes tut? Offensichtlich beschäftigt es sich dabei vor allem mit sich selbst. Denn beim Tagträumen ebenso wie im Schlaf oder im Koma muss das Gehirn nicht auf »Input« von außen reagieren, sondern kann sich vorwiegend seiner inneren Dynamik überlassen. Es hat sozusagen Zeit, seine eigenen neuronalen Geschäfte zu ordnen. Da werden Netzwerke aus Nervenzellen neu organisiert, das Gedächtnis sortiert und Gelerntes verarbeitet. Und dies scheint, ähnlich wie der wöchentliche Hausputz in der Wohnung, unabdingbar für das reibungslose Funktionieren unseres Denkens zu sein.[28]

Allerdings geht es dabei um weit mehr als nur ums neuronale Ordnunghalten. Wenn das Gehirn einmal nicht mehr mit ständiger Informationsverarbeitung beschäftigt ist, kann es seine Arbeitskapazität auch zur Pflege des eigenen Bewusstseins nutzen. Das belegen Studien, die einen engen Zusammenhang zwischen Leerlaufnetzwerk und Ich-Bewusstsein zeigen[29]. »Bei Kindern bis zu zehn, zwölf Jahren ist der Default-Modus noch nicht besonders aktiv«, erklärt Pierre Magistretti vom Brain-Mind-Institut in Lausanne. »Auch bei Alzheimer-Patienten finden wir wenig Leerlauf-Aktivität. Das ist hochinteressant, weil genau bei diesen beiden Gruppen das, was wir als Ich-Bewusstsein bezeichnen, nicht im gleichen Maße ausgeprägt ist wie bei gesunden Erwachsenen.«[30] Offenbar versichern wir uns im Leerlauf unbewusst unserer Geschichte und eigenen Identität und legen so erst die Grundlage für unser Selbstgefühl.

Für den Neurowissenschaftler Kai Vogeley von der Universität Köln ist das Leerlaufnetzwerk daher eng mit jenen Fähigkeiten verbunden, die uns überhaupt erst zu Menschen machen. »Wir wissen, welche Regionen des Gehirns aktiv werden, wenn Menschen über sich selbst nachdenken« sagt Vogeley. »Wenn man sich das Default-Netzwerk anschaut, stellt man fest: Die Bereiche überschneiden sich.« Zu dieser Deutung passt, dass das Aktivitätsmuster des *Default*-Modus von psychiatrischen Patienten häufig vom Normalbild abweicht. Ein gesunder Leerlauf wäre so gesehen geradezu lebenswichtig für unsere geistige Gesundheit.[31]

Die Tatsache, dass gerade beim ziellosen Nichtstun manche Hirnbereiche *stärker* aktiv sind als beim zielgerichteten Denken, legt auch eine Erklärung für jene Geistesblitze nahe, die uns mitunter aus dem Nichts heraus durchzucken. Denn wenn äußerer Input fehlt, kann das Gehirn auf einen riesigen Schatz an gespeichertem »innerem Wissen« zurückgreifen. So ist in der Architektur unseres Denkorgans nicht nur alles Wissen codiert, das die Menschheit im Laufe der Evolution gelernt hat; sondern ebenso die unbewussten Erinnerungen aus frühester Kindheit. Dazu kommt noch all jenes aufgeschnappte, zufällige und längst vergessene Wissen, das sich in unserem Unterbewusstsein angesammelt hat und im Allgemeinen nie die Schwelle zum Bewusstsein überschreitet. Wenn man daher das Gehirn sich selbst überlasse, sagt der Hirnforscher Singer, könne es »sich wunderbar mit sich selbst unterhalten und gewissermaßen in sich selbst spazieren gehen«.[32]

Vermutlich geschieht genau dies im Leerlauf: Das Gehirn geht in sich selbst spazieren. Und dabei kann es nicht nur intern für Ordnung sorgen, sondern auch frische Verbindungen zwischen Nervenzellen knüpfen und so neue Zusammenhänge zwischen gespeicherten Fakten herstellen. Auf diese Weise entstehen ganz von selbst neue Gedanken und, wenn wir Glück haben, auch unerwartete Geistesblitze. Alle, die geistig tätig sind, haben das schon erlebt: Da hat man stundenlang ergebnislos über ein Problem nachgegrübelt – und in dem Moment, in dem man sich entspannt, steht einem plötzlich die Lösung vor Augen! Manchmal erlebt man solche »Aha-Momente« unter der Dusche oder in der Badewanne (so wie Archimedes, dem beim Plätschern plötzlich das Prinzip des Auftriebs klar wurde); oder man hat sein *Heureka*-Erlebnis unversehens beim Spazierengehen, beim Musikhören oder abends im Bett.

Natürlich geht solch genialen Einfällen fast immer eine Zeit intensiven Nachdenkens voraus. Doch man kann es mit dem Grübeln auch übertreiben. Denn das bewusste Denken folgt meist nur den bekannten, ausgetretenen Pfaden. Wer auf diese Weise allzu verbissen nach der Lösung sucht, würgt häufig seine Kreativität regelrecht ab – dann wird es Zeit, das Hirn zu lüften und sich der unbewussten Weisheit des Leerlaufs zu überlassen. »Setzen Sie sich erst bewusst-rational mit den Argumenten auseinander, aber vertagen sie die Entscheidung. Lenken Sie sich ab, schlafen Sie drüber. Die vorbewussten, intuitiven Netzwerke in Ihrer Großhirnrinde erledigen den Job für Sie«, rät daher der Hirnforscher Gerhard Roth.[33]

Für diesen Mechanismus der unbeabsichtigten Genialität gibt es sogar mittlerweile einen eigenen Begriff: Als *Serendipity*-Prinzip definierte der amerikanische Soziologe Robert K. Merton vor fünfzig Jahren »die zufällige Entdeckung von wichtigen, nicht gesuchten Erkenntnissen durch einen theoretisch vorbereiteten Geist«.[34] Ein schönes Beispiele für dieses »Serendipitätsprinzip« ist etwa die Erfindung der *Post-it*-Klebezettel.

Denn an deren Anfang stand ein Flop. Als der Chemiker Spencer Silver 1968 für die Firma 3M einen neuen Superkleber zusammenrühren wollte, kam nur eine klebrige Masse heraus, die zwar auf allen möglichen Flächen haftete, genauso leicht aber auch wieder abging. Das Ganze wäre vermutlich völlig in der Versenkung verschwunden, hätte sich nicht ein Kollege Silvers Jahre später daran erinnert. Art Fry, ebenfalls Chemiker bei 3M, sang nämlich im Kirchenchor und ärgerte sich darüber, dass ihm ständig seine Lesezeichen aus den Noten fielen. Da kam ihm sein Gehirn zu Hilfe und spülte die vergrabene Erinnerung an den Haftkleber hoch. Der Rest ist Geschichte: Fry holte sich eine Probe des Klebers aus dem Labor, trug sie auf kleine Zettel auf – und hatte die *Post-its* erfunden. 1980 kamen die Haftzettel auf den Markt, ein Jahr später bezeichnete sie das 3M-Unternehmen als sein herausstechendstes neues Produkt, und Fry wurde hoch geehrt.[35]

Es gibt viele weitere Beispiele für Serendipität, unter anderem:

- den Zufallsfund des Penicillins, der im Wesentlichen der Tatsache zu verdanken war, dass der Bakteriologe Alexander Fleming eine Petrischale mit einer Bakterienkultur zu lange stehen ließ, sodass sich in diese der Pilz *Penicillium notatum* verirrte, und Fleming so flexibel war, in der scheinbaren Verunreinigung eine große Entdeckung zu sehen;
- die Einsicht in die Natur der Röntgenstrahlung, die einer eher zufälligen Beobachtung von Konrad Röntgen entsprang;
- die kuriose Entdeckung der Bewusstseinsdroge LSD durch den Chemiker Albert Hofmann, der im Labor des Schweizer Pharmakonzerns Sandoz 1943 eigentlich auf der Suche nach einem Kreislauftherapeutikum war.

Natürlich entstand keiner dieser Geistesblitze allein aus dem Nichts heraus. Häufig wurden sie durch äußere Umstände begünstigt – der Pilz, der in die Bakterienschale fiel, die Lesezeichen, die aus den Noten rutschten. Manchmal ist es auch einfach nur eine lästig im Hundefell haftende Pflanze, die zu einer großen Entdeckung führt – so wie im Fall des Schweizer Ingenieurs Georges de Mestral.

Immer wenn Mestral mit seinen Hunden spazieren ging, blieb denen eine »große Klette« im Fell hängen. Statt sich darüber zu ärgern, pickte der Ingenieur die Pflanze ab, legte sie unters Mikroskop und erfand so den Klettverschluss. 1951 ließ Mestral seine Erfindung unter dem Namen *Velcro* (von franz. *velours,* Samt, und *crochet,* Haken) patentieren und gründete die Firma Velcro Industries, die heute den Weltmarkt für Klettverschlüsse beherrscht.[36] Was in all diesen Fällen am Ende zum Erfolg führte, war stets eine spezifische Mischung aus Experimentierfreude, ernsthaftem Nachdenken und lässiger Offenheit für das Unerwartete.

Das Schönste am Serendipitätsprinzip ist wohl die Tatsache, dass man sich für die plötzliche Erkenntis zwar öffnen, sie aber niemals herbeizwingen kann. Der Zufall und die spontane Inspiration lassen sich nun einmal nicht in Forschungsstrategien packen oder in Businessplänen fassen. Wer sie finden will, tut gut daran, eben gerade einmal *nicht* den Erfolg zu erstreben, sondern möglichst mit offenen Sinnen durch die Welt zu gehen und nichts Besonderes zu denken. Nur dann kann man auf das wirklich Besondere stoßen.

Hätte Loriots armer Hausherr dies alles nur schon gewusst! Mit der Antwort »Ich räume meinen Kopf auf, um Platz für neue Ideen zu schaffen« hätte er vermutlich auch das ruheloseste Eheweib versöhnt.

4. Das Glück der Meditation

Die Wissenschaftsredaktion der ZEIT ist naturgemäß ein Biotop der Rationalität. Hier regiert die Vernunft und was sich nicht hieb- und stichfest beweisen lässt, wird als suspekt angesehen. Das gilt selbstverständlich auch für alles, was nach Esoterik und Spiritualität riecht. Die herrschende Meinung zum Thema Meditation brachte einer meiner Kollegen mit einem wunderbar ironischen Aufkleber an seiner Bürotür zum Ausdruck. *Gehe in Dich. Ich komme gleich nach.*

Leider hat er es bislang bei dieser Ankündigung belassen. Bis jetzt ist es mir jedenfalls noch nicht gelungen, ihn zu einem gemeinsamen Meditationswochenende zu überreden. Dennoch verstehen wir beide uns seit Jahren bestens. Er reagiert auf meine Ausflüge in die Stille stets mit einem ebenso vielsagenden Lächeln wie ich auf seine Schwärmereien von stundenlanger Pilzsuche im Wald; und gemeinsam schütteln wir den Kopf über unseren Schweizer Kollegen, der sein inneres Gleichgewicht mit Vorliebe auf 36-Stunden-Wanderungen und ultraharten Bergaufmarathons sucht.

In letzter Zeit hat sich allerdings etwas verändert. Wenn in der Redaktion von Meditation die Rede ist, gehen die Augenbrauen nicht mehr ganz so hoch, schimmert manchmal gar so etwas wie Interesse in manchen Pupillen. Das liegt nicht nur daran, dass auch Wissenschaftsredakteure unter zunehmendem Arbeitsdruck leiden und sich nach Ruhe sehnen, sondern ebenso daran, dass Meditation in den vergangenen Jahren zu einem Gegenstand ernsthafter wissenschaftlicher Forschung geworden ist. Sogar die amerikanische Armee fördert mittlerweile Studien, die den Effekt meditativer Praktiken auf die Konzentrationsfähigkeit und die Stimmung ihrer Soldaten untersuchen. Damit wirken diese scheinbar so esoterischen Methoden selbst in den Augen meiner nüchternen Kollegen gar nicht mehr so abgedreht und weltfremd wie einst.

Dabei ist die Forschung dem Thema Meditation nach allen Regeln der Kunst zu Leibe gerückt; man ließ Mönche im Kernspintomografen meditieren, vermaß Hirnströme, Reaktionszeiten und Stresshormone und versuchte, das meditative (Nichts-)Tun in Daten, Zahlen und Fakten zu fassen. Und obwohl die Ergebnisse dieser Studien zum Teil sehr unterschiedlich ausfallen[37], beweisen sie doch in der Summe eines: Meditieren ist mehr als nur Rumsitzen und Nichtstun.

Der amerikanische Hirnforscher Richard Davidson etwa hat das Hirn tibetischer Mönche durchleuchtet, während sie sich in der Meditation auf einen Zustand »liebenden Mitgefühls« konzentrierten. Dabei erschienen jene Hirnregionen stark durchblutet, in denen emotionale Erfahrungen wie Liebe, Mitgefühl und Glück verarbeitet werden.[38] »Diese Ergebnisse«, kommentiert der Dalai Lama, »lassen vermuten, dass wir einen Zustand des Glücks durch ein auf das Gehirn einwirkendes Geistestraining bewusst kultivieren können.«

Die Hirnforscherin Sara Lazar aus Boston hat Hinweise gefunden, dass regelmäßiges Meditieren sogar die neuronale Verschaltung im Gehirn beeinflusst. Am Massachusetts General Hospital in Boston untersuchte sie Menschen, die seit mehreren Jahren 40 Minuten am Tag meditieren. Ergebnis: Deren Hirnrinde war um bis zu 5 Prozent stärker als jene von gewöhnlichen Probanden. Die Forscherin wies dabei vor allem in den für Aufmerksamkeit und Sinnesverarbeitung zuständigen Hirnarealen größere Blutgefäße und mehr neuronale Verbindungen nach.[39] Weil der Effekt bei den älteren Versuchspersonen am deutlichsten ausgeprägt war, schließt Lazar, »dass eine regelmäßige Meditationspraxis die normale, altersbedingte Ausdünnung des Cortex reduzieren könnte.«

Und die Psychologin Amishi Jha von der University of Miami hat kürzlich zwei Millionen Dollar vom amerikanischen Verteidigungsministerium erhalten, um den Effekt eines meditativen Trainings auf Mitglieder der US-Marine zu untersuchen. Ergebnis: Soldaten, die täglich meditierten, stärkten die Leistungskraft ihres Arbeitsgedächtnisses, verbesserten ihre Aufmerksamkeit und fühlten sich geistig ausgeglichener.[40] Ein meditatives Training könne also die Anfälligkeit für »psychologische Störungen wie posttraumatischen Stress und Angststörungen reduzieren«, schreibt Jha in der Fachzeitschrift *Emotion*, darüber hinaus könnte es den Soldaten auch »größere kognitive Ressourcen verschaffen, um ethisch und effektiv in einem moralisch zwielichtigen und emotional herausfordernden Umfeld« zu agieren.[41]

Doch so beeindruckend solche Ergebnisse auch sein mögen – über das wahre Wesen der Meditation sagen sie herzlich wenig. Schon gar nicht können sie erklären, warum manche Praktiken mit einem speziellen Glücksgefühl einhergehen und warum dies eher in der *Abwesenheit* bestimmter Gedanken zu bestehen scheint als in deren Fülle.

So sprechen Meditationslehrer wie etwa der Bremer Zen-Meister Michael Sabaß davon, dass man in der Meditation seinen Gedanken nicht wie gewöhnlich folge, sondern dass man beim stillen Sitzen eher »wie ein Zuschauer im Kino« beobachte, wie das eigene Gehirn »mehr oder minder wirre Wort- oder Satzfetzen, Bilder und Videoclips auf die Leinwand projiziert«. Bei ihm wachse dabei allmählich der Eindruck, »dass ich alles das eigentlich gar nicht brauche«. Dafür mache er immer mehr die Erfahrung des reinen »Da-Seins«. »Wie ein großer flacher Stein, der immer tiefer ins Meer sinkt«, sagt der 66-jährige, erreiche er einen »Grundzustand des Geistes«, der aus »Stille und reinem Gewahrsein« bestehe[42]. Und dieses simple Erleben der Gegenwart sei mit einem tiefen Glücksgefühl verbunden. »Man ist so hoch konzentriert, dass alles andere, was mich sonst im Leben bewegt oder mir Sorgen macht, weg ist«, sagt Sabaß. »Das ist so, als hätte ich bisher in einer Schwarzweißfotografie gelebt, und ganz plötzlich ist die Welt dreidimensional und bunt. Wer das zum ersten Mal erlebt, den reißt es vom Hocker.«

Von solch bunten Erlebnissen erzählt die Forschung natürlich nichts. Ob es den Meditierenden vom Hocker reißt oder nicht, lässt sich nun einmal nicht an Hirnscans oder EEG-Kurven ablesen, sondern nur im Selbstversuch überprüfen. Die mutigsten unter den Meditationsforschern haben daher begonnen, diesen speziellen Geisteszustand selbst zu erkunden, auch wenn sie sich damit dem Risiko aussetzen, in der Zunft milde belächelt zu werden.

So auch der Neurobiologe Wolf Singer, der als Direktor des Frankfurter Max-Planck-Instituts für Hirnforschung kaum befürchten muss, als unseriöser Esoteriker abgestempelt zu werden. Als er wieder einmal eine Phase hatte, in der er »beruflich enorm belastet war und viel zu viel am Hals hatte«, gab er einer lange gehegten Neugier nach und meldete sich zu einer zehntägigen Meditationsperiode an. Singer wollte selbst erleben, was im Kopf passiert, wenn man das übliche rationale Denken außer Kraft setzt.[43]

Im Nachhinein muss er ein wenig über sich selbst lächeln: Er habe ja keine Ahnung gehabt, worauf er sich da einließ, gesteht Singer. Die zehn Tage Zen-Meditation seien »ein hartes Regime« gewesen. Schon die äußeren Bedingungen bei dieser Art von Meditation waren für ihn ungewohnt: »Man sitzt sehr gerade, kann also nicht einschlafen und ist in einer völlig reizarmen Umgebung; man bewegt sich nicht, achtet nur auf seinen Atem, zählt oder beschäftigt sich mit den visuellen Phänomenen, die dabei entstehen«. Im japanischen Zen-Buddhismus nennt sich diese Art der Übung *Shikantaza*, zu Deutsch: einfach nur SITZEN. Worum es dabei geht, bringt der aus Vietnam stammende Zen-Meister Thich Nath Hanh so auf den Punkt: »Statt zu sagen: ›Sitz nicht einfach nur da, tu irgend etwas‹, sollten wir das Gegenteil fordern: ›Tu nicht irgend etwas, sitz nur da‹.«

Die simple Übung muss bei Singer einiges bewirkt haben. »Eindrucksvoll« seien die zehn Tage gewesen, berichtet der Forscher; er sei deutlich verändert zurückgekommen. »Ich hatte es hier am Institut niemand erzählt. Aber Mitarbeiter haben mich später, bei der Weihnachtsfeier, gefragt, wo ich denn im Sommer gewesen wäre. Ich sei so anders gewesen, so ruhig.« Dass er sich durch die meditative Auszeit veränderte, habe er auch selbst bemerkt: »Plötzlich fuhr ich auf der rechten Spur der Autobahn, brauchte kein Radio und war eigentlich ganz glücklich mit mir.«

Woher rührt dieses Glücksgefühl? Und wie lässt sich erklären, dass selbst ein Erfolgsmensch wie Singer – der zu den angesehensten Wissenschaftlern in Deutschland zählt, glücklich verheiratet und Vater zweier erfolgreicher Töchter ist und so gut wie alles erreicht hat, was man gemeinhin als erstrebenswert ansieht – ausgerechnet beim schweigenden Vor-der-Wand-Sitzen sein Glück findet? Es gehört zu den Eigentümlichkeiten der meditativen Erfahrung, dass man ihre Wirkungen eigentlich nur demjenigen richtig verständlich machen kann, der diese Erfahrung selbst gemacht hat. Versucht man sie anderen zu erklären, kämpft man mit ähnlichen Schwierigkeiten wie ein Maler, der Farbenblinden seine Bilder erläutern will – auch wenn er noch so viele Worte macht, wird er meist auf Unverständnis stoßen.

Obendrein ist der Begriff der Meditation mittlerweile mit Klischees und Vorurteilen beladen. Eines davon lautet zum Beispiel, Meditation habe zwangsläufig mit fernöstlichen Religionen zu tun und wer meditiere, sei demnach Buddhist oder Hinduist. Ein anderes Vorurteil besteht in der Ansicht, Meditieren sei etwas höchst Kompliziertes, weil es ein schmerzhaftes Verknoten der Beine oder andere bizarre Körperhaltungen erfordere. Außerdem gibt es inzwischen eine unüberschaubare Vielzahl verschiedener Meditationsschulen, die alle ihre eigenen Rituale und Praktiken pflegen, was den Eindruck erweckt, Meditation sei eine schwer zu erlernende Kunst, die nur von ausgewiesenen Fachleuten vermittelt werden könne.

In Wahrheit ist das Grundprinzip der Meditation kinderleicht: sich vollständig auf das konzentrieren, was man aktuell tut – und diese Erfahrung immer von Neuem wiederholen. Denn Meditation ist letztlich nicht eine Frage der jeweiligen Tätigkeit, sondern der geistigen Einstellung. Von einem »Geistestraining« spricht etwa der Dalai Lama und verweist darauf, dass der ursprüngliche Sanskritausdruck *bhavana*, der im Deutschen mit »Meditation« übersetzt wird, so viel wie »Pflege einer Gewohnheit« bedeutet und dass der entsprechende tibetische Begriff *gom* wiederum »vertraut werden« heißt. Meditation, so definiert daher der Dalai Lama, sei letztlich nichts anderes als »eine disziplinierte Geistespraxis, in der man die Vertrautheit mit einem bestimmten Gegenstand pflegt, der sowohl ein äußeres Objekt als auch eine innere Erfahrung sein kann«.[44]

Demnach hängt das Prinzip der Meditation also gar nicht von einem bestimmten religiösen Kontext ab. Auch das Christentum kennt eine Vielzahl meditativer Praktiken – stilles Sitzen, Beten, Fasten, Singen oder Pilgern –, die allmählich wiederentdeckt werden. Und recht betrachtet frönt sogar mein Pilze sammelnder Kollege der Meditation – vorausgesetzt, er denkt dabei wirklich nur an seine Pilze und wälzt nicht etwa Arbeitssorgen. Ja, selbst der Bergauf-Marathon unseres Schweiz-Redakteurs kann eine meditative Praxis sein – wenn er dabei im richtigen Geiste schwitzt.

»Alles automatisierte Tun birgt bei richtiger Einstellung die Möglichkeit, den Menschen an sein tiefstes Wesen heranzubringen«, schrieb der (1988 verstorbene) Psychotherapeut und Zen-Lehrer Karlfried Graf Dürckheim.[45] »Damit etwas religiöse Bedeutung gewinnen kann, müssen nur zwei Bedingungen erfüllt sein: Es muss einfach sein und wiederholbar.« Dürckheim, der in Japan den Zen-Buddhismus kennengelernt hatte und diese Erfahrung mit der christlichen Kultur Europas zu verbinden suchte, betonte, dass die Erfahrung der Transzendenz im Prinzip in jeder Tätigkeit möglich sei – im meditativen Sitzen ebenso wie im bewussten Atmen, im Bogenschießen ebenso wie in bestimmten Formen des Tanzens, Singens oder Malens. Wichtig sei dabei zunächst, eine Technik bis zur völligen Beherrschung zu erlernen, bis sie automatisch zur Verfügung steht. Dann nämlich könne man »das kleine Ich«, das stets »um das Gelingen besorgt ist und das Misslingen fürchtet« loslassen. So werde der Übende »durchlässig« für das »in seinem Wesen anwesende Sein« und könne die Erfahrung einer tieferen Kraft machen, »die nun ohne sein Zutun durch ihn hindurch die Leistung vollbringt«.

Was Dürckheim da auf etwas verschraubte Weise ausdrückt, klingt geradezu märchenhaft – träumt nicht jeder davon, seine Leistungen »ohne eigenes Zutun« zu vollbringen? Das Problem ist nur: Sobald man sich auf eine meditative Übung einlässt, stellt man fest, dass das Loslassen alles andere als einfach ist. Im Gegenteil, sobald die äußeren Störungen wegfallen, beginnt die innere gedankliche Aktivität ins Kraut zu schießen. Statt sich auf den gegenwärtigen Atemzug oder Pinselstrich zu konzentrieren, denkt man plötzlich an die Steuererklärung, ans gestrige Fussballspiel oder ans nächste Essen. Von innerer Ruhe ist da, zumindest anfangs, meist keine Spur. »Die erste große Entdeckung bewusster Meditation ist nicht etwa eine grenzüberschreitende Einsicht in die Natur des Geistes, sondern die peinsame Realisierung, wie wenig der Mensch normalerweise mit seiner tatsächlichen Erfahrung verbunden ist«, schreiben dazu die Meditationsforscher Eleanor Rosch und Francisco Varela.[46]

Es kostet durchaus geistige Anstrengung, die stets ins Bewusstsein drängenden, störenden Gedanken zwar zur Kenntnis zu nehmen, sich von ihnen aber nicht mitreißen zu lassen. Denn normalerweise lösen schon kleinste Sinneseindrücke ganze Gedankenketten im Gehirn aus.

In der Meditation dagegen übt man, diesem Reiz-Reaktions-Schema nicht automatisch zu folgen, also nicht jedem Gefühl und jedem zufälligen Einfall nachzugehen.* Für den Münchner Kognitionspsychologen Ernst Pöppel kommt dies sogar geradezu einer Befreiung aus dem Stand der Sklaverei gleich. Denn der Mensch sei, wie jedes Lebewesen, darauf programmiert, ständig seine Antennen neu auszurichten, ständig Informationen zu verarbeiten, um den Bezug zur Realität sicherzustellen. »Mein Gehirn ist der Situation ausgeliefert, fortwährend Informationen aufnehmen zu müssen und diese abzuwägen im Hinblick auf das, was gut für mich ist und was nicht so gut für mich ist«, sagt Pöppel. Und diesem evolutionären Erbe könne man kaum entkommen. »Ich bin in meiner Informationsverarbeitung versklavt durch das, was innen und außen geschieht.«[47]

Wer will, kann also meditative Praktiken als Durchbrechen der Informationssklaverei beschreiben. Man kann sie aber auch pragmatisch als eine Art Training des Arbeitsgedächtnisses – und damit der Fähigkeit zur Selbstkontrolle – ansehen. Dabei geht es in der Meditation nicht darum, immer *mehr* Gegenstände gleichzei-

---

* Insbesondere bei Menschen, die unter Depressionen leiden, kann dies extrem heilsam sein. Denn das ständige Grübeln über die eigenen Unzulänglichkeiten ist sowohl Symptom als auch Auslöser der depressiven Gefühle. Um diesen Teufelskreislauf zu durchbrechen, bieten Kliniken verstärkt auch Achtsamkeitsübungen für depressive Patienten an.

tig im Bewusstsein zu halten, sondern letztlich nur einen einzigen, den aber über lange Zeit. Denn auch das verbessert, wie Amishi Jha nachgewiesen hat, die Leistungsfähigkeit unserer wichtigsten neuronalen Schaltzentrale. Und wer es versucht, stellt schnell fest, wie sehr ihn das simple Nicht-Denken an seine Grenzen führt.

Wer sich aber von den Anfangsschwierigkeiten nicht abschrecken lässt, kann die Erfahrung machen, dass sich im Laufe der Zeit wirklich eine gewisse Ruhe im Kopf einstellt. Schenkt man den störenden Gedanken nämlich keine Beachtung, laufen sie gleichsam ins Leere und erschöpfen sich von selbst. Deshalb definierte der japanische Zen-Meister Taisen Deshimaru die meditative Wirkung auf den Geist auch gern so: »Es ist, als lasse man schlammiges Wasser in einem Glas einfach stehen. Allmählich sinkt das Sediment zu Boden und das Wasser wird klar.«[48]

Auch Wolf Singer hat während seines Ausflugs ins Zen-Kloster solche Momente der Klarheit erfahren. »In der Meditation kommt das Gehirn mehr zur Ruhe, Erregungsprozesse pendeln sich ein. Das merkt man auch daran, dass man bei einer solchen Übungsperiode weniger schlafen muss, denn der Schlaf dient ja ebenfalls dazu, ein solches inneres Gleichgewicht herzustellen.« Auch wenn der Neurobiologe dabei nicht von Erleuchtung redet, wird klar, dass er eine ganze Menge über sich selbst erfahren hat: »Man erlebt, was passiert, wenn mal nichts an einem zieht, wenn einen nichts zwingt zu reagieren, sondern wenn sich einfach entfalten kann, was in diesem System alles steckt.« Und was steckt im »System Singer«? Bei ihm habe sich in der Meditation ein ganz besonderes Gefühl des In-der-Welt-seins eingestellt, sucht es der Hirnforscher zu beschreiben, ein Gefühl, das mehr mit der Person zu tun habe, »die man *ist*, als mit der, die man erlebt, wenn man ständig von Tagesereignissen getrieben wird«.

Einfach gesagt: Der Mann ist sich selbst begegnet – und hat offenbar einen ganz sympathischen Menschen kennengelernt.

Ähnlich drücken es viele Anhänger der Meditation aus. Das Geheimnis dieser »Geistespraxis« besteht eben nicht im Erleben wundersam-mystischer Zustände, sondern eher in der Erfahrung einer inneren Zufriedenheit, die unabhängig von äußeren Erfolgen oder Fehlschlägen ist. Vielleicht könnte man auch sagen: Das Glück der Meditation besteht in der ebenso schlichten wie wunderbaren Erfahrung, einmal ganz da und sich selbst genug zu sein.

Und vermutlich ist es genau das, was uns im hektischen Alltag am meisten fehlt. Vor lauter Terminen, Anforderungen und Sehnsüchten kommen wir kaum dazu, das Leben als das zu sehen, was es im Grunde ist: ein einmaliges Geschenk, dessen Wert wir meist erst dann zu schätzen lernen, wenn es zu Ende geht. Um sich daran immer wieder zu erinnern, sind kleine Übungen des einfachen In-der-Welt-Seins Gold Wert. Allein die Tatsache, dass man von der Außen- auf die Innensteuerung umschaltet und sich einmal von den ständigen äußeren Taktgebern – Arbeit, Familie, Geld, Angst, Erwartungen – unabhängig macht, kann unsere Sicht auf das Alltagsgetriebe verändern. [49]

Man darf nur nicht den Fehler machen, diese Auszeiten mit großen Erwartungen aufzuladen. Denn genau die sind es, die häufig zwischen uns und dem Glück des reinen Daseins stehen. Egal, ob man das stille Sitzen praktiziert, das Singen, Malen, Pilzesuchen oder meditative Marathonlaufen – letztlich geht es bei all diesen Tätigkeiten nur darum, ganz in ihnen aufzugehen, sich nicht ständig ablenken zu lassen und so die tiefe Erfahrung zu machen, wie flüchtig und wertvoll jeder Moment unseres Lebens ist. Und egal, ob man dafür zehn Minuten oder eine Stunde pro Tag erübrigen kann – Hauptsache, man schafft es, solche Ruhephasen regelmäßig in seinem Alltag zu verankern.

Meine persönliche Lieblingstechnik ist zum Beispiel das entspannte Ausatmen. Und das kann jeder – ja, auch Sie! – sofort erproben.

Eine ganz einfache Atemmeditation

- Nehmen Sie sich dafür eine festgelegte Spanne Zeit (anfangs reichen fünf oder zehn Minuten).
- Setzen Sie sich aufrecht und bequem auf einen Stuhl oder ein Meditationskissen, sodass sich Ihr Bauch entspannen kann.
- Atmen Sie ein-, zweimal tief durch und spüren Sie, wie Ihr Atem ein- und ausströmt –, ohne dass Sie ihn zu kontrollieren suchen.
- Nun richten Sie Ihre Aufmerksamkeit auf die Ausatmung. Ohne zu forcieren, lassen Sie die Luft ausströmen und entspannen sich dabei.
- Am Ende der Ausatmung tun Sie einfach gar nichts – so lange, bis die Einatmung von selbst kommt. Denn dies erledigt der Atemreflex in Ihrem Zwerchfell von ganz allein.
- Wenn sich die Lungen mit Luft einigermaßen gefüllt haben, atmen Sie wieder langsam und bewusst aus – und so weiter.
- Wenn störende Gedanken oder ablenkende Geräusche in Ihr Bewusststein dringen, nehmen Sie diese einfach zur Kenntnis – und lassen sie wieder los. Für diese fünf oder zehn Minuten sind die Gedanken einmal unwichtig (danach darf man sie gerne wieder aufnehmen). Statt sich mit ihnen zu beschäftigen, wenden Sie Ihre Aufmerksamkeit stets von Neuem dem Atem zu.
- Genießen Sie es, wie der Atem ohne Ihr Zutun ein- und ausfließt. Wenigstens das ist etwas, worum Sie sich nicht zu kümmern brauchen!
- Egal, wie gut oder schlecht Sie sich konzentrieren können: Stressen Sie sich nicht mit ehrgeizigen Zielen oder Erwartungen. Es geht nicht darum, irgendetwas zu erreichen, sondern gerade ums Nicht-Erreichen.
- Wenn die vereinbarte Zeit vorüber ist, beglückwünschen Sie sich selbst zu Ihrer ersten Meditationserfahrung.
- Bauen Sie diese kleine Übung eine Woche lang in ihren Tag ein, zum Beispiel morgens, direkt nach dem Aufstehen oder abends, vor dem Zubettgehen, und beobachten Sie, ob und was sich verändert. Viel Freude damit!

Eigentlich ganz einfach, oder? Doch so schlicht das klingt – es ist gar nicht so leicht, regelmäßig auch nur ein paar Minuten am Tag für sich selbst und das Nichtstun zu erübrigen. Und damit stellt sich für uns alle die Frage: Warum kommen wir so selten dazu? Warum erleben wir so selten, dass »nichts an uns zieht« – und wie schaffen wir uns öfter den Freiraum für die heilsame Erfahrung des einfachen »Da-Seins«?

GALERIE GROSSER MÜẞIGGÄNGER(INNEN)

Querdenker, Pausenkünstler und Abwesenheitsexperten

DIE RUHELIEBENDE OLYMPIASIEGERIN – BRITTA STEFFEN

Kürzlich meinte wieder einmal ein Sportler, sie belehren zu müssen. »Britta«, sagte er, »Training kommt von Tränen!« Über solche Durchhalteparolen kann Britta Steffen nur lachen. »Das ist nicht mein Weg«, erklärt die zweifache Olympiasiegerin fröhlich und nimmt noch ein Löffelchen Crème brûlée. Wer meint, er müsse sich im Training kaputtmachen, dürfe das gerne tun. Sie nicht. »Es ist auch wichtig, Pausen zu machen und sich Ruhe zu gönnen. Man muss auf seinen Körper hören«, sagt die durchtrainierte Blondine, die gerade ihren Nachtisch genießt.

Pausen machen? Sich Ruhe gönnen? Solche Vokabeln fallen selten im Hochleistungssport. In der Regel geht es dort eher zu wie beim Militär: harte Disziplin, gnadenloser (Trainings-)Drill und bloß keine Schwäche zeigen. Doch Britta Steffen ist in vielerlei Hinsicht die Ausnahme von der Regel. Sie nimmt sich das Recht, vor großen Wettkämpfen auch mal weniger (statt mehr) zu trainieren, geht zur Atemtherapie, schwört auf ihren Mittagsschlaf, lässt sich von einer Psychologin beraten (was ihr den Beinamen »das Sensibelchen« eingetragen hat) – und ist die erfolgreichste deutsche Schwimmerin des vergangenen Jahrzehnts.

Acht deutsche, einen Europa- und zwei Weltrekorde hält sie derzeit (Stand September 2010), bei den Olympischen Spielen in Peking war sie mit ihrem Doppelsieg über 50 und 100 Meter Freistil eine der herausragenden Athletinnen. Und doch hat sie gelernt, sich nicht nur über Leistung zu definieren. »Das ist das Dilemma vieler Spitzensportler: Sie meinen, ihr Wert als Mensch hänge von ihrem Erfolg ab«, weiß Steffen. Anerkennung gehe ihnen über alles, und so schwämmen manche für die Eltern, den Trainer oder ganz Deutschland. »Ich sage mir: Britta, du machst das nur für dich.«

Selbstbewusst verweigert sich die 27-Jährige nicht nur rigiden Trainingsplänen, sondern auch dem Anspruch, ständig erreich- und verfügbar zu sein. Ihr Handy hat sie nur selten dabei, E-Mails liest sie meist erst nach Tagen (»und stelle dann fest: Viele haben sich von selbst erledigt«), und im Internet ist sie nur sporadisch unterwegs. Und wenn ihr Freund Paul Biedermann sie mit ihrer digitalen Abstinenz aufziehen will, antwortet sie manchmal nur: »Ich habe Besseres zu tun – schlafen zum Beispiel.«

Den Mut zur Muße musste sich Britta Steffen mühsam erarbeiten. Früher fühlte sie sich ständig unter Druck und dachte wie viele Spitzensportler: »Die Konkurrenz schläft nicht, nur Schwächlinge machen Pause, Müßiggang ist aller Laster Anfang.« Fast wäre sie unter diesem Druck zerbrochen. Bei Olympia 2004 in Athen waren ihre Leistungen so enttäuschend, dass Steffen frustriert das Schwimmen aufgab und ein Studium begann. Heute sagt sie: »Das Aufhören war absolut hilfreich, es war der Schlüssel zu allem.«

Dank der Psychologin Friederike Janofske lernt sie, mit ihren Versagensängsten umzugehen. Außerdem entdeckte sie mit Janofske, die über Chronobiologie promoviert hat, den Wert des Mittagsschlafs. Seither gönnt sich die Schwimmerin täglich eine Siesta und lässt sich die Zeit dafür bei manchen Terminen sogar vertraglich zusichern. Vor großen Wettkämpfen hat sie es sich zudem zum Ritual gemacht, eine Kirche oder einen Tempel zu besuchen, »um Ruhe und Kraft zu tanken«.

Natürlich müsse sie sich auch manchmal quälen. Jeden Tag um fünf vor sechs aufstehen, morgens drei Stunden Training, danach Studium, nachmittags noch mal zwei Stunden Training – nur Sonntags hat sie frei. Aber immer, wenn sie eine längere Pause hat, im Urlaub oder gezwungenermaßen wegen Krankheit (wie im Frühjahr 2010), spürt sie wieder die Lust, zu schwimmen und ihre Grenzen auszutesten. Und, befreit vom Druck, es irgendjemandem »beweisen« zu müssen, kann sie den Sport heute richtiggehend genießen: »Ich trainiere Körper und Geist, welches Leben könnte schöner sein?

So ist die größte Leistung der Britta Steffen vielleicht gar nicht die Tatsache, im entscheidenden Moment ein paar hundertstel Sekunden schneller zu sein als die Konkurrenz, sondern eher die Kunst, mit sich und dem eigenen Leben ins Reine gekommen so sein – und es sich auch zuzugestehen, einmal versagen zu dürfen.

Ein Journalist schrieb kürzlich über sie: »Wer so offen über seine Schwächen spricht, kann nur stark sein.« Dieser Satz, so hat man den Eindruck, gefällt ihr fast so gut wie ihre Goldmedaillen.

DER FAULE EXZENTRIKER – JOHN LENNON

*Jeder denkt, ich bin faul / ist mir egal, ich denke, sie sind verrückt. Laufen mit Volldampf kreuz und quer / bis sie bemerken, dass es keinen Grund gibt.**

Diese Liedzeile aus dem John-Lennon-Song *I'm only sleeping* könnte der Refrain aller Müßiggänger sein. Lass die anderen doch »mit Volldampf« rennen – *Ich behalte die Welt im Auge, die vor meinem Fenster vorbeispaziert / Nehm mir meine Zeit, liege da und starre an die Decke, warte auf ein schläfriges Gefühl***, wie es in dem Song weiter heißt.

Was der wohl kreativste der vier Beatles da 1966 zum Ausdruck brachte, war mehr als nur eine momentane Stimmung. Es war vielmehr eine ziemlich exakte Beschreibung von Lennons eigenem Leben zu jener Zeit. Denn der Liverpooler Arbeitersohn war nicht nur ein ungehobelter Exzentriker, der ebenso kreativ

---

* Orig.: *Everybody seems to think I'm lazy / I don't mind; I think they're crazy Running everywhere at such a speed / Till they find there's no need.*

** *Keeping an eye on the world going by my window / Taking my time Lying there and staring at the ceiling /Waiting for a sleepy feeling.*

wie aggressiv sein konnte, der nach eigenem Bekunden »mindestens tausend Trips« eingeworfen hat und mit seinen Liedern zu Weltruhm gelangte – sondern er war auch ein Meister des Müßiggangs.

Er sei »wahrscheinlich der faulste Mensch Englands«, schrieb die (mit Lennon befreundete) Journalistin Maureen Cleave 1966 im *Evening Standard* über den Musiker, der »fast unendlich lang schlafen« könne. Er selbst sagte über sich, er sei »körperlich völlig träge«. Zwar liebe er geistige Beschäftigungen wie Schreiben, Lesen oder Diskutieren. Aber es gebe nur »eine physische Aktivität, die mich lockt« – Sex.

Ansonsten erteilte er allem hektischen Aktivismus in seinen Songs immer wieder Absagen. »Die Leute sagen, ich bin faul und träume mein Leben hinweg. / Sie geben mir alle möglichen Ratschläge, die mich erleuchten sollen. / Wenn ich ihnen sage, dass es mir gut geht, wenn ich die Schatten an der Wand beobachte …« heißt es etwa in *Watching the wheels*.

Und doch entstanden gerade aus diesem Untätigsein heraus einige der schönsten Ideen. Typisch ist etwa die Entstehung von *Nowhere Man*, eines der berühmtesten von Lennons Liedern. »Ich hatte morgens fünf Stunden lang versucht, einen Song zu schreiben, der gut war und eine Bedeutung hatte«, berichtete Lennon. Doch offenbar war das Ergebnis alles andere als befriedigend. »Schließlich gab ich auf und legte mich hin. Dann kam *Nowhere Man*, Text, Musik, das ganze verdammte Ding.« Und als Paul McCartney an jenem Tag, wie so oft, zum gemeinsamen Komponieren in Lennons 27-Zimmer-Villa in Weybridge eintraf, war der Song bereits fix und fertig, und John lag wieder auf der Couch und schlief. *Nowhere Man, don't worry / Take your time, don't hurry, / Leave it all till somebody else lend you a hand …*

Folgerichtig verfiel Lennon auch auf eine ganz eigene politische Aktion, um seinem Wunsch nach Frieden und Harmonie Ausdruck zu geben: Die *Bed-ins*, die er zusammen mit seiner großen Liebe Yoko Ono organisierte. Direkt nach ihrer Hochzeit im März 1969 bezogen der Musiker und die Künstlerin die Präsidentensuite des Amsterdamer Hilton-Hotels, um dort eine Woche lang von zehn Uhr morgens bis 10 Uhr abends vor aller Welt im Bett zu liegen und mit jedem, der sie besuchte, über den Frieden zu reden. Während sich die Weltpresse vor dem Hotelzimmer der beiden die Füße platt trat, saßen Lennon und Ono in weißen Pyjamas in ihrem Bett, umgeben von Blumen und sagten zu jedem, der kam: *»Peace, brother«*. Das Aufsehen war enorm. Das *Bed-in* sei »die beste Idee, die wir je hatten«, gewesen, sagte Lennon selbst über die Aktion. »Das war wie eine Tournee, nur dass man sich nicht von der Stelle bewegte.« Dass Irritationen da nicht ausblieben, war kein Wunder. In ein Raster pressen lassen wollte Lennon sich eben nie. Dass die Verwirrung unter seinen Fans allerdings so weit gehen sollte, dass einer von ihnen den Musiker am Abend des 8. Dezember 1980 auf dem Nachhauseweg vom Tonstudio erschoss, konnte sich niemand vorstellen. Doch als hätte Lennon selbst geahnt, was auf ihn zukam, veröffentlichte er wenige Wochen vor seinem Tod das Lied *Beautiful Boy (Darling Boy)*, das den wunderbaren Satz enthält: »Leben ist das, was uns zustößt, während wir eifrig dabei sind, andere Pläne zu machen.«*

* Orig.: *Life is just what happens to you, while your busy making other plans.*

DER HIRNFORSCHER IM BUNKER – ERNST PÖPPEL

Mitte der sechziger Jahre, als die Menschheit sich anschickte, ins Weltall aufzubrechen, erreichte den jungen Doktoranden Ernst Pöppel eine ungewöhnliche Anfrage der NASA. Die amerikanische Raumfahrtbehörde wollte wissen, wie Astronauten wohl auf die lange Isolation in einer engen Raumkapsel reagieren würden. Dazu wurden am Max-Planck-Institut für Verhaltensphysiologie, an dem Pöppel damals arbeitete, gerade die ersten »Bunkerexperimente« durchgeführt: In einem tief im Fels vergrabenen Bunker im bayrischen Andechs erprobten Versuchspersonen wochenlang das Leben in vollständiger Isolation.

Dass die Ergebnisse dieser Experimente später von der holländischen Unterhaltungsfirma Endemol aufgegriffen wurden, der Erfinderin der *Big-Brother*-Serie, konnte Pöppel damals nicht ahnen. Ihm ging es vielmehr um die Erforschung der inneren Uhr. Ohne äußere Taktgeber folgt diese – wie sich im Bunker zeigte – eher einem Fünfundzwanzig- als einem Vierundzwanzig-Stunden-Tag. Außerdem wollte Pöppel wissen, wie sich die Psyche seiner Probanden verändern würde. Empfanden sie die völlige Abgeschiedenheit von anderen Menschen wirklich als so schrecklich, wie damals viele Forscher glaubten?

Bei Durchsicht der Versuchsprotokolle stellte er bald fest, dass kaum einer der Eingeschlossenen über quälende Gefühle berichtete. Im Gegenteil, den meisten war es offenbar ziemlich gut gegangen. Um herauszufinden, wie es sich anfühlt, ohne die vertrauten Geräusche und Gesichter des Alltags zu leben, stieg Pöppel schließlich selbst in den Bunker. »Die ersten ein, zwei Tage waren hart«, erinnert sich der heute 70-jährige Hirnforscher. »Es herrschte eine Art inneres Chaos, ich hatte mit Unruhe und Gedankenflucht zu kämpfen und musste mich sozusagen erst einmal an mich selbst anpassen.« Doch nach dieser Übergangsphase begann Pöppel, sich zusehends wohler zu fühlen. »Ich stellte fest, dass ich hochkonzentriert arbeiten konnte, viel weniger abgelenkt als sonst und in gewisser Weise mir selbst genug war.«

Als »interessantesten Moment« hat der Neuropsychologe das Ende des Experiments in Erinnerung, als er nach zwei Wochen wieder ins Freie trat. »Ich fühlte mich auf eine Art geläutert, die fast schon eine religiöse Komponente hatte. Es war wie eine innere Reinigung, ich hatte sozusagen Kontakt mit mir selbst aufgenommen und erlebt, dass ich von all dem Trubel um mich herum auch unabhängig sein konnte.«

Natürlich will Pöppel dies nicht als Plädoyer für den Segen einer Isolationshaft verstanden wissen. »Auf die Balance kommt es an. Als Menschen brauchen wir immer beides: Wir brauchen den Austausch mit anderen Menschen, wir brauchen aber auch den Bezug zu uns selbst, die innere Autonomie.« Und gerade an dieser Gelegenheit, sich selbst zu begegnen, fehle es heute vielen Menschen. »Stille ist essenziell, um sich konzentrieren zu können. Sie nimmt den Druck von uns, der durch den Lärm von außen entsteht.« Der Kommunikationsterror, dem wir permanent ausgesetzt seien, sei

dafür geradezu Gift. Pöppel sagt deshalb auch gerne: »Wenn ganz Deutschland jeden Tag für eine Stunde nicht kommunizieren würde, dann hätten wir hier den größten Innovations- und Kreativitätsschub, den man sich vorstellen kann.«
Er selbst hat jedenfalls seine damaligen Erfahrungen im Andechser Isolationsbunker nicht vergessen. »Ich habe daraus gelernt, dass ich es einmal im Jahr brauche, mich von der Welt zurückzuziehen.« Dann reist er einige Wochen in den Schwarzwald und geht dort täglich drei bis vier Stunden spazieren. »Muße hat für mich viel mit Gehen zu tun«, sagt Pöppel, »der Physiker Hermann von Helmholtz sagte einmal, er könne überhaupt nur im Gehen denken. Mir geht es ähnlich: Im Gehen kommen mir oft die besten Ideen.«
Von speziellen Meditationsmethoden hält er dagegen wenig. »Letztlich geht es ja nur darum, sich ganz auf eine Sache einzulassen und sich zu konzentrieren.« Wer sich so vom Drang freimache, ständig etwas leisten oder erledigen zu müssen, wer von der Außen- auf die Innensteuerung umschalte, der könne eine ganz besondere Art von Befreiung erleben: »Wir erfahren, wie es ist, der Zeitfalle zu entkommen.«

DIE GEGENWÄRTIGE FILMEMACHERIN – DORIS DÖRRIE

Die Methode, die Doris Dörrie zur Stressreduktion praktiziert, ist ziemlich ungewöhnlich. »Ich stelle mir den Tod vor, sehe mich als Skelett an seiner Seite und frage mich dann selbst als Tote, was ich von dem halte, was ich gerade im Leben mache.« Meist führe diese Art von Gespräch dazu, dass sich Tod und Skelett gemeinsam totlachen würden, erklärt die Künstlerin heiter. Denn in Anbetracht unserer kurzen Zeit auf Erden sei »das meiste, was wir tun, ziemlich lächerlich«.
Das Stelldichein mit dem Tod ist nur einer der vielen Tricks, mit denen Dörrie ihr seelisches Gleichgewicht wahrt. Die Regisseurin und Autorin ist eine jener Vielbeschäftigten, die normalerweise nie zur Ruhe kommen. Sie dreht Spiel- und Dokumentarfilme, schreibt Romane, Kurzgeschichten und Kinderbücher und wagt sich selbst an Operninszenierungen heran – eine überbordende Kreativität, die ihr zahlreiche Preise einbrachte und sie als perfekte Kandidatin für einen Burn-out erscheinen lässt. Tatsächlich, so gesteht die Erfolgreiche, falle in ihrem Beruf das Abschalten enorm schwer. »Man hat dauernd ein Drehbuch im Kopf, strickt an einer Geschichte,

schreibt und überlegt nonstop: Wenn ich das jetzt mache, dann passiert das und das, dann könnte ich aber doch, und dann müsste ich stattdessen …«

Dass sie dennoch gelernt hat, immer wieder herunterzufahren und zu sich selbst zu kommen, ist das Ergebnis einer Krise. 1993 erkrankt ihr Mann, der Kameramann Helge Weindler, an Leberkrebs, drei Jahre später stirbt er. Dörrie muss von einem Tag auf den anderen die Familie allein versorgen, sich um die gemeinsame Tochter kümmern und den Schock und die Trauer verarbeiten. Irgendwann erreicht sie einen Punkt der Verzweiflung, an dem die üblichen Appelle und Mahnungen zur Ruhe und Vernunft nicht mehr fruchten. »Das Einzige, was für mich stimmte, war: hinsetzen, Klappe halten und auf den Atem achten, sonst nichts«, erzählt Dörrie.

So entdeckt die Filmemacherin die Kunst der Atemmeditation. »Ich glaube, das hat mir damals das Leben gerettet.« Seither hat sie Komödien über das Meditieren (*Erleuchtung garantiert*) gedreht, einen Zen-Koch portraitiert *(Wie man sein Leben kocht)* und festgestellt, dass Erleuchtung letztlich einfach darin besteht, seine ganzen Ansichten und Vorurteile einmal beiseitezulassen und »die Dinge so zu sehen, wie sie wirklich sind«.

Und dazu müsse man nicht erst ins Zen-Kloster, meint die Regisseurin, man könne »die großen Mysterien auch im Alltag entdecken«. Wichtig sei es allerdings, sich im Alltagsgetriebe nicht selbst zu verlieren, sondern immer wieder Atempausen einzubauen und »in den gegenwärtigen Moment zurückzukehren.« Denn allzu häufig sei man zwischen seinen Gedanken an Vergangenes und Zukünftiges zerrissen, zwischen »alldem, was man nicht geschafft hat, und dem, was noch zu machen ist.« Ein kurzes Innehalten, ein paar bewusste Atemzüge und die Besinnung auf die Gegenwart sei da ein hervorragendes Mittel, um sich wieder zu zentrieren.

Vor allem Frauen legt Dörrie diese Art der Selbstbesinnung ans Herz. Im Gegensatz zu Männern würden diese sich kaum kontemplative Pausen gönnen. »Frauen übernehmen so viele Rollen und wollen derartig viele Dinge unter einen Hut bringen, dass ihr Stressfaktor deutlich höher ist. Sie meinen, die Welt würde sich ohne sie nicht weiterdrehen, und wahrscheinlich ist es auch so.« Eine kleine Atemmeditation zwischendurch könne da Wunder wirken. Und jede könne das »ohne Übung und Training«.

Natürlich weiß auch die Filmemacherin, dass die moderne Reizüberflutung und die »dauernde Verführung durch audiovisuelle Medien, Handys, Internet, Computerspiele« uns permanent von solchen »Gegenwartspausen« ablenken. »Wir tauchen immer wieder ab in eine virtuelle Welt und verpassen darüber womöglich unser wirkliches Leben.« Durch Filme und Werbung entstünde nicht nur der Druck, einem bestimmten Bild zu entsprechen; viele Menschen hätten auch das Gefühl, sie müssten möglichst vieles gleichzeitig konsumieren, um besonders intensiv zu leben.

Dabei seien es oft gerade »die scheinbar langweiligen oder eher beschaulichen Zeiten, zum Beispiel die Ferien, wo wenig passiert und man nur am Strand liegt«, die sich als besonders erfüllend herausstellten. Die vollgepackten Tage und Wochen, in denen man zigtausend Dinge tut, hätten dagegen geradezu einen gegenteiligen Effekt. »Am Ende weiß man gar nicht mehr, was man gemacht hat«, sagt Dörrie. »Wir drehen uns um, und unser Leben ist vorbei.«

DER FREIHEITSLIEBENDE UNTERNEHMER – YVON CHOUINARD

Geschäftsmann wollte er nie werden, seine Unternehmensphilosophie lautet »Management durch Abwesenheit«, und seine Autobiografie betitelt er allen Ernstes *Lass die Mitarbeiter surfen gehen*. Dennoch setzt Yvon Chouinard 315 Millionen Dollar im Jahr um, gilt in den USA als Wirtschaftsstar und gibt selbst dem Lebensmittelgiganten Wal-Mart Ratschläge in Sachen Ökologie.

Denn nur wenige denken so radikal und lässig zugleich, sind so umweltbewusst und erfolgreich wie Yvon Chouinard. Der Chef des Outdoor-Spezialisten Patagonia hat weltweit rund 1 500 Angestellte, verkauft Windjacken, Rucksäcke, Surfbretter oder Eispickel und behauptet sich gegen eine harte Konkurrenz. Doch am liebsten ist er unterwegs. »Ich bin gern mal sechs Monate nicht im Büro, sondern auf Expedition in Südamerika«, sagt der kleine, aber zähe Mann. Nicht einmal ein Handy hat er dann dabei. Warum auch? »Selbst wenn die Zentrale brennt, könnte ich nicht helfen, während ich am Amazonas campe. Die müssen schon selbst die Feuerwehr rufen«, meint der Firmenchef.

Die Eigenwilligkeit ist Programm. Der 1938 geborene Sohn frankokanadischer Einwanderer liebte schon als Jugendlicher seine Freiheit. Damals entdeckte er das Bergsteigen, reiste auf Güterzügen durchs Land, schlief im Freien und ernährte sich wochenlang von Haferflocken, selbst erlegten Erdhörnchen und Katzenfutter. Heute beweist er, dass man sich als Unternehmer nicht korrumpieren muss und dass man eine Firma auch mit Muße, ganzheitlichem Denken und ohne das ständige Schielen nach dem Shareholder-Value zum Erfolg führen kann.

Arbeit verstand Chouinard nie als reines Profitstreben, sondern als Mittel zum Zweck, um das Leben führen zu können, das ihm vorschwebte. Zum Geschäftsmann wurde er ohnehin nur aus Zufall. Als 18-jähriger Kletterfreak wollte er die langen Felswände im Yosemite-Nationalpark durchsteigen und brauchte dazu stabile Kletterhaken. Weil es damals nichts Passendes zu kaufen gab, schmiedete er sie sich kurzerhand selbst. Als andere Bergsteiger sich dafür interessierten, verkaufte sie Chouinard für 1,50 Dollar pro Stück – das war sein Einstieg ins Business.

Dann kam eins zum anderen. Die Nachfrage nach den Haken wuchs, Chouinard heuerte Freunde an, seine Frau Malinda stieg mit ein und 1970 war er der größte Kletterhakenlieferant Amerikas. Da musste er sich eingestehen, selbst zu dem geworden zu sein, was für ihn früher »das Schlimmste« war – ein Unternehmer. Zugleich dämmerte ihm: Nur wenn man »im Business« ist, kann man es verändern. Und das tat er.

Als er bei seinen Klettertouren sah, dass die vielfach geschlagenen Haken den Fels zerstörten, nahm er sie kurzerhand aus dem Sortiment und propagierte umweltfreundlichere Klemmkeile. Als er feststellte, wie schädlich Baumwollfarmen sind, kaufte er für die Patagonia-Kleidung konsequent nur Bio-Baumwolle ein und wurde damit für andere Firmen zum Vorbild. Und als Patagonia so schnell wuchs, dass er 1991 in der Rezession 120 Mitarbeiter entlassen musste, schwor er sich, die »Fehler, die börsennotierte Firmen immer wieder machen« nie mehr zu wiederholen. Er begrenzte das

Wachstum seiner Firma auf maximal fünf Prozent im Jahr, verpflichtete sich auf ein nachhaltiges Wirtschaften und verzichtete aufs Schuldenmachen, um von Banken unabhängig zu sein. Das zahlte sich aus: 2008, in der Finanzkrise, meldete Patagonia das beste Geschäftsjahr seiner Geschichte.

Auch die »Flextime« gehört zur Firmenphilosophie. »Wenn zum Beispiel das Surfwetter großartig ist, sage ich meinen Mitarbeitern: Lasst uns surfen«, erklärt Chouinard. »Wir haben zwei Stunden Spaß. Danach geht's zurück an den Schreibtisch.« Bei Neuschnee dürfen alle auf die Skier. Denn die Typen, die Chouinard sucht – Extremsportler, Einzelgänger, Nonkonformisten – lassen sich nicht mit Vierzigstundenwochen ködern. »Sie lieben ihre Freiheit und ihren Sport zu sehr, als dass sie sich in Regeln pressen lassen.« Natürlich muss die Leistung am Ende stimmen. Doch ein entspanntes Betriebsklima, weiß Chouinard, fördert letzten Endes auch die Kreativität.

Dazu kommt ein echtes Sendungsbewusstsein. Ein Prozent des Patagonia-Umsatzes stiftet er für Umweltgruppen; 2001 schob er die Initiative *1 Percent for the Planet* an, der sich Hunderte von Firmen anschlossen. Und mittlerweile berät der über 70-Jährige andere Unternehmen wie Wal-Mart und erklärt ihnen: Auf einem toten Planeten könne man keine Geschäfte machen. Deshalb ist weniger manchmal mehr.

DER TRENDRESISTENTE MALER – MANFRED JÜRGENS

Das Gedränge ist groß vor der Kneipe *Zum Silbersack* auf St. Pauli. Um die Ecke stehen die ersten Huren, wenige Meter weiter ist die Reeperbahn, überall lärmende Nachtschwärmer, angetrunkene Jugendliche und verschämt schauende Touristen. Doch im *Silbersack* drängen sich die Menschen heute Abend nicht der Mädchen, der Musik oder des Bieres wegen, sondern weil Manfred Jürgens zur »1. Hamburger Ein-Bild-Ausstellung« geladen hat.

Ganz hinten in der Ecke sitzt der Maler mit den roten Locken, schreibt seit Stunden Autogramme und strahlt übers ganze Gesicht. »Unglaublich«, ruft er durch das Stimmengewirr, »so etwas habe ich noch in keiner Galerie erlebt, alle zwei Stunden ein neues Publikum.« Neben Jürgens hängt die Chefin an der Wand, die Wirtin Erna Thomsen, großformatig in Öl und der echten Erna zum Verwechseln ähnlich. Denn Jürgens malt so akribisch und lebensecht wie weiland Albrecht Dürer oder Hans Holbein. »Sachlicher Realismus« nennt sich dieser Stil. Im hektischen Kunstbetrieb des 21. Jahrhunderts wirkt er etwas anachronistisch. Doch Jürgens ist das schnurz. »Kürzlich meinte jemand, ich sei trendresistent«, erzählt er lachend und wiederholt genießerisch das Wort: »Trendresistent – stimmt genau.«

Denn Jürgens malt nicht nur so detailgetreu wie die alten Meister, er nimmt sich auch ebenso viel Zeit. Mit unendlicher Geduld trägt er Schicht um Schicht der (selbst gemischten) Farben auf. Bis zu zwölf Stunden täglich sitzt er mit Pinsel und Malstock vor der Leinwand, Monate vergehen, bis ein Bild fertig ist. So zu malen sei eigentlich »eine Frechheit dem Leben gegenüber«, sagt Jürgens mit fröhlicher Selbstironie. Doch seine Frau Bärbel, eine Bauingenieurin, unterstützt ihn finanziell nach Kräften. Und so darf der Maler nur auf die eigene Stimme hören. »Ich hoffe, nie in eine Situation zu kommen, um wegen des Marktes meinen Stil ändern zu müssen.«
Auch mit seinem Konzept der Ein-Bild-Ausstellungen fällt Jürgens aus dem Zeitgeist. Sein Gemälde der Kuh Soraia präsentierte er etwa auf einer Alp in der Schweiz. Zur Enthüllung auf 1 900 Metern kamen Kunstfreunde aus aller Welt, Almbauern und das Modell selbst. Als Jürgens die Kuh mit ihrem lebensgroßen Porträt konfrontierte, trottete diese auf die Leinwand zu und gab ihrem eigenen Abbild einen herzhaften Kuss.* Wer bei diesem berührenden Event dabei war, erzählt noch heute davon.
Wie anders wirkt Kunst dagegen in einer Galerie. Kürzlich sei er im Louvre in Paris gewesen, erzählt Jürgens und verzieht das Gesicht. »Schrecklich! Man steht in der berühmtesten Gemäldesammlung der Welt, und die Leute nehmen sich überhaupt keine Zeit. Sie hetzen da durch, lassen sich schnell neben der Mona Lisa fotografieren und schauen sie sich nicht einmal an.« Geradezu deprimierend sei das gewesen. Mit dieser Art von eiligem Kunstgenuss will er nichts zu tun haben.
Bei Jürgens' Aktionen dagegen wird niemand mit Eindrücken überfrachtet. »So viele entspannte Gesichter wie heute Abend habe ich

* Bilder von der Kuh-Ausstellung (und weiteren Jürgens-Aktionen) unter: http://www.m-w-juergens.de/ausstellungen/schweiz-alp-wispile-2007/eroeffnung.html

noch nie vor einem Gemälde gesehen«, sagt Jürgens und zeigt auf die fröhliche Menge im *Silbersack*. »Die Leute nehmen sich Zeit zum Schauen, man redet miteinander, niemand ist im Stress, weil er meint, auch noch alle anderen Bilder sehen zu müssen.« Dass die 86-jährige Wirtin Erna Thomsen persönlich anwesend ist und man beim Bier mit dem Hamburger Original ins Gespräch über Kunst und Kneipengeschäft kommen kann, erhöht natürlich den Charme des Abends. Denn Jürgens hat ein Auge für die unscheinbaren Helden des Alltags, und er malt stets nur Menschen, die ihm persönlich etwas bedeuten. »Fieslinge und Selbstüberschätzer« lasse er nicht auf seine Leinwand, sagt er, für die Übrigen nimmt er sich jede Menge Zeit.

So geht es nie nur um Kunst bei seinen Ausstellungen, sondern immer auch um Begegnungen. Und weil Jürgens schon alle möglichen Typen gemalt hat – Grufties, Prostituierte, Schauspieler, Journalisten – und diese gern immer wieder seinen Einladungen folgen, trifft man kaum irgendwo ein bunteres Publikum. Der Abend im *Silbersack* jedenfalls wird noch lang und hinterlässt bei vielen Gästen mehr Erinnerungen als so mancher Besuch in der Kunsthalle. Gut möglich, dass der trendresistente Maler damit einen neuen Trend setzt.

DIE ACHTSAMKEITSTRAINERIN – YESHE SANGMO

Manchmal kommen Patienten zu Yeshe Sangmo und sagen leise: »Das, was ich ihnen jetzt erzähle, habe ich noch keinem Arzt erzählt.« Dann berichten sie von tiefsitzenden Ängsten, von ständiger Unruhe, vielleicht auch von Stimmen im Kopf – kurz: von Dingen, für die man leicht als verrückt gilt und am Ende, so die Furcht der Kranken, noch in die Psychiatrie eingewiesen wird. Deshalb verschweigen sie diese Leiden häufig selbst Medizinern. Doch Yeshe gegenüber öffnen sie sich – die steht ja selbst ein wenig außerhalb der Normalität.

Denn Lama Yeshe Sangmo, stets in Rot gekleidet, ist seit fast zwanzig Jahren buddhistische Nonne. Ihr Auftreten ist unprätentiös und herzlich, und sie wirkt, als lasse sie sich von nichts und niemandem hetzen. Vielleicht hat das mit der Lebenserfahrung der Kunstlehrerin, Mutter und Großmutter zu tun. Vermutlich liegt es aber auch daran, dass sie jahrelang in Zurückgezogenheit meditierte und offenbar einige Grundfragen des Lebens für sich geklärt hat. Heute leitet sie nicht nur das »Zentrum für buddhistische Studien und Meditation« in Möhra bei Eisenach, sondern arbeitet nebenbei auch in den psychosomatischen Kliniken der Umgebung. Das Achtsamkeitstraining, das sie und andere Nonnen dort probehalber anboten, stieß auf so große Resonanz, dass daraus ein Dauerengagement wurde.

»Der Bedarf ist unheimlich«, berichtet die Frau, die mit bürgerlichem Namen Ilse Pohlan heißt und von allen nur Yeshe gerufen wird. »Psychosomatische Beschwerden nehmen massiv zu.« Tinnitus, Essstörungen, das Unruhesyndrom ADHS, Schlafstörungen – die Palette der Symptome, mit denen sie zu tun hat, ist breit. Und doch steht für sie dahinter ein und dieselbe Ursache: »Die Menschen merken körperlich, dass sie nicht mehr in Kontakt mit sich selbst kommen.«

Viele ihrer Patienten hätten das Gefühl, ständig »funktionieren« zu müssen und kaum einmal als vollständige Person mit Hoffnungen, Vorstellungen und Wünschen gefragt zu sein. Dazu kämen die rasante Veränderung der Gesellschaft und der Nachrichtenstrom, der entfernteste Katastrophen ins Haus trägt – all das erzeuge ein permanentes Gefühl der Verunsicherung. »Vielen Menschen geht es wie jemand, der einen schweren Rucksack trägt, ohne es zu merken – und dann wundern sie sich, warum sie abends immer so müde sind.«

Meist macht sie mit ihren Patienten zunächst ganz einfache Übungen, um sie wieder in Kontakt mit sich selbst zu bringen. Zum Beispiel schlägt sie einen Gong an und lässt ihre Gruppe nur lauschen. »Dieser Klang ist weit, raumfüllend, zugleich emotionslos; er hält nicht fest, engt nicht ein, hat keine Vorbedingungen – das hilft, sich ganz darauf einzulassen«, erklärt die Achtsamkeitstrainerin. So lernen die Patienten, wieder einmal ganz präsent und »da« zu sein, ohne sich ständig von Ängsten oder Hoffnungen treiben zu lassen. »Wir sagen ihnen: ›Von Haus aus ist doch alles da, du trägst alles mit dir.‹« Alleine das empfänden viele ihrer Patienten als enorm wohltuend. Dass man sich nicht erst »beweisen« muss, sondern als Mensch geschätzt wird – das ist für die meisten eine ganz neue Erfahrung. Das Reden vom entspannten Da-Sein dürfe allerdings keine Masche sein. »Man muss mit vollem Herzen dabei sein und selbst leben, was man sagt«, sagt Yeshe. Und man müsse bereit sein, sich auf jeden Moment einzulassen, »ohne zu wissen, was er bringt.«

Das sei auch für sie selbst eine ständige Herausforderung. Einmal zum Beispiel reagierte eine Patientin panisch auf den Gongschlag – der Schall vibrierte zufällig genau in ihrer Tinnitusfrequenz. Dann zeigt sich, ob die Achtsamkeitstrainerin wirklich entspannt ist. »Wenn man auch in so einer Situation offen und präsent bleibt, dann passiert etwas, dann teilt sich das mit, und es kommt zu einem echten menschlichen Austausch.« Dass sie sich auf diesen Austausch einlässt und sich nicht hinter ihrer Rolle verschanzt, ist wohl genau das, was viele an ihr schätzen. »Im Krankenhaus bekomme ich oft zu hören: Die Ärzte und Schwestern hätten in der Regel ja auch keine Zeit und seien selbst gehetzt. Bei uns merken die Patienten: Wir sind irgendwie anders. Wir fallen aus dem System.« Vermutlich macht das die Therapeutin selbst zu ihrem besten Therapeutikum.

KOMPONIST DER STILLE – **JOHN CAGE**

Was am 29. August 1952 in der Maverick Concert Hall in New York erstmals aufgeführt wird, hat das Publikum noch nie erlebt. Die Musiker betreten die Bühne, lassen aber ihre Instrumente ruhen. Nach einer kurzen Sammlung gibt der Pianist David Tudor das Zeichen zum Beginn, indem er seinen Klavierdeckel *schließt*. Und die überraschten Zuhörer bekommen rund vier Minuten lang pure Stille zu hören, bevor die Musiker wieder abtreten.

Mit seiner Komposition *4,33* (benannt nach der Zeitdauer dieser ersten Aufführung) schreibt der Komponist John Cage Geschichte. Denn in seiner Partitur stehen lediglich drei Sätze mit der Anweisung *Tacet*, Stille. Doch halt! So völlig ruhig ist es gar nicht im Saal. Hier rascheln ein paar Füße, dort wird gehustet, da wird nervös gelacht, aus dem stillen Haus dringt das leise Quietschen einer Tür, und durch die Fenster hört man den von der Straße hereindringenden Autolärm und das anmutige Konzert eines abendlichen Regengusses.

Cage führt damit seinen Zuhörern vor Ohren, dass wir ständig von Musik umgeben sind, dass der Ton eines fallenden Steins so schön sein kann wie der einer Flöte. Cage selbst erklärte dazu einmal:

»Die Musik, die mir am liebsten ist und die ich meiner eigenen oder der irgendeines anderen vorziehe, ist einfach die, die wir hören, wenn wir ruhig sind.«
Dass diese Musik niemals verklingt, davon konnte sich der 1912 geborene Komponist in einem schalldichten Raum an der Harvard University überzeugen. Denn dort, abgeschieden von jedem äußeren Geräusch, hörte Cage – zwei Klänge. Der Tontechniker klärte ihn auf: Der tiefere Ton stammte von Cages eigenem Blut, das in seinen Arterien zirkuliere, der höhere Ton werde von der Aktivität der Nervenzellen in seinem Innenohr erzeugt. »Ich entdeckte, dass die Stille nicht akustisch ist«, sagte Cage dazu. »Es ist eine Bewusstseinsveränderung, eine Wandlung. Dem habe ich meine Musik gewidmet. Meine Arbeit wurde zu einer Erkundung des Absichtslosen.«
Mit dieser Erkundung der Absichtslosigkeit wurde der 1992 gestorbene Cage zu einem der einflussreichsten Komponisten des 20. Jahrhunderts, der nicht nur Musiker, sondern auch viele Maler, Tänzer und Happeningkünstler beeinflusste. Einer von ihnen, der Schlagzeuger Max Neuhaus, führte Cages Arbeit mit seinen *Hörspaziergängen* fort: Statt ein Konzert zu geben, drückte er seinen Zuhörern kleine Schilder mit der Aufschrit *Listen!* (Hör zu!) in die Hand und wanderte dann mit ihnen an brummenden Fabriken vorbei, unter dröhnenden Brücken hindurch und an Schnellstraßen mit ihrem singenden Sound von Autoreifen entlang, ganz nach dem romantischen Motto des Dichters Joseph von Eichendorff: »Schläft ein Lied in allen Dingen …«.
Cage bezeichnete sich selbst als Anarchist und begriff seine Kompositionen durchaus politisch. Denn wenn er seine Stücke so konzipierte, dass sie bei jeder Aufführung einen völlig neuen Charakter erhielten und dem Zuhörer immer wieder neue Hörerlebnisse bescherten, dann hatte das eine Bedeutung, die für ihn weit über die Musik hinauswies: »Wir brauchen eine Musik, in der nicht nur die

Töne einfach Töne sind, sondern auch die Menschen einfach Menschen, das heißt keinen Regeln unterworfen, die einer von ihnen aufgestellt hat, selbst wenn es ›der Komponist‹ oder ›der Dirigent‹ wäre. Bewegungsfreiheit ist die Grundlage dieser neuen Kunst und dieser neuen funktionierenden Gesellschaft mit Menschen, die ohne Anführer und Oberhaupt zusammenleben.«

Dass viele Menschen von seinen Kompositionen irritiert waren, nahm Cage dabei ebenso in Kauf wie die Kritik, Stücke wie *4,33* seien eigentlich gar keine richtige Musik. Ob man etwas als Kunst ansehe oder nicht, so konterte er, habe weniger mit der Sache an sich zu tun, sondern eher mit der Herangehensweise des Betrachters oder Zuhörers: *If you celebrate it, it's art, if you don't, it isn't.**

* Etwa: »Wenn man es schätzt, ist es Kunst, wenn nicht, ist es keine.«

DER ERSTE KÜNSTLER

Wann der erste Homo sapiens das ewige Jagen und Sammeln leid war, weiß niemand genau. Aber eines Tages muss es so weit gewesen sein: Eine(r) unserer Vorfahren brach aus dem prähistorischen Alltagstrott aus. Statt immer von Neuem auf die Pirsch nach wilden Tieren zu gehen, die Vorratskammer aufzufüllen, Kinder zu wiegen oder feindliche Stämme zu bekämpfen, gab er (oder sie) sich einem faszinierend-neuen Gedanken hin und entdeckte den Wert der schöpferischen Muße.

Und damit kam die Kunst in die Welt. Vielleicht schlug die Stunde dieses ersten Künstlers der Menschheit vor rund 35 000 Jahren auf der schwäbischen Alb, wo die bisher ältesten figürlichen Darstellungen aus Elfenbein gefunden wurden – fein geschnitzte Mammuts, Wildpferde oder eine vollbusige Frauenfigur, über deren Sinn die Gelehrten bis heute streiten.[1] Handelt es sich bei der »Venus aus Schwaben« um einen Kultgegenstand, eine Fruchtbarkeitsgöttin oder eher um ein steinzeitliches Pin-up-Girl? Klar ist jedenfalls: Wer immer diese frühen Kunstwerke formte, tat etwas Unerhörtes: Statt seine Zeit auf die Herstellung zweckmäßiger Utensilien für den täglichen Bedarf zu verwenden – Pfeilspitzen, Faustkeile oder Trinkgefäße –, gab er (oder sie) lieber seinem Sinn für Ästhetik Ausdruck.

Gut möglich, dass der restliche Clan diesen ersten Feingeist in seinen Reihen als Drückeberger und Taugenichts schmähte. In Wahrheit aber begann mit ihm die Zivilisation. Erst als Homo sapiens Zeit für scheinbar nutzlose Tätigkeiten fand, für Malerei, Bildhauerei, Musik oder die Betrachtung der Sterne, entwickelte er seinen Sinn für Kunst und Wissenschaft und damit für genau jene Qualitä-

ten, die seine Gattung am Ende nachhaltiger voranbrachten als jeder noch so erfolgreiche Jagd- oder Beutezug.
»Mehr als den sogenannten Arbeitsamen oder Fleißigen« verdanken wir den Fortschritt daher »den Müßiggängern, den Beschäftigungslosen«, stellt der spanische Philosoph Miguel de Unamuno zu Recht fest. Gerade die aus dem üblichen Arbeitstrott herausfallenden Taugenichtse, die Künstler, Philosophen, Dichter oder Erfinder produzierten oft jene Gedanken, die sich als wirklich neu und zukunftsweisend herausstellten. »Ohne die Klasse der Müßiggänger«, erinnert uns auch der Philosoph Bertrand Russell, »wären die Menschen heute noch Barbaren.«

IV

DAS SYSTEM DER GEHETZTEN

Unter den Freunden der Entschleunigung ist sie zum Klassiker avanciert: die Geschichte vom armen Fischer und dem erfolgreichen Unternehmer, die Heinrich Böll 1963 als »Anekdote zur Senkung der Arbeitsmoral«[1] erzählte und die mittlerweile in diversen Varianten kursiert. Die Handlung verläuft so:

In einem Hafenstädtchen liegt ein armer Fischer gemütlich in seinem Boot und schläft. Ein urlaubender Unternehmer kommt vorbei, fotografiert die idyllische Szene und weckt dadurch den Fischer auf. Die beiden kommen ins Gespräch, unterhalten sich über den Fischfang und die gemächliche Arbeitsphilosophie in dieser Gegend. Als der Reiche erfährt, dass der arme Fischer immer nur einmal am Tag ausfährt und den Rest des Tages herumgammelt, ist sein unternehmerischer Ehrgeiz geweckt. Warum er denn nicht ein zweites oder gar drittes Mal ausfahre? Könne er seinen Fang damit nicht verdoppeln oder verdreifachen? Der Fischer nickt, versteht aber nicht, was ihm das bringen solle. Da belehrt ihn der ungeduldig werdende Unternehmer: *»Sie würden sich spätestens in einem Jahr einen Motor kaufen können, in zwei Jahren ein zweites Boot, in drei oder vier Jahren vielleicht einen kleinen Kutter haben, mit zwei Booten und dem Kutter würden Sie natürlich viel mehr fangen [...]«*, die Begeisterung verschlägt ihm für ein paar Augenblicke die Stimme, *»Sie würden ein kleines Kühlhaus bauen, vielleicht eine Räucherei, später eine Marinadenfabrik, mit einem eigenen Hubschrauber rundfliegen, die Fischschwärme ausmachen und Ihren Kuttern per Funk Anweisungen geben.«* Doch der Fischer, unbeeindruckt von der Euphorie seines Gegenübers, fragt noch immer verständnislos: *»Was dann?« »Dann«*, sagt der

Fremde mit stiller Begeisterung, *»dann könnten Sie beruhigt hier im Hafen sitzen, in der Sonne dösen – und auf das herrliche Meer blicken.«* »Aber genau das tue er doch längst, antwortet der Fischer und fügt hinzu: *»nur Ihr Klicken hat mich dabei gestört.«*

Bringt diese Geschichte nicht den ganzen Wahnsinn der modernen Beschleunigungsgesellschaft zum Ausdruck? Zeigt sie nicht, dass letztlich unser übertriebener Ehrgeiz schuld daran ist, dass wir den wahren Lebensgenuss verpassen?

Tatsächlich steckt in dieser Anekdote eine wichtige Einsicht: Das Glück liegt manchmal direkt vor unseren Füßen, und das Einzige, was uns davon abhält, es zu genießen, ist häufig ausgerechnet die Jagd nach dem Erfolg. Leider ist aber die Lösung, die diese Geschichte suggeriert, doch gar zu naiv. Denn Bölls Erzählung lässt sowohl die ökonomische Situation als auch den gesellschaftliche Rahmen, in den die Protagonisten eingebettet sind, gänzlich außer Betracht.

Niemand ist schließlich eine Insel. Auch der Fischer lebt nicht allein, sondern ist Teil einer Gemeinschaft. Und sein geruhsames Leben kann er nur so lange führen, wie auch alle anderen Fischer es ihm gleichtun. Nehmen wir aber an, die übrigen Bewohner des Städtchens würden der verführerischen Logik des Unternehmers folgen und ihren Fang intensivieren. Was würde passieren?

Es würden bald insgesamt mehr Fische gefangen, was zu sinkenden Marktpreisen führt, sodass eine einmalige Ausfahrt mit einem kleinen Boot bald nicht mehr ausreichen würde, um den Lebensunterhalt des entspannten Helden zu sichern. Unserem Mann bliebe über kurz oder lang nichts anderes übrig, als es den anderen Fischern gleichzutun, um konkurrenzfähig zu bleiben. Er würde also ebenfalls nachrüsten – und vorbei wäre es mit seiner Ruhe.

Andererseits enthält aber auch die Vision des Unternehmers einen Denkfehler: Selbst wenn der arme Fischer zum Kapitalisten aufstiege und über eine Hochseeflotte gebieten sollte, würde er am Ende kaum Zeit zum geruhsamen Angeln finden. Denn die Konkurrenz schläft bekanntlich nicht. Sie entwickelt vielleicht neue, bessere Schiffe, macht ihm sein Monopol streitig und wirbt ihm die besten Leute ab. Und während unser reich gewordener Fischfangunternehmer am Strand säße, ändern sich vielleicht die Aktienkurse und Anlagebedingungen seines Reichtums, die Grundstückspreise und Schiffsversicherungen und tausend andere Dinge, um die er sich als Unternehmer kümmern sollte – sonst könnte er möglicherweise morgen schon gar nicht mehr angeln.

Wie man die Geschichte auch betrachtet: Ruhe haben unsere Protagonisten nur, solange auch alle anderen entspannt bleiben. Sobald aber die Konkurrenz sich nicht mehr mit dem Althergebrachten zufriedengibt, sondern nach einer Verbesserung ihrer Lage strebt, wird eine unausweichliche Beschleunigungsspirale in Gang gesetzt, die alle Akteure zu immer größerer Hektik zwingt. So nachdenklich einen also Bölls Anekdote stimmt – die moderne Realität trifft sie nicht. Denn diese ist durch und durch vom Denken des ehrgeizigen Unternehmers geprägt. Und da dieses Denken eines der größten Hindernisse auf dem Weg zur Muße ist, lohnt es sich, seinen Ursprüngen einmal auf den Grund zu gehen. Woher rührt es und wie kommt es, dass wir ihm heute alle mehr oder weniger verfallen sind?

Dazu müssen wir in der Historie weit zurückgehen, noch weit vor das Jahr 1748, als Benjamin Franklin die Losung »Zeit ist Geld« ausgab. Denn der Grundstein zum modernen Beschleunigungsdenken wurde schon viel früher gelegt. Beginnen wir daher unsere Zeitreise in jener Epoche, die noch nicht vom unbarmherzigen Diktat der Uhrzeit durchdrungen war, und skizzieren wir kurz, wie das moderne Bewusstsein von Zeit entstand.

1. Wie Zeit zu Geld wurde

Es muss ein ziemlich gemächliches Leben gewesen sein, damals, als die Uhr noch nicht erfunden war. Jahrtausendelang folgte die Menschheit dem Wechsel von Tag und Nacht und richtete ihr Leben an natürlichen Rhythmen wie Jahres-, Jagd- und Erntezeiten aus. Zeit wurde nicht als unerbittliches Kommen und Gehen von Stunden oder Minuten verstanden, sondern als ruhiger Fluss, dem man flexibel folgte.

Doch als die ersten Hochkulturen entstanden, begann etwas Neues: Um die Aktivitäten der komplexer werdenden Gesellschaften zu synchronisieren, spürten die Menschen erstmals das Bedürfnis nach einer genaueren Zeiteinteilung. So wurde im altägyptischen Reich vor etwa fünftausend Jahren der erste Kalender eingeführt, der das Jahr in 365 Tage einteilte.

Etwa zur selben Zeit tauchten die Vorläufer unseres heutigen Geldes auf. Denn um das reibungslose Funktionieren in einem vielschichtigen Staat zu gewährleisten, musste der Wert der Tausch- bzw. Zahlungsmittel ebenso präzisiert werden wie die Einteilung der Zeit.

Damals entstanden auch jene Konventionen, die uns heute als ganz natürlich erscheinen.[2] Dass eine Woche sieben Tage hat, verdanken wir zum Beispiel den Babyloniern, die mit bloßem Auge gerade sieben sich bewegende Himmelskörper ausmachen konnten (Sonne, Mond, Mars, Merkur, Jupiter, Venus und Saturn). Und die Einteilung von Stunden und Minuten in jeweils sechzig Teile rührt daher, dass im Zweistromland auf sexagesimaler Basis gerechnet wurde, also mit Sechziger- statt mit Zehnerpotenzen. Bar jeder Logik allerdings teilen wir dann wiederum die Sekunde in Zehntel, Hundertstel und Tausendstel – ein Erbe des später von uns übernommenen arabischen Dezimalsystems.

Schon dieses Beispiel zeigt, dass unserem Begriff von Zeit etwas recht Willkürliches anhaftet. Seine Akzeptanz beruht letztlich nur auf gesellschaftlicher Konvention. »Zeit«, so definiert die Sozialwissenschaftlerin Helga Nowotny, sei ein »zutiefst kollektiv gestaltetes und geprägtes symbolisches Produkt menschlicher Koordination und Bedeutungszuschreibung«.[3] Und je komplexer die Gesellschaften wurden, umso präzisere und engere zeitliche Rhythmen brachten sie hervor.

In Europa waren es ausgerechnet die Diener Gottes, die als Erste eine Sozialordnung mit strikter Zeiteinteilung etablierten. Im 6. Jahrhundert schrieb Benedikt von Nursia seinen Mönchen acht regelmäßige Gebetszeiten pro Tag vor und teilte ihren Tagesablauf nahezu lückenlos ein. Für Gottesdienst, Arbeit und Schlaf waren in der Ordensburg der Benediktiner auf dem Monte Cassino jeweils sieben Stunden vorgesehen. Für unnütze Mußestunden war die Zeit Gottes zu schade.[4] Der Soziologe Max Weber beschrieb daher die Klöster des Mittelalters als die ersten Modelle rational verwalteter Betriebe. Schließlich verlangten sie von ihren Jüngern Disziplin, Einhaltung der Regeln und Entsagung – alles Eigenschaften, die auch die moderne Gesellschaft später forderte. Und das protestantische Berufsethos mit seiner ständigen Mahnung, Zeit einzuteilen, zu sparen und schließlich wie Geld zu bewerten, war Weber zufolge nur die weltliche Version der ehemals geistigen Ideale des Mönchstums.

Allerdings war die Zeiteinteilung der Benediktiner nicht stur und unabänderlich, sondern weich und flexibel. Statt sich nach einer mechanischen Uhrzeit zu richten (die es zu Benedikts Zeiten noch gar nicht gab), folgten die Mönche natürlichen Taktgebern wie dem Lauf der Sonnenuhr und teilten die Zeit eher elastisch nach den jeweiligen Gebetsstunden ein. Und kamen einige Brüder einmal zu spät zum Gottesdienst, sangen die anderen eben langsamer, um ihnen den Anschluss zu ermöglichen – wichtig war das gemeinsame Tun, nicht die Uhrzeit. Im Gegensatz zum unbarmherzigen Zeittakt, der später in die Fabriken einzog, wahrten die Benediktiner das menschliche Maß.

Erst im späten Mittelalter begann jene Entwicklung, die dafür sorgte, dass sich die Zeiteinteilung bald nicht mehr nach dem Gebet richtete, sondern das Gebet danach, »was die Stunde geschlagen hatte«. An der Wende vom 13. zum 14. Jahrhundert wurde die mechanische Räderuhr erfunden, ein Geniestreich, der wie kein anderer die menschliche Herrschaft über die Natur und die Zeit versinnbildlichte. »Gerade die hergerichtete Gleichförmig- und Gleichgültigkeit eines linear fließenden und rein quantitativ meßbaren Zeitstromes ermöglicht eine beliebige Manipulation, Trennung, Präzisierung, Verdichtung, Standardisierung, Neuzusammensetzung«, schreibt dazu der Sozialforscher Eberhard K. Seifert.[5] Und zu Recht erklärte der Technikhistoriker Lewis Mumford die Uhr (und nicht etwa die Dampfmaschine) zur »Schlüsselmaschine« des Industriezeitalters.

Zur Sensation avancierte diese Erfindung, als das Räder- mit einem Schlagwerk kombiniert und damit die Stundeneinteilung weithin hörbar wurde. 1336 meldete eine Mailänder Stadtchronik erstmals stolz die Installation einer Turmuhr, die »für alle Stände äußerst nötig« sei.[6] Von den oberitalienischen Handelsstädten aus wurde die neue Technik zuerst in die großen europäischen Residenzen exportiert und verbreitete sich von dort aus über ganz Europa. Dabei waren die Turmuhren einerseits Prestigeobjekt, hatten andererseits aber auch durchaus praktische Bedeutung und wurden von vielen gesellschaftlichen Schichten freudig begrüßt.

Denn es ist kein Zufall, dass die Erfindung der Uhr gerade mit dem Ende des Mittelalters und der beginnenden Renaissance in

Italien zusammenfiel. Damals brach die starre mittelalterliche Gemeinschaft mit ihren verbindenden Dogmen und Symbolen zunehmend auf. In Paris, Oxford, Cambridge oder Bologna wurden die ersten europäischen Universitäten gegründet, kritische Geister begannen, den bis dahin unbeschränkten Machtanspruch der katholischen Kirche infrage zu stellen, und die verheerenden Pestwellen taten ein Übriges, die althergebrachten ökonomischen und sozialen Beziehungen zu erschüttern. So verloren die alten Autoritäten zunehmend an Einfluss. Stattdessen begann der Mensch, sich selbst als Individuum und Zentrum der Erkenntnis zu entdecken. Und anstelle der alten Dogmen begannen neue, für alle verbindliche Werte zu treten: Zeit und Geld.

Denn die Möglichkeit, Zeit präzise zu messen und zu kontrollieren, vermittelte gerade in diesen unberechenbaren Zeiten ein Stück Sicherheit. In einer Epoche, in der nichts festzustehen schien, waren Beständigkeit, Unveränderlichkeit und Wiederholung höchst begehrte Werte; der immer gleiche Lauf der Uhrzeiger eröffnete sogar in gewissem Sinne die Möglichkeit, die Zukunft vorauszuberechnen.[7]

Zugleich versprach die Kontrolle der eigenen Uhrzeit auch Autonomie. Viele Rechte, die sich die aufstrebenden Städte gegen alte kirchliche oder ritterliche Feudalherren erstritten hatten, mussten sie nun selbst regeln, und dabei erwies sich die moderne Stundenrechnung als probates Mittel. So regelte etwa in Köln 1397 die Arbeitsordnung genau die zulässigen Arbeitszeiten für die verschiedenen Zünfte. Die Weber durften nicht vor 5 Uhr früh beginnen und höchstens bis 9 Uhr abends arbeiten. Das leisere Gewerbe der Filzhutmacher dagegen durfte von 4 bis 22 Uhr arbeiten, während den lauten Schmieden die kürzesten Arbeitszeiten (von 8 bis 17 Uhr) zugestanden wurden.[8]

Frühere Regelungen waren oft so vage gewesen, dass es immer wieder zum Disput gekommen war. In Paris etwa hatte es geheißen, die Walker sollten mit der Arbeit beginnen, »sobald man einen Menschen auf der Straße im Tageslicht erkennen kann«. Anderswo wurde der Arbeitsbeginn auf den Moment festgesetzt, da man »zwei Münzen voneinander unterscheiden« könne. Die Bindung der Arbeitszeiten an den Stundenschlag bedeutete dagegen Verlässlichkeit und schützte vor der Willkür der Grundherren. Erstmals konnten selbst Landarbeiter eine Uhr mit auf das Feld nehmen und Beginn und Ende ihrer Arbeit selbst überwachen. Die eigene Zeiteinteilung wurde geradezu ein Ausweis bürgerlichen Selbstbewusstseins.

Ebenso wurde das Geld zu einem Wertmaßstab, auf den sich alle beziehen konnten. Von einem Mittel, das jahrhundertelang *neben anderen* dazu gedient hatte, Waren zu tauschen, entwickelte sich das Geld zu *dem* ausgezeichneten Tauschmittel. Florenz, Genua und Venedig wurden zu den ökonomischen Zentren der Renaissance, und die Bankiersfamilie der Medici stieg dank ihrer Geldgeschäfte innerhalb weniger Generationen zu einer der reichsten und mächtigsten Familien Europas auf. »Auf der Suche nach dem Raster, auf das tendenziell alle Güter bezogen, nach dem sie verglichen, verhandelt, getauscht werden können, wird das Geld zum Maß für die in etwas investierte Zeit, Herstellungszeit, Transportzeit, Abnutzungszeit«, analysiert der Literaturgeschichtler Peter Gendolla.[9] Nach der Uhr, die den Takt gab, wurde so das Geld zu dem Ding, das Zeit zählte und aufbewahrte, damit sie getauscht werden konnte. Geld wurde gleichsam »gespeicherte Zeit«.

Dabei gilt für die Größen Zeit und Geld im Besonderen, was der Soziologe Norbert Elias einmal im Hinblick auf den Zivilisationsprozess allgemein formulierte: »Der Trend der Zivilisationsbewegung ist überall der gleiche. Immer drängt die Veränderung zu einer mehr oder weniger automatischen Selbstüberwachung, zur Unterordnung kurzfristiger Regungen unter das Gebot einer gewohnheitsmäßigen Langsicht, zur Ausbildung einer differenzierten und festeren Über-Ich-Apparatur.«[10] Kaum befreit von den alten Autoritäten schuf sich der Mensch zu Beginn der Renaissance mit den Abstrakta Zeit und Geld neue »Über-Ich-Apparaturen«, die bald der »automatischen Selbstüberwachung« dienten. Fortan war es nicht mehr der religiöse Glaube oder die Unterwerfung unter eine politische Macht, die alle verband, sondern die Anerkennung der universellen Werte »Zeit« und »Geld«.

Dem musste sich sogar die Kirche beugen. Als Astronomen dank ihrer Quadranten und neuen Uhren immer größere Unvereinbarkeiten mit dem bis dahin gültigen Weltbild feststellten, blieb Papst Gregor XIII. nichts anderes übrig, als den christlichen Kalender an die astronomische Realität anzupassen. Per Dekret ließ er auf den 4. Oktober 1582 sogleich den 15. Oktober folgen. Doch schon bereitete die Wissenschaft den nächsten Schlag vor. Im selben Jahr stellte Galileo Galilei seine Pendelgesetze auf und führte Begriffe wie »Zeit« und »Beschleunigung« als Größen der Mechanik ein. Damit legte er das Fundament für einen physikalischen Begriff der Zeit, die unabhängig vom Menschen und seinen Bedürfnissen abläuft. Und diesen Gedanken verdichtete Isaac Newton 1689 zu seiner berühmten Definition: »Die absolute, wahre und mathematische Zeit verfließt an sich und vermöge ihrer Natur gleichförmig und ohne Beziehung auf irgendeinen äußeren Gegenstand.«[11]

Dieser Satz sollte das Zeitverständnis der nächsten Jahrhunderte prägen – obwohl er einen Zirkelschluss enthält. »Denn wie könnte man das gleichförmige Fließen der absoluten Zeit anders überprüfen, als mit der absoluten Zeit selbst; und wie könnte ihr Fluss in diesem Fall nicht gleichförmig erscheinen?«, stellt der Einstein-Schüler Banesh Hoffmann entlarvend fest.[12] Tatsächlich wurde Newtons Zeitkonzept von der Relativitätstheorie Einsteins widerlegt* – doch im tagtäglichen Leben verhalten wir uns noch immer so, als seien wir einer »absoluten« Zeit unterworfen. Denn die Menschheit hat alles dafür getan, dass Newtons theoretische Idee handfeste Wirklichkeit wurde.

Während früher nämlich jede Stadt oder Region ihre eigene Uhrzeit hatte, entstand mit dem aufkommenden Eisenbahnverkehr die dringende Notwendigkeit einer Vereinheitlichung. Insbesondere in Amerika, wo um 1871 insgesamt 71 verschiedene Eisenbahnzeiten gezählt wurden, rief man nach einer *standard time*, die für alle verbindlich sein sollte.[13] Nachdem eine ganze Serie von Zeitkonferenzen um den Bezugspunkt dieser »Universalzeit« gerungen hatte, teilte schließlich die internationale Meridiankonferenz 1884 den Erdball in das noch heute gültige Raster von 24 Zeitzonen ein. Die standardisierte Zeit wurde damit zur weltweiten Währung. Und statt wie früher die Zeitmessung am menschlichen Maß auszurichten, begann nun umgekehrt die Uhrzeit dem Menschen den Takt vorzugeben.

---

* Einstein zufolge ist die Zeit nie »absolut«, sondern immer nur relativ messbar und abhängig von der Geschwindigkeit eines Bezugssystems. Im Bereich kosmischer Dimensionen und der Lichtgeschwindigkeit kann die Zeit sehr wohl auch einmal schneller oder langsamer laufen.

2. »Modernity is speed«

Hellsichtige Geister merkten früh, was auf die Bürger der Moderne zukommen sollte. *The time is out of joint* – »die Zeit ist aus den Fugen«, ließ William Shakespeare schon im Jahre 1601 seinen Hamlet klagen.[14] Zwei Jahrhunderte später wetterte Goethe gegen das heraufziehende »veloziferische« Zeitalter, in dem sich die Eile (*velocitas*) mit dem Teufel (*luzifer*) verbinde.[15] Und bei Friedrich Nietzsche kann man 1878 lesen: »Aus Mangel an Ruhe läuft unsere Civilisation in eine neue Barbarei aus. Zu keiner Zeit haben die Thätigen, das heisst die Ruhelosen, mehr gegolten.«[16] Doch die ganze Tragweite jener Verknüpfung von Zeit und Geld, die in der Renaissance ihren Ursprung hat, erkennt man vermutlich erst heute mit dem nötigen historischen Abstand.

Für gewöhnlich datieren die Historiker den Beginn der modernen Neuzeit auf die Mitte des 18. Jahrhunderts, als die Dampfmaschine von James Watt das Industriezeitalter einläutete und wenig später die französischen Revolutionäre die alte absolutistische Weltordnung kippten. Damals, so die übliche Leseart, begann der »Ausgang des Menschen aus seiner selbstverschuldeten Unmündigkeit«. Seither steht die Epoche der Moderne (von lat. *modernus* = neu, neuzeitlich) für den Glauben an die Macht der Vernunft, den Bedeutungsverlust der Religion (Säkularisierung), die Ablösung der Tradition durch die Individualisierung sowie den Übergang von der handwerklichen zur Massenproduktion (Industrialisierung).

Man kann die Neuzeit allerdings auch unter einem ganz anderen Blickwinkel beschreiben – nämlich unter dem der immerwährenden Beschleunigung. Und daraus ergibt sich für den Soziologen Hartmut Rosa eine ganz eigene Theorie der Moderne, die sich ebenso überzeugend wie erschreckend liest. »Die Beschleunigung von Prozessen und Ereignissen ist ein Grundprinzip der modernen Gesellschaft«, schreibt Rosa programmatisch und zitiert dazu die prägnante Kurzdefinition des Anthropologen Thomas H. Eriksen: »Modernity *is* speed« – Moderne *ist* Geschwindigkeit. Und wer Rosas Habilitationsschrift über *Die Veränderung der Zeitstrukturen in der Moderne* liest, bekommt die ganze Wucht dieses Satzes zu spüren.[17]

Denn statt des überkommenen Glaubens an Autoritäten und Traditionen predigten die Väter der Aufklärung vor allem Vernunft und Fortschritt. Und Fortschritt hieß: Je schneller man das nächste Ziel erreichte, umso besser. Wissenschaftliche Erfindungen und wirtschaftliche Entwicklung treiben sich seither gegenseitig voran und erzeugen so jene Grundstimmung der Moderne, die anstelle des (Alt-)Bewährten zukunftsfreudige Visionen und das Versprechen einer besseren Welt setzt.

Die Folge ist für Rosa ein weitverbreitetes Gefühl, ständig »auf rutschenden Abhängen« zu balancieren[18]: »Wir müssen sozusagen immer schneller laufen, um unsere Position zu halten, um *auf dem Laufenden* zu bleiben«, sagt der Soziologe, der an der Universität Jena lehrt und Gastprofessor in New York ist. Und wer sich diesem Druck verweigere, müsse zwangsläufig damit rechnen, aus den sozialen Bezügen herauszufallen. Für Rosa ist daher das »große Missverständnis der Beschleunigungsgesellschaft« der Glaube, wir könnten souverän über unsere Zeit bestimmen. Denn wenn man in einer Gesellschaft lebe, deren Grundprinzip die Beschleunigung sei, könne man nicht einfach individuell ein langsameres Tempo anschlagen. »Sonst stolpere ich und falle auf die Nase.«

Natürlich ist Hartmut Rosa nicht der Erste, der solche Zusammenhänge beschreibt. Schon der österreichische Ökonom Joseph

Schumpeter (1883–1950) hat jene unheilvolle Dynamik der modernen Beschleunigung analysiert, die später Böll zu seiner Anekdote zur Senkung der Arbeitsmoral inspirieren sollte. Die Wirtschaftsunternehmen in einer kapitalistischen Gesellschaft, so Schumpeter, befänden sich in einem einzigen Wettlauf gegen die Zeit. Pionierunternehmen, die laufend »neue Kombinationen« durchsetzten, trieben dabei die Entwicklung voran. Durch neue Produkte, neue Produktionsverfahren oder neue Marktformen sichern sie sich zunächst einen Gewinn. Doch ihr Monopol besteht nur auf Zeit. Denn bald finden sie Nachahmer, die ihrerseits mit neuen Produkten auf den Markt drängen. Folge: Die Profitrate sinkt, und die einstigen Pioniere verschwinden schnell in der Bedeutungslosigkeit, wenn ihnen nicht bald eine neue Innovation gelingt.[19]

Doch Schumpeter und andere Forscher haben das Phänomen der Beschleunigung meist nur auf einen bestimmten Bereich – etwa den der Ökonomie – bezogen. Hartmut Rosa aber geht einen entscheidenden Schritt weiter: Für ihn besteht das Charakteristikum der Beschleunigungsgesellschaft darin, dass die Wettbewerbslogik der Wirtschaft Einzug in nahezu alle Lebensbereiche gehalten hat.

In der vormodernen Gesellschaft war das anders: Da war die Bevölkerung noch starr in Stände und Zünfte eingeteilt; Adelige, Handwerker oder Leibeigene wurden in eine bestimmte Schicht hineingeboren und blieben dort meist ihr Leben lang. Das war zwar nach modernen Maßstäben ungerecht, sorgte aber für eine gewisse Ruhe und Stabilität. Heute dagegen sind Privilegien, Anerkennung und Status nicht mehr vorherbestimmt und »gottgegeben«, sondern folgen einem dynamischen Konkurrenzprinzip: Politiker werden an wöchentlichen Umfragen gemessen, Chefredakteure an der täglichen Quote, Professoren an Drittmitteln und Manager an Quartalsbilanzen. »Selbst Ehen und Familien werden nach Performanzkriterien beurteilt«, sagt Hartmut Rosa. »Man prüft immer wieder, wie es ›läuft‹ und behält sich vor, etwas Besseres zu suchen, wenn die Bilanz nicht positiv ausfällt.« All das erzeuge einen permanenten Druck, sich selbst und seinen Wert immer wieder neu zu beweisen, meint Rosa: »Egal wo wir sind, wir können uns unserer Position und Anerkennung nie sicher sein.

So ist das moderne Subjekt durch ein Gefühl tiefer Verunsicherung charakterisiert; und dieses Gefühl wird oft durch eben jenen Drang bekämpft, der es ausgelöst hat: durch den Versuch nämlich, Arbeitsprozesse noch schneller zu bewältigen, ereignislose Wartezeiten noch mehr zu verkürzen und, allgemein gesprochen, noch mehr »Leben« in noch kürzerer Zeit zu erleben. Daraus resultiert ein allgemeiner Hang zur fortwährenden Beschleunigung aller Lebensbereiche, der deshalb einen so starken Sog entwickelt, weil er sich nicht nur aus einer Quelle, sondern gleich aus dreien speist.

Da wäre, erstens, die *technische Beschleunigung*: So hat sich zum Beispiel die maximal mögliche Spitzengeschwindigkeit des Menschen im Laufe der Geschichte – zu Fuß, zu Pferde, via Dampfschiff, Eisenbahn, Auto und Düsenjet – von 15 auf weit mehr als 1 000 Kilometer pro Stunde erhöht.[20] Verlangte etwa die Entfernung zwischen Europa und Amerika im 18. Jahrhundert noch eine mehrwöchige Schiffsreise, so wird dieselbe Strecke jetzt dank des Flugzeugs in rund sechs Stunden bewältigt. »Seit der industriellen Revolution scheint die Welt auf ca. ein Sechzigstel ihrer ursprünglichen Größe geschrumpft«, stellt Rosa nüchtern fest.

Doch nicht nur die Transportmittel sind schneller geworden, auch die Herstellung von Produkten oder die Umwandlung von Stoffen und Energien hat sich beschleunigt. Wo einst Handarbeit dominierte, begannen zunächst wuchtige Dampfmaschinen zu wummern, dann rollten Fließbänder und heute haben vollautomatische Roboter und blitzschnelle Mikroprozessoren das Ruder übernommen. Die Sozialwissenschaftlerin Helga Nowotny sieht uns deshalb am Übergang vom »Maschinenzeitalter« zum Zeitalter der »Laborzeit«[21]: Denn auch natürliche Prozesse lassen sich heute erheblich beschleunigen – etwa die Mastzeit von Schweinen bis zur Schlachtreife – oder gleich künstlich im Labor erzeugen.*

Parallel zu dieser technischen Beschleunigung erleben wir, zweitens, einen immer rascheren *sozialen und kulturellen Wandel.* Wir sind zunehmend bereit, uns auf Neues – eine neue Arbeitsstelle, einen Umzug, einen neuen Lebenspartner – einzulassen und Altbewährtes über Bord zu werfen. Diese Tendenz lässt sich zum Beispiel an der Zeit ablesen, die eine Gesellschaft benötigt, um eine neue Erfindung zu akzeptieren. Im Falle der Schreibmaschine dauerte es vom ersten Patent im Jahre 1714 bis zu ihrer allgemeinen Verbreitung noch über 150 Jahre; bei Innovationen wie Kühlschrank und Staubsauger benötigte der gesellschaftliche Durchbruch rund 30 – 40 Jahre; neuere Erfindungen wie CD-Spieler oder Videorekorder haben sich schon nach einer Dekade durchgesetzt und im Falle des Internets dauerte es vom ersten bis zum 50-millionsten Internetanschluss nur noch vier Jahre[22].

Das führt automatisch dazu, dass die Halbwertszeit unseres Erfahrungswissens dramatisch sinkt: Die Telefonnummer des alten Bekannten ist schon nach drei Jahren nicht mehr gültig, die Straße, in der wir aufgewachsen sind, erkennen wir als Erwachsene kaum wieder, und Erfindungen, die gestern noch als Segen galten (Asbest, Kernkraft, Facebook …), können sich schon morgen als Fluch herausstellen. All das hat eine wachsende Instabilität

---

* tatsächlich arbeiten Forscher heute schon am »Kunstfleisch«, Schweine würden dann ganz verzichtbar.

der sozialen Welt zur Folge, was insgesamt zu einer tief greifenden Verunsicherung führt. Am prägnantesten hat diesen Gedanken wohl der New Yorker Stadtplaner Robert Moses ausgedrückt, dessen Bulldozer in der Mitte des 20. Jahrhunderts große Teile New Yorks umgruben: Für Menschen, welche »die Dinge lieben, wie sie sind«, sagte Moses, gäbe es in der Moderne »keine Hoffnung«.[23]

Und als sei das alles noch nicht genug, unterliegen wir einer weiteren individuellen Verschärfung unseres *Lebenstempos*, die sich auf die Formel bringen lässt: mehr Dinge in kürzerer Zeit erledigen. Statt uns genüsslich ins Café zu setzen (für frühere Generationen der Inbegriff der Muße), ordern wir den Kaffee *»To go«* und schütten ihn im Gehen in uns hinein; statt in Ruhe zu kochen, greifen wir zu Fast-Food oder Mikrowelle; und wenn sich unsere Internetseiten nicht schnell genug aufbauen, wechseln wir *stante pede* zu einem Provider, der eine höhere Übertragungsrate verspricht.

Der allseitige Konkurrenzdruck ist mittlerweile so hoch, dass immer mehr Unternehmen ihre Produkte als »grüne Bananen« auf den Markt bringen – richtig reif werden sie erst beim Kunden. Mal wird ein neuer Autotyp mit fehlerhafter Bordelektronik ausgeliefert, mal ist das neue Notebook erst funktionsfähig, wenn man sich das neueste Update aus dem Internet geholt hat. Nicht nur Software bedarf der permanenten Aktualisierung – selbst Waschmaschinen werden inzwischen mit einer Schnittstelle ausgeliefert, um Programmkorrekturen aufspielen zu können. »Wenn wir uns mit den Herstellern zu Hintergrundgesprächen treffen«, heißt es bei der Stiftung Warentest, »hören wir immer wieder, wie stark der Druck geworden ist, neue Geräte aus Mangel an Geld und Zeit unfertig auf den Markt zu bringen.«[24]

Auch unsere Sehgewohnheiten haben sich dramatisch verändert. Ein Hitchcock-Film aus den fünfziger Jahren, damals Inbegriff atemloser Spannung, erscheint uns heute schleppend erzählt und von teils unerträglicher Langatmigkeit. Und die in den sechziger Jahren produzierte *Raumpatrouille Orion* wirkt heute allzu nostalgisch-gemütlich. Als daher einige Folgen der Kultserie 2003 neu für das Kino zusammengeschnitten wurden, beschleunigten die Produzenten die Startgeschwindigkeit der Orion um das Doppelte – ohne dass es groß aufgefallen wäre. Denn den hektischen MTV-Stil der Musik- und Werbevideos haben wir längst verinnerlicht.

Diesen »Kurzzeiterwartungen« des Publikums können sich selbst Regisseure ambitionierter Spielfilme kaum mehr verweigern. »Serien mit kurzen Sinneinheiten« seien das Gebot der Stunde, klagt etwa der Regisseur Dominik Graf, der kürzlich mit einer zehnteiligen Fernsehserie gegen den Zeitgeist anzukämpfen versuchte.[25] Er stelle fest, dass sich das Publikum auf längere Erzählstränge kaum noch einlassen könne, so Graf. Überdies machen es die häufigen Werbeunterbrechungen nötig, dass quasi alle zwölf Minuten ein Spannung erzeugender *Cliffhanger* kommt, weil das Publikum sonst weiterzappt.

3. Rasender Stillstand oder Ökologie der Zeit?

Es gab einmal einen Rhythmus der Natur. Zeit war eine Abstraktion. »Heute haben wir von der Normalstunde zur Nanosekunde gewechselt – dem Milliardstel einer Sekunde. Das ist eine Zeiteinheit, bei der der Mensch, zum ersten Mal, außerhalb von dem ist, was er verstehen kann«, meint Jeremy Rifkin.[26] Die Nanosekunde bleibe uns unverständlich, aber unsere ganze Kultur beruhe darauf.

Dass der von Rifkin geprägte Ausdruck der »Nanosekundenkultur« keine Übertreibung ist, zeigt ein Blick in jene Institutionen, die heute die Zeit hüten. Im amerikanischen *Directorate of Time* in Washington sorgen nicht weniger als 54 Cäsiumatom- und Wasserstoffmaseruhren für die Bestimmung der exakten Zeit. Die Uhren, die sich alle 100 Sekunden elektronisch gegeneinander abgleichen, erzielen dabei eine Genauigkeit von Bruchteilen einer Nanosekunde – eine Präzision, die Satelliten-Navigationssysteme ebenso benötigen wie etwa Telefon- oder Fernsehgesellschaften, die mit nanosekundengenauem *timing* mehr und mehr Kommunikationskanäle in eng begrenzte Frequenzbänder pressen.

Tempo ist *der* Schlüssel zum ökonomischen Erfolg. Ihm reiche es, sagte einmal Percy Barvenik, der Spitzenmanager des weltweit tätigen Elektrotechnikkonzerns Asea Brown Boveri AG (ABB), wenn seine Manager in etwa siebzig Prozent der Fälle mit ihren Entscheidungen richtig lägen – solange diese Entscheidungen nur schnell getroffen würden. »Es ist besser, ungefähr recht zu haben, als langsam zu sein«, und zwar, »weil es sehr viel teurer ist zurückzufallen, als gelegentlich einmal einen Fehler zu korrigieren.«[27]

Und so durchrast der moderne Manager die Welt, fest an den Terminkalender geklammert, die Quarzuhr im Blick, immer bestrebt, der Konkurrenz zuvorzukommen und aus seiner knappen Zeit das Optimum herauszuquetschen.

Zwar werden gerade in betuchteren Kreisen noch gerne die Statussymbole früherer Mußezeiten gepflegt – die Landvilla mit Butler, die wohlausgestattete Bibliothek oder eine beeindruckende Kunstsammlung. Doch sie sind häufig nur Fassade. Der Publizist Anthony Sampson beschreibt beispielsweise in seinem Buch *Globalmacht Geld* einen Besuch im 51. Stock des Amex Tower in Manhattan, der Zentrale von American Express. Das Vorzimmer des Präsidenten ist eingerichtet wie die Bibliothek eines Gentleman: Teleskop, Lederausgaben von Balzac und Dickens, ein Kunstband mit ägyptischen Motiven, der offen auf einem Schreibtisch liegt – »alles ruft Erinnerungen an ein Zeitalter der Muße und der reinen Phantasie wach«,[28] kommentiert Sampson. Doch die Fassade diene nur dazu, wartende Besucher zu beeindrucken, die einen großen Deal besprechen wollen. Denn nebenan rattern die Textcomputer und Faxgeräte, rauschen die Aktivitäten eines weltweiten Finanzimperiums. Schwer zu glauben jedenfalls, dass viel beschäftigte Finanzexperten während der Arbeit geruhsam in einem Balzac-Roman blättern. Viel eher leiden auch sie unter einem hektischen Lebensstil, mit zwei schnellen Mahlzeiten am Tag und wenig Zeit für ein gesellschaftliches Leben außerhalb ihrer Arbeit.

Denn die Devise »Zeit ist Geld« hat inzwischen eine ganz neue, hektische Dimension bekommen. Eine Milliarde Dollar zum Zinssatz von 10 Prozent »verdient« pro Sekunde 3 Dollar. Je größer und mobiler allerdings die Geldströme sind, die um die Welt fließen, desto kürzer wird die Zeitspanne, in der sie genutzt werden können. Unternehmen orientieren sich immer mehr an kurzfristigen finanziellen Ergebnissen, zum Beispiel an vierteljährlichen Gewinnausschüttungen, weil der Druck auf ihre Aktien so stark ist. Der Prozess von Investition, Dividenden- und Zinsrückzahlung zwingt dazu, die Zukunft mit einer engen Zeitplanung abzustecken – der Zeithorizont, vor dessen Hintergrund Entscheidungen getroffen werden, verkürzt sich dabei immer mehr.

»Ich habe immer das Gefühl gehabt, dass die Zinssätze den Wert der Zeit widerspiegeln«, so John Reed, der ehemalige Vorsitzende der Citigroup und spätere Vorsitzende der New Yorker Börse. »Wenn der japanische Leitzins Geldbeschaffungskosten von 4 Prozent bedeutet, haben Sie 25 Jahre Zeit, etwas zu Ende zu bringen. Wenn der englische Geldpreis 10 Prozent ist, bleiben Ihnen nur zehn Jahre. Nun gibt es eine Menge Probleme, die man nicht in zehn Jahren erledigen kann, aber in 25 Jahren durchaus ... In den unterentwickelten Teilen der Welt, die keinen Zugang zur hochentwickelten globalen Ökonomie von heute haben, sind die Geldbeschaffungskosten sehr hoch, mit Zinssätzen von vielleicht 30 oder 40 Prozent. Das bedeutet aber, dass man Probleme, die einen zeitlichen Rahmen von sehr viel mehr als drei Jahren erfordern, nicht bewältigen kann.«[29]

Angesichts solcher Zusammenhänge fühlt man sich an die These des französischen Philosophen Paul Virilio vom »rasenden Stillstand« erinnert. In einer immer hektischeren Zeit kommt es kaum noch zu wirklich tief greifenden Veränderungen. Zugleich stehen alle unter höchster Anspannung. Denn die permanente Beschleunigung führt nicht nur zu einem immer höheren Druck auf einzelne Wirtschaftsunternehmen, sondern zwangsläufig auch zu einem Raubbau an Mensch und Natur. Langfristige Strategien im Sinne eines »nachhaltigen Wirtschaftens« glaubt sich kaum ein Unternehmen mehr leisten zu können – aus Angst, sonst sofort von der Konkurrenz abgehängt zu werden. Und da zukünftige Generationen ihre Ansprüche nicht artikulieren können, werden heutige Ressourcen schonungslos ausgebeutet. Innerhalb von wenigen Jahrzehnten werden Vorräte an fossilen Brennstoffen verfeuert, die sich über Jahrmillionen gebildet haben. Deshalb forderten Umwelt- und Sozialwissenschaftler schon vor Jahren dringend eine »Ökologie der Zeit«. »Wir werden die tiefe ökologische Krise nicht überwinden, wenn wir die Zeit nicht als einen entscheidenden Faktor bei allen Lebensvorgängen (...) erkennen und daraus die Konsequenzen ziehen«, schrieben die Zeitökologen Martin Held und Karlheinz Geißler.[30] Gehört wurde ihr Appell freilich kaum.

Seit Ende des 20. Jahrhunderts erlebt die Welt sogar einen neuerlichen, nie dagewesenen Beschleunigungsschub, an dessen Anfang drei historische Zäsuren standen: 1989 brach die DDR (und in der Folge das Sowjetregime) zusammen, was zu einer gewaltigen (und oft gewalttätigen) Dynamisierung des politischen Geschehens führte; im selben Jahr entwickelte der britische Informatiker Tim Berners-Lee am Forschungszentrum Cern in Genf das World Wide Web und läutete damit das digitale Informationszeitalter ein; und zugleich forcierten multinationale Konzerne jene flexiblen, weltumspannenden Geschäftsstrategien, die heute mit den Schlagworten »Globalisierung« und »Turbo-Kapitalismus« belegt werden. Das eigentlich Neue an der Globalisierung ist dabei für Hartmut Rosa »nicht die globale Ausdehnung von Transaktionsprozessen vielfältiger Art, sondern die *Geschwindigkeit*, mit der sie sich vollziehen«.

Somit ist unsere Epoche – die Gesellschaftstheoretiker als »zweite Moderne« oder »Spätmoderne« bezeichnen – von einer enormen Verdichtung sowohl der Zeit als auch des Raumes gekennzeichnet: Informationen, Geld, Waren, aber auch Ideen und Krankheiten lassen sich praktisch mühelos über die Kontinente hinweg verschieben, häufig in »Echtzeit«, also ohne Zeitverzögerung; Entfernung scheint in der globalisierten Welt keine relevante Kategorie mehr zu sein. »Wenn irgendjemand in Japan niest, bekomme ich hier in den Vereinigten Staaten eine Erkältung«, sagt dazu der Finanzmakler Paul Tudor Jones, der bereits mit 34 Jahren etwa 100 Millionen Dollar im Jahr verdiente und rund um die Uhr (und die Welt) tätig ist.[31]

Und tatsächlich: Wird beim Bau eines neuen Autotyps in Japan aus Eile gepfuscht, kann das einen Kurssturz an der Wallstreet auslösen und Tausende von Arbeitsplätzen weltweit bedrohen (wie etwa Anfang 2010, als der japanische Autobauer Toyota rund acht Millionen Wagen wegen klemmender Gaspedale und rutschender Fußmatten zurückrufen musste); leichtfertig vergebene Hypothekenzinsen in den USA können die ganze Welt in eine Finanzkrise stürzen und zum Bankrott ganzer Staaten (wie Island) führen; und die Korruption in Griechenland bedrohte vorübergehend die gesamte Europäsche Union.

Vor allem die Finanzkrise hat uns vor Augen geführt, wie eng verflochten und zum Teil unübersehbar mittlerweile die internationalen Geschäftsbeziehungen geworden sind und welch gefährliche Dynamik der Drang nach dem immer schnelleren Geld entwickeln kann. »In gewissem Sinn scheint es leichter zu sein, Geld zu verdienen mit Papieren, die Papiere jagen, als mit Investitionen in wirkliche Güter und Dienstleistungen«, sagte schon vor Jahren Paul Volckers, ehemaliger Präsident der amerikanischen Notenbank und heute Vorsitzender des neu gegründeten *Economic Recovery Advisory Board* von Barack Obama. Tatsächlich gaben auf der Jagd nach immer höheren Renditen in den vergangenen Jahren selbst alteingesessene Banken ihre Zurückhaltung auf; ihre Kredite wurden immer wackeliger, die Spekulationen immer riskanter – bis eines Tages das ganze überdrehte System kippte.

Seither versuchen Politik und Finanzmärkte hektisch, den Schaden zu reparieren. Ein grundlegendes Umsteuern ist allerdings nicht wirklich zu erkennen. Politiker fahren vielmehr »auf Sicht«, niemand wagt mehr große politische Entwürfe, da jeder weiß, wie eng das Geflecht der wechselseitigen Abhängigkeiten und wie groß der internationale Konkurrenzdruck ist. Zudem stehen auch Politiker unter einem gnadenlosen Zeitdruck, müssen aktuelle Entwicklungen permanent in Echtzeit kommentieren und haben kaum mehr die Zeit zum ungestörten Analysieren und Durchdenken der Lage.

»In der Politik muss heute alles immer wahnsinnig schnell passieren. Da werden Milliarden-Bankenschirme und Rettungspakete unter massivem Zeitdruck aufgestellt. Wo sind denn die Räume, in die sich beispielsweise ein Minister zurückziehen kann, um nachzudenken …?«, fragt die ehemalige Ratsvorsitzende der Evangelischen Kirche, Margot Käßmann, die den »gnadenlosen Druck« der Öffentlichkeit aus eigener Erfahrung kennt. »Möglichst noch bis heute Abend zur *Tagesschau* müssen sie ein neues Statement bringen, dazwischen gibt es noch Blogs, Twitter und so weiter. Die ständige Beschleunigung führt zu einem Verlust an Substanz und Orientierung.«[32]

Solche kritischen Töne kommen allerdings erst von jenen, die eine gewisse Distanz zum hektischen Politbetrieb entwickelt haben – so wie etwa von dem früheren SPD-Vorsitzenden Franz Müntefering, der nach seinem Rücktritt ebenfalls die »Kurzatmigkeit« in Politik und Medien beklagte.[33] »Wie viel Muße haben wir eigentlich noch, abzuwarten und nachzudenken?«, sagte Müntefering bei einem Vortrag an der Freien Universität Berlin. Und sein Parteikollege Peter Struck räsonierte anlässlich seines Ausscheidens aus dem Bundestag 2009 über den enormen Zeitdruck, unter dem die Medien stünden und die sie auf die Politik übertrügen. »Die Medien berichten in Echtzeit über Entscheidungen der Politik. Der Austausch von Argumenten wird nur noch als Streit kommuniziert, Nachdenken als Zögern verstanden.«[34]

Für Hartmut Rosa zeigt sich in solchen Klagen ein grundsätzliches Dilemma der Gegenwart: Angesichts weltweiter Verflechtungen und zunehmender Beschleunigung sei die Politik heute zu großen Gesellschaftsentwürfen gar nicht mehr in der Lage. Unsere Epoche sei vielmehr durch eine Politik gekennzeichnet, die sich nach dem Feuerlöscherprinzip jeweils nur mit dem gerade dringendsten Problem beschäftigt. »Wir leben in einer wahrhaft paradoxen historischen Situation«, schreibt Rosa: Einerseits seien »die *technischen* und *sozialen Voraussetzungen* für eine politische Gesellschaft günstiger denn je«, andererseits aber schienen »die tatsächlichen Gestaltungsmöglichkeiten aus zeitstrukturellen Gründen geringer noch als in der Vormoderne zu sein«.

Damit aber, so der Soziologe, sei das politische Projekt der Moderne »an sein mögliches Ende gelangt«. Statt wie früher den Fortschritt zu nutzen, um der gesellschaftlichen Entwicklung eine gewünschte Richtung zu geben, setze sich in der Spätmoderne immer stärker der Eindruck durch, dass die jeweiligen historischen Veränderungen richtungslos und unkontrollierbar seien. Der Beschleunigungsprozess als Kern der Modernisierung habe sich damit gegen sein ursprüngliches Ziel gekehrt: »Das ursprüngliche Glücksversprechen, das Wachstum und Beschleunigung bargen, verblasst zusehends und verwandelt sich in den Fluch einer stetig wachsenden Gefährdung individueller und kollektiver Autonomie.«

Man könnte auch sagen: Auf dem rasant dahinströmenden Fluss der Beschleunigung sitzen wir alle im selben Boot. Egal, welcher politischen Partei wir angehören, egal, ob wir am Fließband oder im Fernsehstudio stehen, egal, ob wir als Bauer oder Bankerin arbeiten – dem Diktat der Beschleunigung sind wir alle in gleicher Weise unterworfen. Und uns eint – quer durch sämtliche gesellschaftliche Schichten und Milieus – jenes diffuse Gefühl des Gehetztseins und der Zeitknappheit, das zur Signatur der Moderne geworden ist.

Dieses Lebensgefühl ist uns so sehr in Fleisch und Blut übergegangen, dass wir es für selbstverständlich halten. Um den allgemeinen Beschleunigungswahnsinn überhaupt noch wahrzunehmen und ihm etwas entgegensetzen zu können, hilft oftmals nur ein radikaler Bruch – etwa eine Reise in eine fremde Kultur, die von unserem westlichen Fortschrittsdenken noch nicht so durchdrungen ist, eine bewusste Auszeit auf der Almhütte oder hinter Klostermauern; manchmal ereilt uns dieser Bruch auch unfreiwillig durch eine plötzliche Krankheit, die uns zu einer langsameren Gangart zwingt und uns hilft, die Muße zu entdecken. Bevor im nächsten Kapitel von solchen Orten und Gelegenheiten die Rede ist, soll an dieser Stelle allerdings erst noch einmal eine Schicht tiefer gegraben werden.

Denn um »das System der Gehetzten« wirklich zu verstehen, reicht es nicht, den Blick nur auf historische Entwicklungen, den wissenschaftlichen Fortschritt oder die Wettbewerbslogik der Wirtschaft zu richten. Man muss sich auch mit jener Bedeutungsebene auseinandersetzen, die für uns Menschen von zentraler Wichtigkeit ist: unsere metaphysische Ausrichtung und unsere Vorstellungen von Leben und Tod. Von diesem Thema, seinem Bezug zur Religion und deren Bedeutungsverlust in der Moderne soll im letzten Teil dieses Kapitels die Rede sein.

4. Leben als letzte Gelegenheit

Eines Tages, so erzählte mir einmal ein Freund, sei ihm die Tatsache des eigenen Todes radikal bewusst geworden. Und zwar nicht auf die übliche rationale Weise – dass wir sterben müssen, wissen wir schließlich alle –, nein, er habe plötzlich ganz unmittelbar, geradezu körperlich gespürt, dass sein Leben irgendwann unwiderruflich zu Ende sei. »Das hat mich im wahrsten Sinne des Wortes umgehauen. Ich fiel auf den Boden, schnappte nach Luft und wurde von einer Woge des Entsetzens überspült, wie ich sie noch nie erlebt hatte«, schilderte er seine jähe Erkenntnis. Erst nach Stunden habe er sich einigermaßen beruhigt und wieder halbwegs seine gewöhnlichen Aufgaben bewältigen können. Doch die Erfahrung habe ihn seither nie wieder losgelassen und seinen Blick auf die eigene Existenz grundlegend verändert.

Für gewöhnlich sind wir alle Meister im Verdrängen des Todes. Wir führen unser Leben, wie Immanuel Kant einmal bemerkte, in der Regel so, als wären wir unsterblich. Und doch ist da irgendwo im Unterbewusstsein dieses nagende Gefühl der eigenen Endlichkeit, die Ahnung, dass all unser Bemühen, all unsere Erfolge eines Tages hinfällig werden. Und wenn einem dies vollständig ins Bewusstsein dringt, kann das eine Art Schock auslösen.

Denn so sehr auch Wissenschaft und Technik in den vergangenen dreihundert Jahren das menschliche Leben verändert haben – angesichts des Todes stehen wir vor denselben existenziellen Fragen wie die Menschen des Mittelalters oder der Prähistorie. Und aller Aufklärung und allem neuzeitlichen Fortschritt zum Trotz – die Angst vor unserer letzten Stunde ist nicht etwa kleiner geworden, sondern möglicherweise sogar größer als je zuvor. Denn mit der modernen Nüchternheit und dem Siegeszug des rationalen Denkens ist uns zugleich jener Trost abhandengekommen, den früher die Religion versprach – nämlich die Hoffnung auf ein (wie auch immer geartetes) Leben nach dem Tod. Heute ist selbst unter gläubigen Christen das Vertrauen in das Heilsversprechen ihrer Religion erschüttert. Und den meisten säkularen Zeitgenossen klingt das Reden von einem »Jenseits«, einem »ewigen Leben« oder gar der Wiederauferstehung nur noch wie ein Märchen aus alten Zeiten, das in der Moderne jegliche Bedeutung verloren hat. Dem Tod stehen sie ganz nüchtern gegenüber und sehen ihn einfach als großes schwarzes Nichts, mit dem alles zu Ende ist.

Das aber hat dramatische Folgen sowohl für unsere Vorstellung vom Leben als auch für unseren Umgang mit der Zeit. Denn was uns mit der Erlösungshoffnung eben auch verloren ging, ist jene religiöse Dimension, die auf den Begriff »Ewigkeit« gebracht wurde. Statt mit dieser unendlich ausgedehnten Zeit rechnen zu können, bleiben uns heute nur die wenigen Jahre und Jahrzehnte unserer eigenen, erschreckend kurzen Existenz.

»War einstmals die Dauer der Welt, von ihrer Erschaffung bis zum Untergang im Letzten Gericht, die Zeiteinheit, mit der die Menschen rechneten, so wird am Beginn der Neuzeit die Dauer des Lebens von der Geburt bis zum Tod zur bestimmenden Zeiteinheit«, schreibt die Sozialwissenschaftlerin Marianne Gronemeyer. Die Frage nach der Bedeutung des Todes sei daher in der Moderne unauflöslich verknüpft mit der Frage nach dem richtigen oder »guten Leben«. Und als gutes Leben gilt heute allgemein das »erfüllte Leben«, das darin besteht, möglichst viel von dem, was die Welt zu bieten hat, auszukosten.

Drastisch formuliert: Unser Leben wird zur »letzten Gelegenheit«.[35] Denn wer die Aussicht auf eine Fortsetzung im Jenseits verloren hat, dem bleibt nur eine Hoffnung auf das Paradies – er muss es hier und heute verwirklichen.

Damit aber geraten wir in eine ähnlich fiebrige Unruhe, wie sie schon Goethe seinem *Faust* andichtete:

Und was der ganzen Menschheit zugeteilt ist,
will ich in meinem inneren Selbst genießen,
mit meinem Geist das Höchst' und Tiefste greifen,
ihr Wohl und Weh auf meinen Busen häufen
und so mein eigen Selbst zu ihrem Selbst erweitern,
und, wie sie selbst, am End auch ich zerscheitern.[36]

Zwar haben wir heute keinen Mephisto an unserer Seite, dafür aber können wir auf den wissenschaftlich-technischen Fortschritt zählen. Und der ermöglicht uns gleich zwei Strategien, um »das Höchst' und Tiefste« möglichst umfassend auszuschöpfen: Vermehrung und Verdichtung. »Das schlichte Kalkül lautet: je mehr Erlebnismittel (Fernsehprogramme, Kleider, Urlaubssituationen, Partner usw.) wir uns aneignen (Vermehrung) und je mehr wir sie in der Zeit zusammendrängen (Verdichtung), desto reicher wird unser Innenleben«, erklärt der Soziologe Gerhard Schulze.[37]

Arbeit, Fleiß und Leistung (auch in der Freizeit) werden so zum grundlegenden Imperativ unseres Lebens. »Wir erleben unser Tätig-Sein als permanente Überwindung der Endlichkeit wohl in der Hoffnung, damit auch unsere ›letzte‹ Endlichkeit adäquat bekämpfen zu können. Tritt sie dann dennoch ein, kann man sich nicht nur das Gefühl geben, *wirklich* gelebt zu haben, man kann vielleicht auch auf ›Werke‹ verweisen, die überleben«, sagt der österreichische Philosoph Peter Heintel. »Fortschritt und Wachstum« seien daher »der immanent adäquate Jenseitsersatz … Stagnation ist unstatthaft, jede ›Leerzeit‹ erinnert an den Tod, an nicht ›überwundene‹ Endlichkeit.«[38]

Das erklärt auch, weshalb wir Wartezeiten so schwer ertragen und vor allem das Festsitzen im Stau so hassen: Wir leiden nicht nur darunter, dass »es nicht vorwärtsgeht« (wohin auch immer), sondern vor allem unter dem Eindruck, unsere Zeit sinnlos zu vergeuden. Denn anders als das Warten beim Arzt erscheint uns das Warten im Stau besonders unproduktiv.

Aus demselben Grund genießen wir umgekehrt jede Art von Beschleunigung und Steigerung unserer Möglichkeiten: Denn sie vermitteln uns das Gefühl, mehr Optionen, mehr Anschlüsse, mehr Erlebnisse zu haben, und das macht unser Leben »reicher«. Der Soziologe Hartmut Rosa bringt diese Art zu denken auf den Punkt: »Wir wissen zwar, dass wir sterben müssen, aber wir versuchen, vor dem Sterben noch möglichst viel, unendlich viel unterzubringen.«

Und genau diesem Bedürfnis komme die moderne Beschleunigungsgesellschaft entgegen. Denn: »Wer doppelt so schnell lebt,

Den Drang zur permanenten Vermehrung unserer Optionen karikierte schon Wilhelm Busch in der Figur des »Mister Pief«: *Warum soll ich nicht beim Gehen – Sprach er – in die Ferne sehen? Schön ist es auch anderswo, und hier bin ich sowieso.*[40]

kann praktisch zwei Lebenspensen in einem unterbringen. Und wenn es auf das Leben vor dem Tod ankommt, ist das eine attraktive Strategie – auch wenn sie nicht aufgeht.«[39]

Das unerreichbare Ideal der Vermehrungsstrategie wird in unseren Tagen natürlich von der Traumfabrik Hollywood geliefert: Einer der größten zeitgenössischen Stars, Angelina Jolie, macht uns vor, wie man scheinbar mühelos fünf bis sechs Leben gleichzeitig führt: als erfolgreiche Schauspielerin, globales Sexsymbol, selbstbewusste Lebenspartnerin, sechsfache Mutter, als Großverdienerin und zugleich Idealistin, die auf Wohltätigkeitstouren um die Welt reist. »Kein Star unserer Tage verkörpert so vollkommen den vielstimmigen Glücksimperativ, der das Leben der Frauen in der westlichen Welt bestimmt«, schreibt dazu der *Spiegel.* »Sei erfolgreich! Sei sexy! Sei eine gute Mutter! Mache eigene Erfahrungen! Verlasse dich nicht auf deinen Mann! Habe eine Familie! Lebe ein vollständiges Leben!«[41] An einem solchen Forderungskatalog müsse man eigentlich verzweifeln, weil es schlicht unmöglich sei, ihm zu entsprechen. Angelina Jolie jedoch arbeitet ihn scheinbar mühelos ab, ein Dauerlächeln auf ihren Lippen.

Was die Hochglanzblätter allerdings in der Regel verschweigen, ist der immense Apparat, der dieses Leben erst möglich macht: Denn wie bei jeder Hollywoodproduktion ist ein ganzer Tross von Bodyguards, Kindermädchen, Assistenten, Köchen, Chauffeuren, Trainern und Stylisten nötig, um den Schein der Leichtigkeit zu erzeugen. Und wie im Film bleiben all diese hilfreichen Geister unsichtbar: Jolie und ihr Umfeld sorgen gezielt dafür, dass keine Fotos veröffentlicht werden, auf denen etwa die Kinder mit ihren vielen Nannys zu sehen sind. »Angelina Jolie« sei vermutlich »die größte und perfekteste Rolle, die Angelina Jolie je gespielt hat«, kommentiert der *Spiegel* zutreffend.

Dass diese Rolle so erfolgreich ist, liegt allerdings nicht nur an der PR-Maschine von *Brangelina*, sondern auch daran, dass die von ihr erzeugte Illusion so perfekt zu unserer Vorstellung vom überreich erfüllten Leben passt. Welche Frau hätte angesichts eines solchen Vorbilds nicht das Gefühl, selbst auch mehr erreichen zu können, wenn sie sich nur noch mehr anstrengt? So wird der ohnehin schon hohe Erwartungsdruck an das eigene Leben noch verstärkt.

Allerdings: Was wir auch tun und wofür wir uns auch entscheiden – wir müssen uns damit zwangläufig *gegen* alle anderen möglichen Alternativen entscheiden; und je schneller unser Tempo und umso größer die Zahl der zur Verfügung stehenden Möglichkeiten, umso nagender das Gefühl, diese Vielzahl nie ganz »ausschöpfen« zu können. Da sind sie wieder, die »Opportunitätskosten«, von denen in Kapitel eins schon einmal die Rede war: Je größer die Auswahl, umso mehr haben wir den Eindruck, auf vieles verzichten zu müssen. Allerdings werden die Opportunitätskosten diesmal nicht beim Verzicht auf eine bestimmte Marmeladensorte im Supermarkt fällig, sondern bei jeder Entscheidung von existenzieller Bedeutung. Und wie so oft bekämpfen wir das Problem mit just derselben Strategie, die es herbeigeführt hat: Wir versuchen unser Lebenstempo noch mehr zu beschleunigen, noch schneller zu arbeiten, einzukaufen, zu kochen, Sport zu treiben, zu lieben und die Zweitkarriere zu starten, um noch weniger zu verpassen.

Gerade die Suche nach dem möglichst »erfüllten«, »reichen« Leben führt dazu, dass wir niemals zur Ruhe kommen. Obendrein verleidet sie uns auch noch jene unproduktiven Mußezeiten, nach denen wir uns so sehnen. Denn diese anzunehmen, hieße ja, sich mit dem Erreichten zufriedenzugeben und damit in letzter Konsequenz auch die Endlichkeit des eigenen Lebens zu akzeptieren. Doch da uns das so schwerfällt, hetzen wir lieber neuen Optionen und Erlebnissen hinterher, ganz nach dem

(Ödön von Horváth zugeschriebenen) Bonmot: »Eigentlich bin ich ganz anders, nur komme ich so selten dazu.«

Um innerliche Ruhe zu finden, wäre es also auch notwendig, unser Verhältnis zu jenem Thema zu klären, das wir so hartnäckig verdrängen – der eigenen Endlichkeit. Natürlich soll damit niemandem empfohlen werden, aus Gründen der Muße einfach wieder an Gott und das Jenseits zu glauben. Ein religiöser Glaube lässt sich, dem Himmel sei Dank, nun einmal nicht verordnen. Aber um eine Auseinandersetzung mit der eigenen Sterblichkeit kommt man nicht herum, wenn man so etwas wie Seelenruhe erfahren will.

Dafür aber brauchen wir wiederum Zeit und Muße. Denn das Verhältnis zum eigenen Tod lässt sich nicht so eben zwischen zwei Geschäftsterminen bereinigen, da hilft es auch nicht, eilig in irgendeinem Ratgeber zu blättern, da müssen wir uns schon in der Tiefe selbst begegnen und unsere ureigene Antwort finden. Und das geht am besten dann, wenn wir einfach mal stehen bleiben, statt wieder einem neuen Ziel nachzujagen.

Man kann sich dabei zum Beispiel an dem antiken Philosophen Epikur orientieren, der schon im 4. vorchristlichen Jahrhundert der Frage nach dem guten Leben nachging und feststellte: »Die Lust ist Ursprung und Ziel des glücklichen Lebens.« Lust bestand für Epikur allerdings nicht in erster Linie in grob sinnlichem Vergnügen (obwohl er auch das nicht verschmähte), sondern vor allem in einem ruhigen Gleichmaß der Seele und der Abwesenheit von Schmerz und Begierde. Von der »Windstille« der Seele sprach der Philosoph und empfahl seinen Schülern die Kunst, die Gegenwart voll auszukosten, statt sinnlos nach immer neuen Erlebnissen zu jagen. »Wenn du Phytokles reich machen willst, dann gib ihm nicht mehr Geld, sondern nimm ihm einen Teil seiner Begierden weg«[42], lautete einer von Epikurs Leitsätzen, oder: »Man darf das Vorhandene aus Gier nach Nichtvorhandenem nicht abwerten, sondern muss bedenken, dass auch dieses einst erstrebenswert war.« Auch dem Tod wusste der Philosoph das Bedrohliche zu nehmen: Da für uns nur Dinge relevant seien, die Wahrnehmungen und Empfindungen auslösten, habe der Tod eigentlich gar keine Bedeutung für uns; denn in ihm lösten sich jegliche Wahrnehmung und Empfindung auf. In Epikurs bestechender Logik: »Solange wir da sind, ist der Tod nicht da, wenn aber der Tod da ist, dann sind wir nicht mehr da.«

Wer solche Betrachtungen als zu nüchtern empfindet, setzt sich vielleicht lieber mit dem transzendenten Aspekt seines Seins auseinander. Denn auch wenn wir uns als eigenständige Individuen empfinden, so leben wir doch in vielfacher Abhängigkeit und Verbundenheit – mit unserer Familie, der Gesellschaft, der Natur und letztlich dem ganzen Kosmos. Diese Verbundenheit wahrzunehmen, ist übrigens auch der tiefere Sinn aller Meditationspraktiken. Abgesehen von den in Kapitel drei beschriebenen Wirkungen zielen sie letztlich immer auf Selbsttranszendenz, auf die Erfahrung also, dass wir stets Teil eines großen Ganzen sind, das weit über uns hinausreicht und uns im Tod überdauert.

Allerdings hat es wenig Sinn, dies nur intellektuell beschreiben oder begreifen zu wollen; vielmehr geht es darum, einen solch größeren Sinnzusammenhang in der Tiefe *erfahren* zu können. Und die etablierten Religionen tun letztlich nichts anderes, als Bilder und Begriffe bereitzustellen, die uns eine solche Erfahrung ermöglichen sollen (ausführlich wird das in meinem Buch *Die Vermessung des Glaubens* diskutiert[43]). Egal, ob man dabei von der Präsenz Gottes (wie im Christentum) oder der Erleuchtung (wie im Buddhismus) redet – wichtig ist stets die Erkenntnis, dass unser Leben seinen Wert in sich selbst trägt und sich nicht durch die Anhäufung von Gütern oder Erfolgen »rechtfertigen« muss. Aus diesem Grund stellen auch die etablierten Religionen meist ein massives kulturelles »Beschleunigungshindernis«[44] dar. Denn sie wissen um den Wert des Menschen und darum, dass jeder Fortschritt immer auch die Gefahr des Fortschreitens von sich selbst birgt.

Genau dies ist übrigens das Geheimnis der Muße: Denn diese erleben wir immer dann, wenn wir etwas um seiner selbst willen tun und nicht aus dem Ehrgeiz heraus, irgendwohin zu gelangen oder irgendetwas erreichen zu wollen. Muße ist so betrachtet einerseits die Voraussetzung für jegliche Transzendenzerfahrung und andererseits bereits Teil dieser Erfahrung selbst – die beste Art also, sich mit sich selbst und seinem Leben zu versöhnen. Im Rest dieses Buches soll daher der Frage nachgegangen werden, wo und wie wir die Muße am besten finden – und was wir selbst tun können, um dem permanenten Beschleunigungsdenken (zumindest immer mal wieder) zu entkommen.

V

INSELN DER MUßE

Angesicht des globalen Tempowahns ist man versucht, Asterix zu zitieren: *Wir befinden uns im Jahr 2010 n. Chr. Die ganze Welt ist von den Truppen des Beschleunigungsdenkens besetzt … Die ganze Welt? Nein! Einige unbeugsame Müßiggänger hören nicht auf, dem Diktat der Uhr Widerstand zu leisten …*

Tatsächlich ist, aller Globalisierung zum Trotz, die Landkarte des Zeitempfindens nicht völlig uniform. Noch immer gibt es Menschen, Orte und Kulturen, die dem Drang zur immerwährenden Beschleunigung widerstehen. Manchmal liegen diese Inseln der Muße fernab auf fremden Kontinenten; mitunter auch direkt in unserer Nachbarschaft. Und manchmal sind es nur unsere Gewohnheiten, die uns davon abhalten, die Gelegenheit zur Muße zu ergreifen.

Denn unwillkürlich sind wir geprägt vom Zeittakt unserer Gesellschaft und ihrer Vorstellung vom Glück. Beruflichen Erfolg und ein gefülltes Bankkonto halten die meisten Deutschen für wichtiger als Freiheit und Zeitwohlstand. Und statt unserem natürlichen Rhythmus zu folgen, lassen wir uns den Tagesablauf von der Uhr diktieren; wir stehen auf, wenn der Wecker klingelt, essen, wenn es »Zeit dazu« ist (und nicht, wenn wir Hunger haben), und gehen abends ins Bett, wenn die zwei kleinen Zeiger an unserem Handgelenk es befehlen.*

* Wer daran zweifelt, dem empfehle ich folgenden Selbsttest: Verstecken Sie – am besten vor einem freien Sonn- oder Urlaubstag – sämtliche Uhren in Ihrer Wohnung und versuchen Sie, einen Tag ohne den ständigen Blick zum Ziffernblatt zu leben. Diese Erfahrung ist ebenso irritierend wie lehrreich.

Von Kindesbeinen an lernen wir, die Zeitkonventionen unserer Kultur zu respektieren, und im Erwachsenenalter sind sie für uns fast wie die Luft, die wir atmen: Wir halten sie für derart selbstverständlich, dass wir uns darüber kaum je Gedanken machen. Kulturelle Gewohnheiten, so erkannte der amerikanische Anthropologe Edward T. Hall, gleichen einer »stummen Sprache«[1] – einer Sprache, die von allen verstanden und respektiert wird, die uns allerdings erst zu Bewusstsein kommt, wenn wir in ein Land mit anderer kultureller »Grammatik« reisen.

Hall, der als Soldat im Zweiten Weltkrieg im Pazifik und in Europa stationiert war, stolperte dort immer wieder über interkulturelle Missverständnisse. Von ihm stammt auch die Unterscheidung zwischen »monochronen« und »polychronen« Kulturen.[2] Zu ersteren zählen vor allem die westlichen Industrienationen, in denen der Tagesablauf von der Uhr diktiert wird und in denen das Geschäftsleben aus einer eng getakteten Abfolge von Terminen und Verpflichtungen besteht. Pünktlichkeit ist in monochronen Kulturen oberstes Gebot. Bei der Arbeit kommt es darauf an, sie möglichst effizient zu erledigen, und nicht so sehr darauf, ob einem die Geschäftspartner sympathisch oder unsympathisch sind.

In vielen afrikanischen, asiatischen oder lateinamerikanischen Ländern trifft man dagegen auf polychrones Zeitverständnis. Terminpläne sind dort flexibel, Pünktlichkeit hat eine andere Bedeutung, und bei Verabredungen muss man sich auf lange Wartezeiten gefasst machen. Denn wichtiger als effiziente Ergebnisse sind persönliche Beziehungen, und im Business geht es oft mehr um Status und Ansehen als um einen erfolgreichen Vertragsabschluss.

Was das in der Praxis bedeutet, erlebte ich selbst auf Reisen in Indien. Da weite Teile dieses Landes von der westlichen Tüchtigkeits- und Effizienzphilosophie noch nicht infiziert sind, kann man hier eindrückliche Erfahrungen des polychronen Zeitverständnisses sammeln. Einmal brachte ich zum Beispiel einen ganzen Vormittag in einer Bank mit dem Versuch zu, meine Reiseschecks in indische Rupien umzutauschen. Nachdem sich mit dieser herausfordernden Aufgabe vier verschiedene Schalterbeamte beschäftigt hatten, mehrere großformatige Folianten fein säuberlich mit den Nummern meiner Schecks gefüllt worden waren, ich mit dem Chef der Bank konferiert, Tee getrunken und gute zwei Stunden gewartet hatte (ich war zu dieser Zeit der einzige Kunde in der Bank), bekam ich eine blecherne Wartemarke in die Hand gedrückt mit der Aufforderung, meinen Aufruf abzuwarten. Schließlich und endlich war es so weit: Über dem Auszahlungsschalter leuchtete ein Reigen bunter Lämpchen auf, dazu erklang aus einem alten Lautsprecher scheppernd die Melodie von *Jingle Bells,* und huldvoll winkte mich ein (fünfter) Beamter zum Empfang meines Geldes heran. Ein solches Happening vergisst man Zeit seines Lebens nicht.

Ebenso lehrreich wie die Erfahrung des entspannten Arbeitstempos in Indien war allerdings auch meine Rückkehr nach Deutschland. Nach mehreren Monaten war ich so sehr an die indischen Verhältnisse gewöhnt, dass mir hierzulande vieles irrwitzig schnell erschien. Die Eile hiesiger Bankbeamter war ebenso beeindruckend wie das Tempo der durch die Straßen donnernden Autos; und die gehetzt dreinblickenden Menschen schienen mit unglaublicher Anspannung ständig irgendetwas hinterherzujagen.

Fairerweise sollte man hinzufügen, dass ich in Deutschland vieles auch wieder schätzen lernte, das ich zuvor für selbstverständlich gehalten hatte – etwa die Tatsache, dass man Bankgeschäfte in fünf Minuten erledigen kann, dass es klare Verkehrsregeln gibt oder dass man Leitungswasser unbesorgt trinken kann. Und natürlich hielt mein Vorsatz, dem deutschen Beschleunigungswahn zu widerstehen, nur kurze Zeit. Spätestens als ich wieder arbeitete, *deadlines* und Termine einhalten musste, ging die indische Gelöstheit nach und nach verloren. Bald ertappte ich mich dabei, wie ich selbst durch die Straßen hetzte und an der Kasse im Supermarkt schon unruhig wurde, wenn das Bezahlen eine Minute länger dauerte als gewohnt. Doch so ganz verloren habe ich die Erinnerung an mein »indisches« Lebensgefühl nie mehr. Und ab und zu, in den Momenten der größten Hetze, fällt mir plötzlich ein, dass die deutsche Eile kein ehernes Gesetz ist und dass man das Leben auch sehr viel geruhsamer angehen kann.

1. Vom Reisen und vom Ankommen

Auch wenn also eine Stunde überall auf der Welt sechzig Minuten hat, ist der Umgang mit der Zeit kulturell doch höchst verschieden. Und heute reicht schon ein Langstreckenflug, um in einen anderen Kosmos einzutauchen, in dem das Verständnis von Zeit, Arbeit und Muße sich gänzlich von unserem gewohnten unterscheidet.

Diese Erfahrung machte auch der amerikanische Psychologe Robert Levine, dem wir eine der gründlichsten Untersuchungen über die verschiedenen Tempi der Kulturen verdanken.[3] Inspiriert dazu wurde er von seiner Zeit als Gastdozent an einer brasilianischen Universität, wo der Psychologe ähnliche Erfahrungen machte wie ich in Indien.

Levines »Kulturschock« begann kurz nach seiner Ankunft mit der Erkenntnis, dass jenseits des Äquators niemand die genaue Zeit wusste. »Brasilianische Uhren gehen prinzipiell falsch, und außer mir schien das niemand zu stören.« Als Nächstes musste sich der Gastprofessor daran gewöhnen, dass seine Studenten notorisch zu spät in seine Vorlesung kamen. Dafür ließen sie sich auch an deren Ende alle Zeit der Welt. Während Levine aus den USA gewohnt war, dass seine Zuhörer schon Minuten vor Schluss unruhig wurden und ihre Sachen zusammenpackten, blieben die Brasilianer einfach sitzen, stellten ihm Fragen, zogen sich die Schuhe aus und unterhielten sich in aller Gemütsruhe. Und als Levine zur ersten Verabredung mit seiner Fachbereichsleiterin pünktlich um elf Uhr in deren Büro erschien, waren weder die Chefin noch ihre Sekretärin da. Nur ein paar herumliegende Zeitschriften – »ein Exemplar der *Time*, das bereits ein Jahr alt war, und eine drei Jahre alte Nummer von *Sports Illustrated*« – verkündeten die Botschaft der brasilianischen Zeitlosigkeit.

Solche Erlebnisse brachten Levine dazu, das »Lebenstempo« der Kulturen mit wissenschaftlicher Gründlichkeit zu erforschen. In 31 Ländern stellten er und seine Mitarbeiter ebenso ausgeklügelte wie kuriose Experimente an: Sie maßen, *erstens*, die Geschwindigkeit, mit der Fußgänger im Bereich der Innenstadt (an klaren Sommertagen) 20 Meter zurücklegen; *zweitens*, die Genauigkeit öffentlicher Uhren; und *drittens* die Zeit, die Postangestellte brauchen, um eine Standardbriefmarke zu verkaufen.

Natürlich wurden die Forscher mit allen möglichen Hindernissen konfrontiert: In China hielten die Postangestellten den Testkäufer offensichtlich für verrückt und lachten ihn aus; in Indien mussten die Versuche abgebrochen werden, weil viele Postler angeblich kein Wechselgeld hatten; in New York wurden die Psychologen wütend beschimpft, während in Japan die Zeitmessung dadurch verfälscht wurde, dass höfliche Postbeamte die Briefmarke fein säuberlich einwickelten und als kleines Päckchen überreichten.

Dennoch brachte Levine genügend Daten zusammen, um eine globale Rangliste der Länder nach ihrem »Gesamttempo« erstellen zu können. Dabei stehen die westeuropäischen Nationen an der Spitze (Deutschland auf Rang drei), dahinter folgen Japan, die asiatischen Tigerstaaten (Hongkong, Taiwan, Singapur) und die USA, während die letzten Plätze von nicht industrialisierten Ländern in Afrika, Asien und Lateinamerika belegt werden (das Schlusslicht bildet Mexiko).*

---

* Da die Untersuchung über zehn Jahre alt ist, kann sich die Rangfolge mittlerweile natürlich verändert haben. Vor allem China, das bei Levine noch auch Platz 23 landet, dürfte in Punkto Tempo einen großen Sprung nach vorne gemacht haben.

Diese Rangfolge hält interessante Lehren bereit. So ist zum Beispiel die Wahrscheinlichkeit, einen Herzinfarkt zu erleiden, an »schnellen Orten« deutlich höher. »Unsere Daten zeigen«, schreibt Levine, »dass man anhand des Tempos in der Umgebung eines Menschen eine mindestens ebenso gute Vorhersage darüber treffen kann, ob er an einer Herzattacke stirbt, wie anhand seiner Werte bei einem Persönlichkeitstest.« Auch andere gesundheitsschädliche Gewohnheiten – Rauchen, Trinken, Drogenkonsum, Bewegungsmangel – sind in »schnellen« Städten stärker verbreitet.[4]

Dafür sind die Menschen in »langsamen« Städten in der Regel hilfsbereiter. Das testeten die Psychologen mit »fallen gelassenen« Kugelschreibern oder »verlorenen« Briefen und bestätigten damit die Ergebnisse jenes berühmten »Samariter-Experiments«, das 1973 Forscher der Universität Princeton angestellt hatten: Diese hatten Theologiestudenten zu einem Vortrag über einen Hof geschickt, in dem »zufällig« ein Mann auf dem Boden lag. Dabei ermittelten die Psychologen, wer unter welchen Umständen stehen blieb und dem Zusammengesunkenen Hilfe anbot. Ergebnis: Je mehr die Studenten unter Zeitdruck gesetzt wurden, umso geringer war ihre Bereitschaft zum Samaritertum.[5]

Große Eile ist also nicht nur unserer eigenen Gesundheit abträglich, sondern lässt uns in der Regel auch unempfindlicher gegenüber den Leiden anderer werden. Abgesehen davon lehren Levines Studien vor allem eines: Das »System der Gehetzten« hat nicht überall gesiegt. Noch gibt es weiße Flecken auf der Landkarte der Beschleunigung, und eine Reise in eine fremde Kultur kann ein hervorragendes Mittel sein, einen anderen Umgang mit der Zeit und der Muße kennenzulernen.

Diese Sehnsucht ist jedenfalls eine der wichtigsten Antriebskräfte für unsere Urlaubsreisen. Als Touristen träumen wir von entrückten Orten der Ruhe, an denen wir die Seele einmal so richtig baumeln lassen und zu uns selbst finden können. Leider holt uns die Realität meist schnell wieder ein, denn am Urlaubsort wartet neuer Stress: Der Strand erscheint uns überfüllt, das Hotel empfinden wir als zu laut, das Wetter zu schlecht und die Bedienung im Restaurant zu unfreundlich. Und statt das Nichtstun in vollen Zügen zu genießen, spüren wir erst recht unsere innere Unruhe, kämpfen vielleicht sogar mit einem Gefühl angespannter Langeweile und einer seltsamen, uns oft selbst nicht recht erklärbaren Unzufriedenheit.

Denn die große Illusion des Reisens besteht in dem Glauben, Muße und Entspannung würden sich quasi von selbst einstellen, sobald wir am Urlaubsort dem Flieger oder dem Auto entsteigen. Wir stellen uns vor, wir könnten bruchlos in eine andere (Zeit-)Kultur eintauchen und unser gehetztes Ich einfach zuhause zurücklassen. Tatsächlich aber nehmen wir unsere Gewohnheiten immer mit. Und an fremden Orten geht es uns oft ähnlich wie Robert Levine bei seiner Gastdozentur in Brasilien: Erst in der Fremde spüren wir, wie sehr wir unser vertrautes Zeitregime verinnerlicht haben und wie schwer es fällt, von einem hektischen Arbeitsalltag in einen Modus entspannter Muße umzuschalten.

»Wir neigen zu dem Glauben, dass all die Hoteliers, Fluglinienchefs und Museumsdirektoren mit ihren Heerscharen von Experten schon wissen werden, wie ein guter Urlaub aussieht. Aber das ist ein naiver Glaube«, diagnostiziert der Philosoph Alain de Botton, der ein ganzes Buch über die *Kunst des Reisens* verfasste.[6] Er sieht »eine riesige Kluft« zwischen unseren Reisephantasien und den Dingen, die uns wirklich fehlten. Es genüge eben nicht, am Pool zu sitzen oder das Restaurant mit den besten Kritiken zu wählen, meint der Reisephilosoph. »Eigentlich bräuchten wir psychotherapeutische Reisebüros, die uns die passenden Ziele heraussuchen.«

Doch mit dem rechten Ziel allein ist es nicht getan. Um wirklich die Alltagshektik hinter uns zu lassen, müssen wir auch innerlich ankommen. »Kein Buddhist würde auf die Idee kommen, dass man Harmonie finden kann, ohne vorher fünfhundert Stunden zu meditieren«, sagt de Botton. Erst nach langer und harter Übung erreiche man vielleicht ein paar Momente wirklicher innerer Ruhe. »Als Touristen glauben wir dagegen allen Ernstes, wir bräuchten uns nur aufs Handtuch zu legen, um glücklich zu werden. Natürlich klappt das nicht.«[7]

Das soll nun nicht heißen, dass wir vor jedem Urlaub erst ins buddhistische Schweigekloster müssten. Es hilft schon, sich klarzumachen, dass die innere Ruhe sich nicht automatisch mit dem ersten Ferientag einstellt, sondern erst allmählich und in dem Maße, wie wir unsere hektischen Gewohnheiten loslassen. Dabei ist der Faktor Zeit nicht zu unterschätzen. Wer 350 Tage im Jahr unter Strom steht – noch schnell dieses Projekt erledigen, jenen Auftrag abarbeiten, die E-Mails checken und immer auf dem neuesten Stand bleiben –, der legt dieses Verhalten auch in 15 Urlaubstagen nicht so eben ab.

Wie Neurobiologen mittlerweile gezeigt haben, schreibt sich jede häufig wiederholte Gewohnheit mit der Zeit regelrecht in unsere biologische Struktur ein: Die Zellen und Synapsen in unserem Gehirn stellen sich auf ein gewisses Reizniveau ebenso ein wie der Körper auf die tägliche Dosis Koffein.[8] Fehlen uns plötzlich der Kaffee, die gewohnte Morgenzeitung oder das ständige Beschäftigtsein, reagieren wir wie Suchtkranke mit Entzugserscheinungen. Damit sich die Zellen in Hirn und Körper wieder an ein normales Erregungsniveau anpassen, bedarf es wiederum entsprechender biologischer Umbauten – und die brauchen ihre Zeit.

Deshalb sollte man sich nicht mit Vorwürfen quälen (»Nun genieß deinen Urlaub gefälligst«), sondern sich eine gewisse Unruhe zugestehen und der Muße Zeit lassen. Und wenn die Gedanken partout keine Ruhe geben wollen, dann ist auch das in Ordnung. Denn diese Art von geistigem Widerstand gegen den Imperativ der Erholung ist der erste Schritt auf dem Weg zur wahren Entspannung: Unser Gehirn nimmt sich gewissermaßen das Recht, einmal nicht auf Kommando zu funktionieren, sondern lebt unkontrolliert auch jene Gedanken aus, die sonst gerne unterdrückt werden. Aus demselben Grund werden manche Menschen auch stets in den ersten Ferientagen krank: Der Körper holt sich endlich jene Ruhe und Erholung, die ihm das ganze Jahr über verweigert wurde.

2. Ins Blaue hinein denken

Es müssen nicht immer exotische Ziele sein, um dem Hamsterrad der Geschäftigkeit zu entkommen. Das hat inzwischen auch die Urlaubsindustrie erkannt. Wellnesshotels boomen, Manager ziehen sich für eine Auszeit ins Kloster zurück, und Familien buchen Ferienwochen auf einsam gelegenen Almhütten, wo es wenig anderes gibt als Kühe, Stille und großartige Natur.

Dass schon der Anblick von Wiesen und Bäumen einen erholsamen Effekt hat, ist mittlerweile sogar streng wissenschaftlich bewiesen. Im Gegensatz zu einer städtischen Umgebung wird unser Gehirn in der Natur nicht ständig mit neuen Reizen bombardiert und kann sich daher auf einer Almwiese oder beim Blick aufs Meer besonders gut regenerieren. Wie der amerikanische Psychologe Marc Berman demonstriert hat, muss man dazu nicht einmal ins Gebirge oder an den Strand fahren; um diesen entspannenden Effekt zu erzielen, reicht bereits ein Spaziergang durch einen Park.

Berman stattete an der University of Michigan verschiedene Studenten mit GPS-Empfängern aus und ermunterte sie zu einem Spaziergang; die einen promenierten durch ein nahe gelegenes Arboretum, die anderen durch die Stadt. Danach wurden beide Gruppen einer Reihe psychologischer Tests unterzogen. Ergebnis: Wer durch die Stadt geschlendert war, war tendenziell schlechter gelaunt, geistig weniger leistungsfähig und unaufmerksamer als jene Studenten, die sich unter Bäumen entspannt hatten.[9] Ein zweites Experiment brachte noch Erstaunlicheres zutage: Schon alleine das *Betrachten* eines Naturpanoramas auf einem Foto wirkte sich vorteilhafter auf den Geisteszustand aus als das Betrachten einer Straßenszene.

»Das Gehirn ist nun einmal eine begrenzte Maschine«, sagt Berman, »und wenn wir das Bild einer geschäftigen Straße sehen, stellen wir uns automatisch vor, wie es ist, dort zu sein – und schon das hat negative Folgen für unsere Aufmerksamkeit.« Von den vielfältigen Eindrücken in der Stadt wird vor allem unser Arbeitsgedächtnis belastet, das unsere Fähigkeit zur Konzentration sowie unsere Willenskraft steuert (wie in Kapitel zwei beschrieben). Je mehr Reize das Gehirn verarbeiten muss, umso schwerer fällt es uns, aufmerksam und ganz bei uns zu sein. In der Natur dagegen, wo die Reizdichte enorm reduziert ist, wird dieser geistige »Kraftspeicher« gründlich aufgefüllt.

Von dieser positiven Wirkung profitieren selbst Menschen, die von ihrer Wohnung aus ins Grüne blicken. Das stellte die Psychologin Francis Kuo fest, als sie die Einwohnerinnen eines großen Wohnheims in Chicago untersuchte. Jene, die auf Blumenbeete, Bäume oder Rasenflächen sahen, kamen mit ihrem Leben insgesamt besser zurecht als jene, vor deren Fenstern Häuserwände oder Parkplätze lagen. Erstere schnitten nicht nur in Aufmerksamkeitstests besser ab, sondern erwiesen sich auch als ausgeglichener, weniger streitsüchtig und emotional stabiler.[10]

Natürlich haben die vielfältigen Stimuli des Stadtlebens auch eine anregende Wirkung; das Zusammenleben vieler Menschen mit unterschiedlichen Ideen auf engem Raum bringt immer neue, ungeahnte Kombinationen hervor und erzeugt eine Atmosphäre ständiger Inspiration. Nicht umsonst gelten große Metropolen wie New York, Tokio oder Mumbai (Bombay) als *die* Motoren künstlerischer, wirtschaftlicher und sozialer Innovation. Doch zugleich ist das Stadtleben enorm belastend, und seine vielfältigen Angebote bergen ein enormes Zerstreuungspotenzial.

Da gilt es, die richtige Balance zu finden. Man kann das städtische Getriebe hervorragend als Nährboden für neue Anregungen, Einfälle und Pläne nutzen. Doch um diese in die Praxis umzusetzen (oder sich auch einfach nur vom Stadtgetriebe zu erholen), brauchen wir oft jene Muße, die uns eine reizarme, ablenkungsfreie Umgebung gewährt.

Deshalb zieht es nicht nur Urlauber ins Grüne; auch Künstler, Schriftsteller oder Wissenschaftler gehen zum Malen, Dichten oder Denken gerne aufs Land, suchen sich ein ruhiges Atelier oder eine Büro-Oase im Hinterhof. Sie wissen: Wer kreative Ideen zu entfalten sucht, braucht vor allem Zeit und Ungestörtheit.

Eine seiner Hauptaktivitäten sei »das ständige Sichbefreien von äußerer Pflicht«, sagt etwa der Komponist Wolfgang Rihm. Um kreativ sein zu können, müsse er sich Zeit schaffen, »die mir gehört und nicht mit Terminen besetzt ist«. Denn, so Rihm, »das ist das Wichtigste: sich Zeit nehmen«.[11] Deshalb hält er sich auch die Ablenkungen des digitalen Zeitalters weitgehend vom Leib. Rihm hat zwar ein Handy, doch das ist meistens stumm geschaltet. Wer ihn erreichen will, muss ihm einen Brief schreiben oder auf die Mailbox sprechen. In gewisser Weise sei er provinziell, sagt der Tonkünstler, der zu den bekanntesten deutschen Komponisten der Gegenwart zählt. Doch diese Art von Provinzialität stört ihn keineswegs: »Der tibetanische Weise sagt, man muss auf der Stelle sitzen bleiben, um zu sehen, wie der Schatten um einen herumwandert.«

Dass nicht nur tibetanische Weise vom Stillsitzen profitieren können, beweist auch die christliche Geschichte. Hätte sich Martin Luther 1522 nicht auf der Wartburg verstecken müssen, fernab von allen Geschäften und Ablenkungen, wäre es ihm wohl schwerlich gelungen, das Neue Testament in nur elf Wochen komplett ins Deutsche zu übersetzen. In seiner kargen Studierstube wurde er kaum gestört. Nur der Teufel wollte ihn dort angeblich vom Arbeiten abhalten – was der große Reformator der Legende nach mit einem gezielten Wurf seines Tintenfasses abwehrte. Heute dagegen würde der Leibhaftige wohl versuchen, ihn mit

E-Mails, einem Internetanschluss und einem Flachbildschirm zu verführen; wer weiß, wie die Sache dann ausginge.

Solche Orte der Ruhe, an denen man sich ungestört aufs Denken, Komponieren oder Schreiben konzentrieren kann, sind jedenfalls inzwischen selten geworden. Doch selbst die Beschleunigungsgesellschaft hat erkannt, dass es (mitunter künstlich geschaffener) Inseln der Muße bedarf, um kreativen Geistern eine Zeitlang alle Ablenkungen vom Leib zu halten.

Für deutsche Künstler etwa gilt ein Stipendium für die Villa Massimo, die Deutsche Akademie in Rom, als eine der begehrtesten Auszeichnungen. Ein Jahr lang dürfen sie hier, in einer klassizistischen Villa, umgeben von einem parkartigen Garten mit jahrhundertealten Steineichen, Pinien und Zypressen, mietfrei leben und sich ohne Zwang und Druck ganz auf ihre Arbeit konzentrieren.

Es sei eine enorme Befreiung, dass man sich in der Villa Massimo niemandem gegenüber rechtfertigen müsse und »mit einer Art künstlichem Nullpunkt« konfrontiert werde, sagt zum Beispiel der junge Komponist Anno Schreier, einer der Stipendiaten des Jahrgangs 2010. Ein anderer, der Schriftsteller Marcel Beyer, meint: Solche Orte des Rückzugs, an denen man nachdenken könne, »ohne zu wissen, wohin es führt«, würden immer seltener. Dabei, sagt Beyer, »ist es doch gerade das Ins-Blaue-Denken, das zu Neuem anregt«.[12]

Eine ähnliche Funktion hat das Wissenschaftskolleg Berlin. Unweit des Kurfürstendamms, in einem gediegenen Villenviertel mit kleinen Seen und viel Grün, dürfen hier jedes Jahr rund vierzig *Fellows* einem selbst gewählten Projekt nachgehen – der lange aufgeschobenen Fertigstellung eines Buches, dem Komponieren eines Musikstücks oder einfach nur dem terminbefreiten Nachdenken über die eigene Arbeit.

Entscheidend ist nicht, ob am Ende des Kollegjahres ein vorzeigbares Ergebnis präsentiert werden kann; viel wichtiger ist die

Möglichkeit, einmal ohne Druck seinen Interessen folgen zu können, sich mit anderen auszutauschen und über seinen Tellerrand hinauszusehen. Viele Fellows machen dabei eine ähnliche Erfahrung wie der belgische Roboterforscher Luc Steels, der normalerweise zwischen Laboratorien in Brüssel, Paris und Tokio hin und her jettet. »Die Zeit hier hat mein ganzes Denken verändert«, schwärmt Steels. Entbunden vom hektischen Forschungsbetrieb habe er angefangen, viel gründlicher über das nachzudenken, was er da tagtäglich im Labor eigentlich tue. Dabei hätten ihn gerade die fachfremden Fellows – Evolutionsbiologen, Philosophen, Juristen – mit ihren Fragen und Kommentaren angeregt, mehr über die großen Linien und weniger über das tägliche Klein-Klein seines Tuns nachzudenken, erzählt Steels: »Als ich nach dem Jahr im Kolleg wieder in mein Labor kam, waren meine Mitarbeiter ziemlich irritiert. Die hatten nicht verstanden, was mit mir geschehen war.«[13]

Dass solche Zeiten des ergebnisbefreiten Nachdenkens nicht nur für Spitzenforscher, sondern ebenso für junge Leute wertvoll sind, hat man wiederum in Dänemark erkannt. Dort gibt es die sogenannten *Folkehøjskolen* (die mit der deutschen Volkshochschule nur den Namen gemein haben). Sie bieten Schulabgängern die Möglichkeit, sich vor dem Einstieg ins Arbeitsleben oder ein Studium erst einmal zu orientieren und die eigenen Talente zu erproben. »Finde raus, worin du gut bist«, lautet der Leitspruch dieser 76 Erwachseneninternate (für die sich alle EU-Bürger bewerben können), unterrichtet werden vor allem »brotlose« Künste wie Musik, Philosophie, Literatur, Theater und Kunst.[14]

Rund vier Monate leben, lernen und schlafen die Jugendlichen in der *Folkehøjskole*, ein Zeugnis gibt es nicht, dafür haben die Studenten am Ende viele Erfahrungen gesammelt, neue Freunde gewonnen und oft wieder jene Lust aufs Lernen bekommen, die ihnen in der Schule genommen wurde. Diese Art zu unterrichten sei »prinzipieller Widerstand gegen die Funktionalisierung des Menschen in der modernen Gesellschaft«, sagt Jørgen Carlsen, Leiter der Folkehøjskole in Testrup. Üblicherweise werde den Jugendlichen von allen Seiten eingetrichtert, sie müssten sich ausbilden, produktiv sein, Geld verdienen. An Einrichtungen wie der seinen könnten sie sich einmal auf andere Weise erfahren.

Dass manche Kritiker diese ziellose Art der Weiterbildung als Zeitverschwendung geißeln, sieht Carlsen als beste Bestätigung seines Kurses. Denn genau darum gehe es ja: sich Zeit zu nehmen und sich nicht immer nur als »Produktionstier« zu erfahren.[15]

3. Die Odysseus-Strategie

Nun erhält nicht jeder eine Einladung in die Villa Massimo, und nicht jeder findet Aufnahme in der *Folkehøjskole*. Doch das ist kein Grund zur Resignation. Wer ungestört nachdenken möchte, kann sich seine Orte des Rückzugs auch selbst schaffen.

Eine lange Bahnfahrt ist zum Beispiel ist eine wunderbare Gelegenheit, in aller Ruhe den Gedanken nachzuhängen (vorausgesetzt, man wird nicht von Wichtigtuern gestört, die pausenlos ins Handy blöken). Ökologisch unkorrekt, aber Muße-verheißend sind auch Langstreckenflüge, die sogar gestresste Manager dazu bringen können, ihre Mobiltelefone einmal auszuschalten. Und manchmal findet man noch Cafés, die einen nicht ständig mit Musik oder Videos berieseln, sondern jenen besonderen Zustand zwischen ruhiger Geselligkeit und Anonymität bieten, der die Kreativität fördert.

Dem Sammeln solcher Orte, an denen man »nicht nur arbeiten, sondern auch nachdenken kann«, hat sich der israelische Mathematik-Ökonom Ariel Rubinstein verschrieben. Der Vielreisende veröffentlicht auf seiner Homepage eine Liste von *Coffee Places where you can think*, die mittlerweile über einhundert Städte umfasst und einen weltweiten Reiseführer für Muße fördernde Kaffehäuser darstellt.[16] Wer die Liste mit eigenen Vorschlägen ergänzen will, kann einfach eine E-Mail an Rubinstein senden (rariel@post.tau.ac.il).

Andere Mathematiker beweisen derweil, dass große Ideen an den unerwartetsten Orten entstehen. So hatte etwa der amerikanische Mathematiker Stephen Smale, der Anfang der 1960er Jahre eine Zeit lang in Rio de Janeiro arbeitete, seine besten Einfälle am Strand. Er habe dort hauptsächlich Ideen notiert und Argumente ausprobiert. »Ich war so konzentriert mit dieser Art von Überlegungen und dem Schreiben in meinem Block beschäftigt, dass das Strandleben mich nicht abgelenkt hat. Und ich konnte ja jederzeit eine Pause von der Forschung machen und schwimmen gehen.« Mit den dabei gewonnenen Erkenntnissen wurde Smale in der Fachwelt berühmt (insbesondere mit seinem Beweis der sogenannten hochdimensionalen Version der Poincaré-Vermutung). Nichtsdestotrotz brachte ihm sein entspannter Arbeitsstil später Ärger ein. Politiker warfen ihm sogar vor, das Sinnieren am Strand von Rio sei eine »Verschwendung von Steuergeldern« gewesen.

Der französische Zahlentheoretiker André Weil wiederum bewies, dass man selbst im Gefängnis produktiv werden kann. 1940, als er in Untersuchungshaft saß, schrieb er an seine Frau: »Seit ich Dich das letzte Mal gesehen habe, bin ich in meinen arithmetisch-algebraischen Forschungen ein gutes Stück vorangekommen – ich hoffe sogar, hier noch einige Zeit in Ruhe an dem Begonnenen weiterarbeiten zu können.« Und an anderer Stelle: »Meine mathematische Arbeit übertrifft meine kühnsten Hoffnungen, und ich bin sogar ein wenig beunruhigt, ob ich, wenn ich nur im Gefängnis so gut arbeiten kann, es zukünftig einrichten sollte, jedes Jahr zwei oder drei Monate hinter Gittern zu verbringen.« Fast neidvoll schrieb sein Kollege Élie Cartan an den Inhaftierten: »Wir haben nicht alle das Glück, so in Ruhe wie Du und ungestört arbeiten zu können.«[17]

Auch wenn Cartans Bemerkung (zumindest halb) scherzhaft gemeint war, steckt in ihr doch ein Körnchen Wahrheit: Manchmal kann gerade die radikale Beschränkung unserer Freiheitsgrade der Geistesarbeit förderlich sein – wie auch Miguel de Cervantes bewies, der seinen Don Quijote im Gefängnis begann. Natürlich gilt das nur, wenn die Beschneidung der Freiheit nicht zu drastisch ausfällt. Auch möchte man niemandem ernsthaft empfehlen, sich zum Zwecke des ungestörten Nachdenkens ins Gefängnis stecken zu lassen. Dennoch halten solche Episoden eine interessante Lehre bereit: Wir hassen es zwar, wenn man die Zahl unserer Möglichkeiten einschränkt; doch zugleich kann das durchaus etwas Stimulierendes haben.

Das ist übrigens auch der Unterschied zwischen dem Genuss der Muße auf einer Berghütte und in unserer üblichen Umgebung. Selbstverständlich kann man sich zuhause vornehmen, ein paar Tage oder Wochen auf Ablenkung zu verzichten und sich mit nichts anderem als einem guten Buch, dem Malen eines Bildes oder meinetwegen auch der Zahlentheorie zu beschäftigen. Doch schnell drängen sich wieder die verflixten Opportunitätskosten auf. Man bekommt das Gefühl, diese Aktivität gegenüber vielen anderen rechtfertigen zu müssen. Stets lauert im Hintergrund unseres Denkens die unausgesprochene Frage: Verschafft mir dieses Buch (Bild, Theorem …) mehr Befriedigung als all das, was ich sonst noch tun könnte – im Internet surfen, Fernsehen, Freunde anrufen …? Und selbst wenn man sich weiterhin auf das Buch (das Bild, die Zahlentheorie) konzentriert, beschäftigt uns dieses Abwägen unbewusst, bindet Denkressourcen und kostet damit Energie.

Der Soziologe Hartmut Rosa, der sich über diese Zusammenhänge gründlich Gedanken gemacht hat, empfiehlt deshalb allen Muße-Suchenden die »Odysseus-Strategie«: Sich selbst zu fesseln, um den Sirenengesängen der unendlichen Möglichkeiten nicht zu verfallen.*

---

* Der Sage nach führten die Sirenen zur Zeit der Odysseus die Seefahrer nicht nur durch ihre bezaubernden Stimmen ins Verderben, sondern lockten sie auch mit dem Versprechen an, alles, was auf Erden geschehe, zu wissen und offenbaren zu können. Heute hat diese Verheißung der Internetanschluss übernommen.

Um die Muße genießen zu können, müsse man sich bewusst von einer Vielzahl möglicher Optionen abschneiden, sagt Rosa und nimmt sich selbst als bestes Beispiel dafür. »Es gibt nichts Schöneres, als wenn bei mir im Hochschwarzwald, wo ich wohne, der Strom ausfällt.« Das geschehe im Winter immer mal wieder durch Sturm oder Schneebruch. »Dann kann ich nicht an den Computer, der Fernseher funktioniert nicht – und in dieser Situation ein Buch zu lesen ist etwas ganz anderes, als wenn die Welt da draußen weiter rauscht.«[18]

Einen ähnlichen Effekt können auch landesweite Notlagen auslösen, etwa Temperaturstürze, die den Eisenbahnverkehr lahmlegen. Es macht eben einen großen Unterschied, ob man als Einzelner seinen Zug verpasst oder ob halb Deutschland unfreiwillig die Muße üben muss. Man fängt an, sich zu entspannen, kommt eventuell mit dem Nachbarn ins Gespräch, der ja ebenfalls zur Ruhe gezwungen ist, und kann so unter Umständen sehr anregende Stunden erleben.

Wer auf solche Anlässe nicht warten will, muss selbst für eine Reduktion seiner Möglichkeiten sorgen. Also: das Telefon ausstellen, herumliegende Zeitschriften schwungvoll entsorgen, den Computer in die Besenkammer oder den Fernseher eine Zeitlang auf den Dachboden verbannen. (Ja, das darf man. Nein, man muss nicht erst nach Indien, auf die Malediven oder nach Spiekeroog fahren, um die Ruhe zum ungestörten Lesen, Malen oder Nachdenken zu finden.)

Und wer es gar nicht zuwege bringt, sich einmal Zeit ohne äußere Verpflichtungen freizuschaufeln, kann einen weiteren Tipp von Hartmut Rosa erproben: »Es hilft, sich in den Terminkalender an manchen Tagen groß einzutragen: Nichts.« Und wenn dann jemand fragt: ›Wollen wir an diesem Tag etwas unternehmen?‹ muss man konsequent antworten: ›Nein, da hab ich schon was vor.‹«

Spätestens an dieser Stelle wird man allerdings mit zwei Hindernissen konfrontiert: Zum einen ist da die Langeweile, die Angst vor dem öden Nichts; zum anderen der Erwartungsdruck, die freie Zeit nun besonders gut nutzen zu müssen – sei es, um kreativ zu werden, sei es, um sich einmal »so richtig gründlich« zu entspannen.

Doch das *Müssen* und die *Muße* sind diametral entgegengesetzte Begriffe (auch wenn sie ähnlich klingen); das wichtigste Kennzeichen der Muße ist ja gerade das schöne Gefühl, einmal nichts Besonderes leisten zu müssen – nicht einmal auszuspannen. In der Regel aber sind wir es so gewohnt, all unsere Handlungen einem Zweck und Ziel unterzuordnen, dass es enorm schwerfällt, uns davon freizumachen.*

Da hilft es, sich an den alten Griechen zu orientieren, die eine ganz andere Werthaltung vertraten. Sie verstanden Mußezeiten nicht als notwendige Regeneration für das Arbeitsleben; sie sahen umgekehrt die Arbeit als zwangsläufiges Übel, um das Ziel des Lebens, die Muße, zu verwirklichen. Muße bedeutete damals allerdings nicht Däumchendrehen, sondern im Sinne des griechischen Begriffs *scholé* die produktive Beschäftigung mit Musik, Kunst oder Religion.

Diese Art von Muße war für die griechischen Philosophen die höchste Form geistigen Lebens und der Inbegriff des Glücks. Denn in solchen Momenten konnte man die Tiefendimensionen der eigenen Existenz ausloten und der Bedeutung des Lebens selbst näherkommen.

---

* Dieses Denken wird auch von manchen Entspannungsratgebern gefördert, die Yoga oder Meditation mit dem Versprechen anpreisen, man würde dadurch leistungsfähiger, konzentrierter und effektiver im Arbeitsleben. Damit werden selbst Entspannung und Spiritualität zu Werkzeugen des Leistungsdenkens umfunktioniert.

Eine moderne Philosophin wie die in Berlin lebende Denkerin Natalie Knapp drückt das heute so aus: »In der Muße geht es darum, an einen Ort zu gelangen, an dem das Dasein spürbar wird.« Wichtig sei es, mit sich selbst in Kontakt zu kommen – unabhängig davon, zu welchen Ergebnissen das führe. Denn der wichtigste Aspekt der Muße (wie des Lebens) sei die Offenheit – die Offenheit für neue Erfahrungen ebenso wie für die Erkundung der Dinge »um ihrer selbst willen«. [19]

Diese Offenheit geht uns im täglichen Alltagsbetrieb leider allzu oft verloren. Wir »leben dann nur noch die Schablone ab«, wie Knapp sagt. Und dabei verlieren wir nach und nach den Sinn für den Wert des Lebens und dessen Einmaligkeit. Mitunter braucht es dann erst eine Ausnahmeerfahrung – etwa mitzuerleben, wie ein Kind geboren wird –, um wieder Geschmack am Wunder des Lebens zu bekommen.

Weil allerdings dieser »Geschmack« des Lebens für jeden Menschen unterschiedlich ist, könne es auch »keine Gebrauchsanweisung für die Muße« geben, sagt Knapp. Deshalb sollten wir mehr auf unsere eigene Denkfähigkeit vertrauen und uns nicht vorschreiben lassen, wie ein gelungenes Leben auszusehen hat.[20]

Ergo: Man kann zwar die äußeren Bedingungen beschreiben, die einen Zustand der Muße fördern; wie dieser dann aber erlebt wird, wie man ihn ausfüllt und wozu er uns inspiriert, hängt von jedem selbst ab. Bei einem Komponisten mag die Freiheit von äußeren Zwängen zum Komponieren führen, bei einem Luther zur Bibelübersetzung – bei anderen vielleicht eher zur Lust, Sport zu treiben, mit den eigenen Kindern zu spielen, Natur zu genießen oder auch einfach nur zu schlafen. Entscheidend ist nicht, *was* wir tun, sondern dass wir an den Punkt kommen, an dem wir unsere echten Bedürfnisse wieder spüren und wahrnehmen, wodurch das Leben für uns Bedeutung gewinnt.

Zu einer ähnlichen Einsicht gelangt auch der Psychologe Robert Levine am Ende seiner Zeitforschungsreise. Man müsse auf seinen eigenen »Trommelschlag« hören und sich von den Ansprüchen und Erwartungen seiner Umwelt nicht allzu sehr beeinflussen lassen, formuliert er als Quintessenz. Klar wird ihm das, als er nach seiner langen Auszeit wieder seine Lehrtätigkeit in den USA aufnimmt. Schon nach kurzer Zeit spürt der Professor, »als sei ein Kippschalter betätigt worden«, wie er in die frühere Hetze gerät. Da nimmt er sich vor, sich künftig immer zwei Fragen zu stellen: *Muss ich das unbedingt tun?* Und: *Möchte ich das tun?*

Bald merkt Levine, dass die Antwort auf die Frage nach dem Muss meistens »Nein« lautet und dass seine Mitmenschen überraschend schmerzlos ohne ihn zurechtkommen. Zugleich staunt er darüber, welche Dinge er tatsächlich von sich aus tun möchte. Am Ende hat er das Gefühl, mehr Kontrolle über seine Zeit zu haben als jemals zuvor. »Ich weiß jetzt, dass meine Zeit wirklich *meine* Zeit ist.«[21]

4. Muße und Flow

Zu den in Kapitel eins formulierten Voraussetzungen der Muße – erstens die Herrschaft über die eigene Zeit, zweitens die Fähigkeit, sich nicht ständig ablenken zu lassen – kommt also noch etwas Drittes: Mußestunden lassen sich auch als Zeiten definieren, in denen wir etwas ausschließlich um seiner selbst willen tun. Was das bedeutet, macht uns jedes spielende Kind vor: Es ist so sehr in sein Treiben vertieft, dass es alle Zeit vergisst und sich niemals die Frage stellt, ob ihm das Spielen am Ende etwas »bringe«.

Kinder gehören daher zu den natürlichen Gegnern der Beschleunigungsgesellschaft. Statt sich von der Uhr hetzen zu lassen, folgen sie ihren natürlichen Bedürfnissen und ihrem eigenen Takt. Gerade deshalb werden sie in der Erwachsenenwelt oft als so störend und irritierend empfunden: Sie widersetzen sich zäh jeder Art von Zeitdruck und erinnern uns daran, dass wir früher selbst einmal so waren (deshalb gelingt es in Michael Endes märchenhafter Parabel *Momo* auch ausgerechnet einem kleinen Mädchen, die »grauen Herren« zu überwinden und den Menschen ihre gestohlene Zeit zurückzubringen).

Wie das in der Praxis aussehen kann, erlebte ein Bekannter von mir in Berlin: Sein dreijähriger Sohn war gerade auf der Straße damit beschäftigt, Seifenblasen zu produzieren, als ein Herr im Anzug des Weges kam. Da drückte der Steppke dem verdutzten Fremden seine Seifenblasendose in die Hand und animierte ihn, es doch selbst einmal zu versuchen – was dieser auch prompt tat. Als es nicht beim ersten Mal klappte, forderte ihn der Dreijährige ungerührt auf, es noch einmal zu versuchen. In diesem Moment klingelte das Handy des Geschäftsmannes, woraufhin der sinngemäß in sein Mobiltelefon sprach: Ja, er habe alle Listen fertiggestellt, nein, er habe jetzt keine Zeit, er müsse Seifenblasen machen.

Nicht jeder von uns hat die Geistesgegenwart, solche zauberhaften Momente der Muße mitten in der Großstadt auch zu nutzen. Häufig verläuft die Begegnung zwischen Alt und Jung eher umgekehrt: Statt uns ein Beispiel an unseren Kindern zu nehmen, pressen wir häufig schon die Jüngsten in ein enges Raster aus Terminen und Verpflichtungen – Frühförderung, Englischunterricht, Reitstunde, Kinderyoga –, um sie fit für die spätere Karriere zu machen. Dabei sind Kinder von Haus aus kreativ genug, sich eigene Herausforderungen zu suchen und sich selbst zu beschäftigen. Wir sollten uns daher lieber öfter die Kinder zum Vorbild nehmen und uns auf ihr Tempo einlassen. Das kann ebenso fröhlich wie entspannend sein.

Letztlich geht es um ein grundsätzliches Umdenken: Statt ständig zu fragen, was eine bestimmte Aktivität für unser Fortkommen, unser Bankkonto oder unser Ansehen bringt, können wir diese Logik genauso gut umdrehen und die Frage stellen, inwiefern uns die Karriere, das Konto oder das Ansehen hilft, unser Leben im Hier und Jetzt zu genießen. Diesen Gedanken bringt uns jedenfalls der ungarischstämmige Psychologe Mihaly Csikszentmihalyi nahe, der den Begriff *Flow* geprägt hat. Mit dem *Fließen* bezeichnet er die glückhafte Erfahrung jenes Zustandes, in dem wir – wie Kinder – ganz in unserem Tun aufgehen, in dem wir eine Mühelosigkeit des Daseins erleben, die uns alles andere vergessen lässt, und in dem Zeit ihre Bedeutung verliert (dem Glücklichen schlägt bekanntlich keine Stunde).[22]

Im Deutschen wird *Flow* gern als Schaffens- oder Tätigkeitsrausch übersetzt, doch das Wort »Schaffen« ist missverständlich.

Beim Flow geht es gerade nicht um die Arbeitswut des *workaholics*, der seinem Vertragsabschluss (der Prämie, dem Verkaufserfolg ...) hinterher jagt, sondern vor allem um die Freude am Tun. »Das klassische Beispiel für Flow sind die Bergsteiger, die an der Wand ganz in ihrem Element sind und so konzentriert im Hier und Jetzt, dass sie Zeit und Raum und Steuererklärung vergessen«, erklärt der Mediziner und Kabarettist Eckart von Hirschhausen.[23] Weitere Beispiele für Flow kennen wir alle: gemeinsames Musizieren, leidenschaftliches Gärtnern, Spielen, Tanzen, eine Liebesnacht, ein intensives Gespräch, Lachen, das uns die Tränen in die Augen treibt ...

Auch ein Beispiel für *Flow*: Pandabären beim entspannten Bambuskauen

Je häufiger es uns gelingt, solche Sternstunden zu erleben, umso höher ist unsere Lebensqualität. Jedes andere Ziel – Gesundheit, Reichtum oder Erfolg – erstreben wir ja nur, weil wir *hoffen*, dass es uns glücklicher machen wird. Aber ein Sechser im Lotto führt ebenso wenig automatisch zum Glück wie das Erreichen der obersten Sprosse der Karriereleiter. Was dagegen oberflächlich betrachtet wie der flüchtigste und subjektivste Zustand erscheine, sei in Wirklichkeit der greifbarste und objektivste, sagt Csikszentmihalyi: »Der Mensch ist glücklicher, wenn er *flow* erlebt.« Und dieses Glück lasse sich nicht durch Geld oder materiellen Besitz erringen, sondern durch die Kontrolle des subjektiven Erlebens.[24]

So einfach dieser Gedanke ist, so tiefgreifende Folgen hat er: Beurteilen wir nämlich unser Leben wirklich nach dem Kriterium, wie häufig und intensiv wir Flow erleben, ergibt das eine völlig andere Werteskala als jene, die sich an der Höhe unseres Gehalts, dem Prestige unseres Berufs oder der Größe unseres Autos orientiert. Dann kann es zum Beispiel geschehen, dass wir eine Beförderung lieber ablehnen, weil wir in unserer jetzigen Tätigkeit öfter Flow erfahren als in einer (besser bezahlten) Administratorenfunktion; oder wir reduzieren unsere Arbeitszeit und verzichten auf einen Teil unseres Gehalts, weil uns die Erlebnisse in der Freizeit wichtiger sind als die Spareinlagen auf unserem Konto; oder wir hören überhaupt auf, zwischen Arbeit und Freizeit zu trennen (wie die auf Seite 46 beschriebenen Südtiroler Bergbauern), weil wir unser Tun sowohl vor als auch nach Feierabend genießen können.

Die Bedingungen für Flow sind übrigens eben jene, die auch die Basis für gelungene Mußestunden bilden: Der »Tätigkeitsrausch« stellt sich am ehesten dann ein, wenn ablenkende Störelemente beseitigt sind (wir also Herren über unsere Zeit sind), wenn man sich ganz auf sein Tun konzentriert und dieses seinen Wert in sich selbst trägt.

Vor allem aber sollte man sich Herausforderungen suchen, die zwar unsere gesamte Konzentration beanspruchen, die aber gerade noch zu bewältigen sind – also Tätigkeiten, die uns weder überfordern noch langweilen. Wer als untrainierter Städter meint, das Matterhorn besteigen zu müssen, wird ebenso wenig Flow erleben wie der viel beschäftigte Manager, der im Urlaub von einem Tag zum anderen auf Nichtstun umschalten will. Für beides ist eine gewisse Übung notwendig. Mit anderen Worten: Glück ist ein Zustand, den man auch kultivieren muss.

Ironischerweise fällt uns diese Kultivierung des Glücks bei der Arbeit häufig leichter als in der Freizeit. Denn nahezu jede Arbeit weist jene Merkmale auf, die auch *Flow*-Aktivitäten kennzeichnen: eingebaute Ziele, Rückmeldungen, Regeln und Herausforderungen, die uns helfen, uns ganz auf die zu bewältigende Aufgabe zu fokussieren. Die Freizeit dagegen ist unstrukturiert und daher sehr viel schwerer zu gestalten. Und so stellt sich häufig die paradoxe Situation ein, dass man sich zwar danach sehnt, seinen Arbeitsplatz zu verlassen und nach Hause zu eilen, dort aber oft nichts Rechtes mit sich anzufangen weiß und sich langweilt.

Um die Lücke zu füllen, steht heute eine gewaltige Freizeitindustrie bereit. Allerdings bietet sie oft nur passive Erlebnisse, die uns zwar unterhalten, aber nicht wirklich in Flow bringen. Statt selbst Sport zu treiben, lassen wir uns von Fussballspielen im Fernsehen amüsieren, statt zu musizieren, lauschen wir den Hits auf unserem iPod und in Ermangelung eigener Abenteuer gehen wir ins Kino und sehen Schauspielern zu, die so *tun*, als ob sie abenteuerliche Situationen erlebten. Dabei erscheinen uns die Geschehnisse auf der Leinwand oft so viel aufregender, farbiger und professioneller als unsere eigenen Bemühungen, dass wir erst recht die Lust verlieren, aktiv zu werden.*

---

* Dass dies selbst Hochbegabte aus der Bahn werfen kann, beschreibt Thomas Bernhard exemplarisch in seinem Roman *Der Untergeher*: Darin trifft der angehende Konzertpianist Wertheimer in einem Meisterkurs auf das Genie Glenn Gould und ist von dessen Überlegenheit so erschüttert, dass er das Klavierspielen aufgibt und sich am Ende umbringt.

Wer also seine Muße genießen will, tut gut daran, sich nicht zu sehr mit anderen zu vergleichen, sondern den Blick auf die eigenen Möglichkeiten zu richten. Wagen wir es, unser Leben (auch unsere Freizeit) selbst in die Hand nehmen und uns eigene Herausforderungen zu suchen.

Wer angesichts des Wortes »Herausforderung« nun allerdings umgehend an Himalayaexpeditionen, Marathonläufe, ausschweifende Abende im Casino oder Ähnliches denkt, dem sei an dieser Stelle der Gedanke ans Herz gelegt, dass die größten Abenteuer mitunter in den eigenen vier Wänden lauern.

Denn das Zuhause ist der wahre Hort der Anarchie, »der einzige Fleck auf der Welt, wo ein Mensch ganz plötzlich die gewohnte Ordnung ändern kann, ein Experiment anstellen oder eine Laune ausleben«, wie schon der britische Schriftsteller Gilbert K. Chesterton (1874–1936) erkannte. Überall sonst müsse man sich strikten Regeln beugen; im Theater dürfe man nicht rauchen, im Hotel müsse man sich zum Essen umziehen, und im Varieté sei es untersagt, mitzusingen. Das Zuhause dagegen sei »der einzige wilde Ort in der Welt der Regeln und festen Pflichten«, schrieb Chesterton. Hier könne man »den Teppich an die Decke nageln und den Fussboden mit Dachziegeln belegen«, oder, wenn einem danach sei, »seine Mahlzeiten auf dem Fußboden zu sich nehmen«, was er selbst gerne tue und was zu einer »seltsamen, kindischen, poetischen Picknickstimmung« führe.[25]

Natürlich wollte Chesterton uns damit nicht in erster Linie auf den Wert eines eigenen Heims aufmerksam machen, sondern uns dazu animieren, unsere üblichen (Denk-)Gewohnheiten hinter uns zu lassen. Und statt die Herausforderungen immer nur im Draußen zu suchen, in der Begegnung mit fremden Kulturen, Essgewohnheiten oder Durchfallerkrankungen, sollten wir unseren Blick auch einmal auf jene Abenteuer richten, die in unserer gewohnten Umgebung lauern.

Setzen Sie doch zum Beispiel einmal Ihre eingeschliffenen Zeitkonventionen außer Kraft und planen Sie ein »brasilianisches« Wochenende: Verstecken Sie am Vorabend alle Uhren oder drehen Sie die Ziffernblätter um. Lassen Sie keine Zeitschrift herumliegen, die *jünger* ist als ein Jahr, und setzen Sie den Fernseher außer Betrieb. Laden Sie Freunde ein, ohne ihnen eine Uhrzeit zu nennen (»Kommt einfach, wann es Euch passt«), und lassen Sie die Zeit fließen. Sie werden merken: Das verändert automatisch auch den Blick auf Ihre Umgebung. Diese Strategie ist gewissermaßen die Umkehrung des Urlaubsprinzips: Während wir dabei durch einen Ortswechsel unser Lebenstempo zu beeinflussen suchen, können wir umgekehrt durch einen Wechsel unserer Zeitgewohnheiten plötzlich ganz andere Qualitäten unseres Zuhauses wahrnehmen.

Oder machen Sie es wie jener befreundete Familienvater, der sich eines Sonntagmorgens spontan das Mofa seiner Tochter lieh und zu einem Ausflug ins Blaue hinein startete. Stundenlang zuckelte er in aller Seelenruhe durch Dörfer, die er zwar kannte, aber beim Durchfahren mit dem Auto nie richtig wahrgenommen hatte. Am Ende, so erzählte er mir, sei er mit einem Gefühl von Freiheit und Ungebundenheit zurückkommen, das er lange nicht erlebt habe.

Solche Beispiele zeigen: Abenteuer kann man auf die verschiedensten Arten erleben, und die Muße liegt manchmal gleich um die Ecke. Und es gibt nahezu unendlich viele Möglichkeiten, eingefahrene Gewohnheiten aufzubrechen – wir müssen sie nur ergreifen.

5. Das Nichts strukturieren

Eine Sache aber scheint uns auf dem Weg zur Muße ungeheuer schwerzufallen: das Alleinsein. Wenn endlich einmal jene freie, leere Zeit vor uns liegt, nach der wir uns im hektischen Arbeitsalltag so sehnen, türmt sich wie ein Monster die Langeweile vor uns auf und mit ihr die Angst, vom üblichen Getriebe abgeschnitten und uns selbst ausgeliefert zu sein.

»Alles Unglück in der Welt kommt daher, dass man nicht versteht, ruhig in einem Zimmer zu sein«, erkannte schon Blaise Pascal. Sobald man auf sich gestellt sei, so der französische Philosoph, beginne ein zersetzender Gedankenprozess, der uns in alle möglichen düsteren Stimmungen führe, zunächst in »die Langeweile«, in »die Düsterkeit, die Traurigkeit, den Kummer, den Verdruss, die Verzweiflung«. Bei dem tief religiösen Pascal ging es dabei selbstverständlich um nichts Geringeres als die Verzweiflung über die Unausweichlichkeit des Todes. Bei uns Normalbürgern genügt manchmal schon der Blick auf den Kontostand oder ins Fernsehprogramm, um uns in Düsterkeit und Verzweiflung zu treiben.

Dass uns das Alleinsein so schwerfällt, ist kein Wunder. Der Mensch ist nun einmal ein geselliges Tier. Der Ausschluss aus einer Gemeinschaft war für Homo sapiens während des längsten Teils seiner Entwicklungsgeschichte gleichbedeutend mit dem Tod. »Wer die Einsamkeit liebt«, so lautet ein altes Sprichwort, »ist entweder ein wildes Tier oder ein Gott.« Heute müssen wir zwar nicht mehr den Tod fürchten, wenn wir einmal ein Wochenende auf uns alleine gestellt sind, dennoch kann schon das ein fast unerträgliches Gefühl der Leere erzeugen.

Vielen Menschen geht es daher ähnlich wie dem Schülerzeitungsredakteur Ruben Karschnick, der über sich und seine Generation schreibt: »Wir brauchen das ständige Grundrauschen.« Nichts sei schlimmer, »als allein zu sein, ganz ohne Online- und Offlinefreunde«. Gerade deshalb seien Internetplattformen wie Facebook so attraktiv, analysiert der 18-Jährige: »Die Masse an kleinen Informationen gaukelt uns eine Vertrautheit mit vielen, vielen Menschen vor. Nach der sehnen wir uns.«[26]

Von der »Sehnsucht nach Resonanz« spricht der Soziologe Hartmut Rosa in diesem Zusammenhang. Man wolle seine Entfremdung überwinden und suche die Erfahrung, »dass es zwischen uns innen und der Welt so etwas wie ein Resonanzverhältnis gibt, die Möglichkeit auf einen Wiederhall, einen Einklang«.[27] Früher vermittelten vor allem Kunst und Religion solche Resonanzerfahrungen. Heute haben diese jedoch einen Großteil ihrer Bedeutung verloren. Vermutlich versuchen deshalb so viel den Wiederhall technisch herzustellen; Internetplattformen wie Facebook leben ja von nichts anderem als von dem Wunsch nach Anerkennung und der Sehnsucht nach Resonanz.

Denn nichts stimuliert uns Menschen so sehr wie der Kontakt mit anderen, das Gefühl, für andere wichtig zu sein und gebraucht zu werden. Deshalb lässt sich die Muße im Allgemeinen auch am besten gemeinsam mit Gleichgesinnten genießen. Und viele jener Tätigkeiten, die uns das Glücksgefühl des Flow verschaffen – Musizieren, Tanzen, Singen, Lieben –, finden im Austausch mit anderen statt.

Wenn wir uns allerdings davon abhängig machen, werden wir leicht zu Getriebenen. Um feststellen zu können, was uns wirklich wichtig ist und was wir mit unseren Freiräumen anfangen wollen, ist es hilfreich, nicht ständig mit den Wünschen, Zielen und Werten anderer Menschen konfrontiert zu sein. Sonst sind wir stets abhängig von deren Wohlwollen. Mit anderen Worten: Wichtig ist auch in Resonanz mit sich selbst zu kommen. Oder, wie es der Philosoph Walter Benjamin ausdrückte: »Glück ist, zu sich selbst zurückzukommen und nicht zu erschrecken.«

Wie aber vermeidet man das Erschrecken, wie geht man am besten mit dem Alleinsein und der Angst vor der Langeweile um? Die einfachste (und daher gängigste) Strategie lautet schlicht: sich ablenken. Deshalb sind Fernsehen und Internet so bequem. Selbst wenn die Inhalte dürftig sind, bringt das Geschehen auf dem Bildschirm eine gewisse Struktur in unser Denken. Die Filme, Informationen und selbst Werbespots stellen gleichsam einen Schutzwall gegen unliebsame Gedanken dar und halten damit all jene Sorgen in Schach, die sonst womöglich ins Bewusstsein dringen könnten.

Dieses Unterdrücken der eigenen Sorgen ist allerdings etwas ganz anderes, als zu sich selbst zu finden und an den Ort zu gelangen, »an dem das Dasein spürbar wird«. Dafür braucht es erstens Zeit und zweitens eine gewisse Energie – und wenn es nur die Energie ist, den Ausknopf am Fernseher zu betätigen.

Die zweite Strategie gegen die Langeweile lautet daher: das Nichts zu strukturieren. Mit anderen Worten: zu lernen, sich ohne die ständige Ablenkung durch Fernsehen oder Internet mit Dingen zu beschäftigen, die einen ausfüllen. Der Erste findet sein Glück vielleicht beim Mountainbiken, die Zweite beim Rosenzüchten, der Dritte, indem er den Eiffelturm aus Streichhölzern nachbaut. Letztlich geht es um die Kunst, unsere Aufmerksamkeit auch dann strukturieren zu können, wenn äußere Ziele, Anregungen und Herausforderungen einmal fehlen.

Und dann gibt es da noch eine dritte Strategie, das Monster der Langeweile zu besiegen: die hohe Kunst des Nichtstuns. Statt sich abzulenken oder sich eine Beschäftigung zu suchen, kann man sich auch entschließen, die Leere zu akzeptieren und sie auszukosten. Wenn man davor nicht ständig flieht, dann kann sich nämlich die Langeweile »als Tor zu einer tieferen Schicht von Ruhe« herausstellen, wie es die Philosophin Natalie Knapp ausdrückt.

Denn das Gefühl der Langeweile zeigt ja an, dass einem nichts begehrenswert, sondern alles fade und leer erscheint. Diese Ödnis ist letztlich ein Ausdruck dafür, dass man die Verbindung zu seinen eigenen Bedürfnissen verloren hat und im Moment nicht weiß, was einem wirklich wichtig ist. Wenn man dieser Empfindung nicht ausweicht, sondern ihr auf den Grund geht, kann eben jene Offenheit wieder entstehen, die so wesentlich für das Leben ist.

Das erkannte übrigens schon der Philosoph Martin Heidegger, der so gründlich über Sein und Zeit nachdachte: Gerade die Langeweile und das ziellose Warten könnten uns der Erfahrung des Seins näherbringen. Denn, wie Heidegger formuliert: »Im Warten lassen wir das, worauf wir warten, offen.«[28] Ob das nun ein angenehmer oder unangenehmer Zustand sei, spiele dabei keine Rolle, kommentiert Natalie Knapp (die über Heidegger promovierte). Wichtig sei erst einmal, dass man den Bezug zur eigenen Lebendigkeit wiederherstelle. Alles andere ergebe sich dann.

Auch das können wir übrigens von Kindern lernen. Schließlich langweilen auch sie sich hin und wieder. Als Erwachsener tendiert man dann häufig dazu, »Programm« zu machen. Doch oft ist das gar nicht nötig. Wenn das Umfeld stimmt, kommen gelangweilte Kinder meist nach wenigen Minuten selbst auf irgendeine Idee, die sie bald mit Feuereifer verfolgen. Bei uns Erwachsenen dauert es zwar in der Regel länger, bis sich ein ähnlich zündender Gedankenimpuls einstellt. Doch wenn es dann geschieht, ist diese Erfahrung umso schöner. Erproben Sie daher ruhig einmal die Langeweile. Denn ohne eine gewisse Form von Verwirrung entsteht meist auch nichts Neues.

VI

WEGE DER VERÄNDERUNG

Es wird Zeit, Bilanz zu ziehen. Übersetzen wir zum Schluss die vielfältigen Erkenntnisse und Einsichten der vergangenen Seiten nun in konkrete Handlungsanweisungen und in eine Strategie – in *Ihre* ganz persönliche Strategie, um genau zu sein.

Denn nichts beflügelt uns mehr als Einfälle, die uns selbst gekommen sind, und Pläne, die wir selbst gemacht haben. Die klugen Ratschläge, die uns andere geben, erzeugen dagegen leicht das NIV-Syndrom *(not invented here)*: was wir nicht selbst erfunden haben, empfinden wir leicht als Zwang von außen. Automatisch rührt sich dagegen Widerstand in uns. Das für Sie passende Mußerezept sollten Sie sich daher am besten selbst ausstellen. Auf den folgenden Seiten werden Ihnen diverse Ratschläge, Tipps und Methoden an die Hand gegeben, die bei der Umsetzung helfen. Am Ende können Sie dann, wenn Sie mögen, Ihren ganz eigenen Weg zur Muße skizzieren.

Inzwischen sollte klar geworden sein, warum wir so häufig den Eindruck haben, unter Zeitnot zu leiden, und warum wir so selten zur Muße kommen. Wir leben (wie in Kapitel vier beschrieben) in einer Beschleunigungsgesellschaft, die durch eine stete Verschärfung des Lebenstempos charakterisiert ist. Und darunter leiden vermutlich nicht nur Sie, sondern auch Ihr Chef, Ihre Kollegen, Ihre Geschäfts- und Ehepartner und viele Ihrer Freunde. Dass Sie sich unter solchen Bedingungen gehetzt fühlen, sollte Sie nicht mehr wundern.

Das heißt zugleich, dass wir in der Regel eine ganze Reihe von Widerständen überwinden müssen, um in einen Zustand der

Muße zu wechseln. Davon halten uns nicht nur äußere Widrigkeiten ab –Arbeitsbedingungen, Verpflichtungen, gesellschaftliche Anforderungen –, sondern oft auch unsere eigenen Gewohnheiten. Diese lassen uns selbst dann nicht zur Ruhe kommen, wenn von außen einmal nichts drängt und zieht. Mit anderen Worten: Muße stellt sich meist nicht von selbst ein, sondern bedarf der Pflege und Überwindung von (zum Teil beträchtlichen) Beharrungskräften.

Der erste Schritt zur Muße besteht daher darin, diese inneren und äußeren Widerstände überhaupt erst einmal wahrzunehmen und sich mit ihnen vertraut zu machen. Natürlich wünschen wir uns alle den *Quick fix*, die schnelle Patentlösung, die wie mit einem Zauberstab sämtliche Probleme hinwegfegt (und eine ganze Reihe von Ratgebern bedient diese Sehnsucht). Doch gerade diese Flut zeigt, dass diese Art von Strategie nicht aufgeht (sonst würden nicht immer neue Ratgeber auf den Markt geworfen). Wirkliche Verhaltensänderungen brauchen ihre Zeit. Denn Lebensstil, Beziehungen und die Anforderungen der Gesellschaft bilden eine eng verwobene Einheit, ein »Regime«, wie Soziologen sagen. Und um das zu ändern, ist nicht weniger als ein Regimewechsel notwendig.

Dieses Buches hatte unter anderem zum Ziel, Sie für die Fallen dieses Regimes zu sensibilisieren, für all die Ablenkungen und Zeitfresser, die in der Beschleunigungsgesellschaft auf uns warten. Schon das dürfte helfen, künftig öfters zu vermeiden, in solche Fallen zu tappen.

Der zweite wichtige Schritt lässt sich auf ein Wort reduzieren: *Nein*.

Lernen Sie, Nein zu sagen. Diese Fähigkeit ist Ihre wichtigste Waffe im Kampf um mehr Muße. *Nein* zu all den Angeboten und Verheißungen, die von außen an uns herangetragen werden und sich unserer (knappen) Aufmerksamkeit bemächtigen wollen.

Nein aber auch zu unserem Drang, solchen Ablenkungen bereitwillig zu folgen. Dazu ist erhebliche Disziplin notwendig. Denn natürlich üben Werbung, Medien und Arbeitgeber einen zum Teil sehr subtilen Druck aus. Ständig versucht man uns dazu zu bringen, Dinge zu tun oder zu konsumieren, die anderen mehr Profit als uns selbst bringen. Da hilft es, sich wie Robert Levine immer wieder selbst zu fragen: *Muss* ich das unbedingt tun? *Will* ich das wirklich tun?

Um darauf eine klare Antwort zu finden, ist es notwendig – dritter Schritt –, sich über den Kompass des eigenen Lebens klar zu werden. Erst wenn wir wissen, was uns wirklich wichtig ist, können wir den Hebel und die Kraft zur Umsetzung finden; und dies gelingt wiederum umso eher, je mehr Verbündete wir finden und je mehr Gleichgesinnte uns unterstützen.

1. Ein Freund, ein guter Freund …

Der letztgenannte Punkt – Gleichgesinnte finden – ist vermutlich sogar der wichtigste. Denn unser Freundes- und Bekanntenkreis beeinflusst uns mehr, als wir ahnen. Glück zum Beispiel ist regelrecht ansteckend. Und gute Gefühle und gesundes Verhalten verbreiten sich in sozialen Netzwerken ähnlich schnell wie Grippeviren.

Das ist jedenfalls das erstaunliche Ergebnis einer Langzeitanalyse des Politikwissenschaftlers James Fowler und des Sozialmediziners Nicholas Christakis. Die beiden haben knapp 5 000 Probanden über 20 Jahre hinweg verfolgt und ihr Wohlbefinden und Gesundheitsverhalten untersucht. Ergebnis: »Menschen, die von vielen anderen glücklichen Menschen umgeben sind, haben eine höhere Wahrscheinlichkeit, künftig selbst glücklich zu werden«, wie es in der Studie heißt. [1]

Wenn wir zum Beispiel in der Nähe einen glücklichen Freund haben, wächst die Chance auf unser eigenes Glück um satte 25 Prozent. Hat unser Freund selbst wiederum einen frohgemuten Freund, wirkt sich das zu 10 Prozent auf uns aus, und ein glücklicher Freund des Freundes unseres Freundes steigert die Wahrscheinlichkeit auf Wohlbefinden immer noch um 6 Prozent. Fowler sagt dazu: »Jemand, den Sie nicht kennen und noch nie getroffen haben – der Freund eines Freunds eines Freunds –, kann einen größeren Einfluss auf Sie haben als Hunderte von Geldscheinen in Ihrer Tasche.«

Besonders verblüffend an dieser Studie ist die Tatsache, dass enge Freunde und in der Nähe wohnende Geschwister sogar einen größeren Einfluss auf unser Wohlbefinden haben als unser eigener Ehepartner. Woran das liegt, ist noch nicht völlig geklärt. Offenbar aber haben gleichgeschlechtliche Bekanntschaften eine besonders große Vorbildfunktion. »Menschen scheinen sich jeweils emotional stärker an Vertretern ihres eigenen Geschlechts zu orientieren«, schreiben Fowler und Christakis, »das könnte erklären, warum Freunde und enge Nachbarn stärkere Effekte hervorrufen als Ehepartner.«[2]

Die Netzwerkforschung gibt damit im Nachhinein den Comedian Harmonists völlig recht: »Ein Freund, ein guter Freund, das ist das Schönste, was es gibt auf der Welt …«. Was das Sextett schon Anfang der 1930er Jahre sang, weiß nun auch die Wissenschaft: Wer froh und entspannt sein will, findet dazu kaum ein besseres Mittel, als sich frohe und entspannte Freunde zu suchen und mit diesen möglichst viel Zeit zu verbringen. Ganz automatisch färbt deren Seelenzustand auf uns ab, und ohne großes Zu-

Wie sich Glück verbreitet

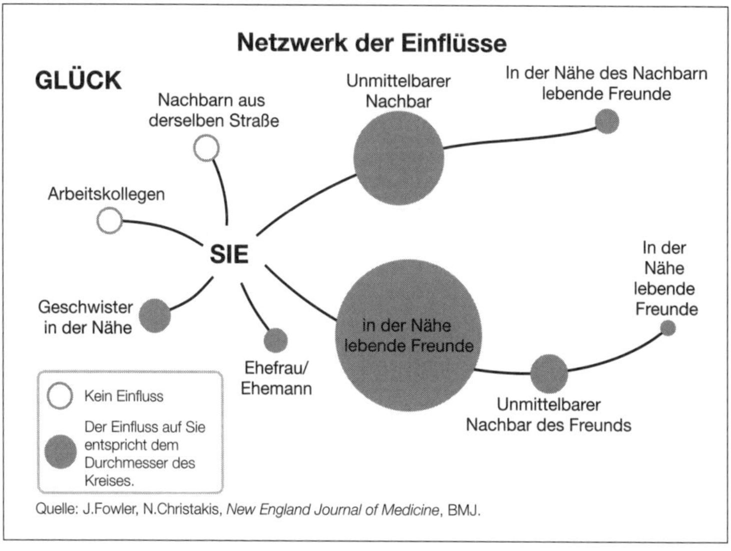

Quelle: J.Fowler, N.Christakis, *New England Journal of Medicine*, BMJ.

tun übernehmen wir nach und nach deren Einstellungen, Ansichten und Verhaltensweisen. (Leider gilt das auch für weniger vorteilhafte Zustände wie etwa Fettleibigkeit.)

Das ist übrigens auch der tiefere Sinn all jener Gemeinschaften, die sich in den vergangenen Jahren gegen den Tempowahn etabliert haben. Da gibt es den »Verein zur Verzögerung der Zeit«[3], die »Glücklichen Arbeitslosen« und die »Müßiggangster«[4] sowie die Freunde des *Slow Food*, der *Slow Media* oder des *Slow Sex*, die beim Essen, Lesen oder Liebemachen eine ruhige Gangart propagieren[5]. All diese Gegenbewegungen eint weniger die Vorstellung, die Welt zu verändern, sondern vor allem der Wunsch, Gleichgesinnte zu treffen, und die Überzeugung, dass man dem Tempowahn am besten gemeinsam mit anderen widersteht.

Ähnliches gilt in Unternehmen. Wer dort der Hetze und dem Drang zur steten Beschleunigung entkommen will, schafft das in den seltensten Fällen alleine. Wichtig ist es vielmehr, Kollektivität herzustellen, sich mit anderen zusammenzuschließen und gemeinsam zu überlegen, ob und wie sich die Arbeitssituation entspannen lässt.

Wie wichtig ein positives Gemeinschaftsgefühl ist, zeigt auch das Beispiel Japan, das eines der schnellsten Länder weltweit ist. Die Japaner legen mit das höchste Arbeitstempo vor, bescheiden sich mit eineinhalb Wochen Urlaub im Jahr und sterben mitunter am *karôshi*, dem Tod durch Überarbeiten – dennoch leiden dort auffallend wenig Menschen an stressbedingten Krankheiten. Woran liegt das?

Diese Frage hat sich auch der Zeitforscher Robert Levine gestellt. Seine Antwort: Die Japaner profitieren zum einen von ihrer traditionell cholesterinarmen Ernährung, zum anderen von dem in japanischen Unternehmen herrschenden Gemeinschaftsgefühl. Anders als Europäer und Amerikaner, die sich meist als Individualisten verstehen, gehen die Japaner viel stärker im Kollektiv auf.

»Weil man für die Gruppe und in der Gruppe arbeitet, verteilt sich der Druck auf alle Mitarbeiter. Dadurch scheint den japanischen Arbeitskräften ein Großteil des Stresses erspart zu bleiben, der in den westlichen Industriestaaten typischerweise mit harter Arbeit verbunden ist«, stellt Levine fest.

Zudem beherrschen Japaner nicht nur die Kunst der Schnelligkeit, sondern sind häufig auch Meister der Langsamkeit. Statt Eile und geruhsames Tun als Gegensätze anzusehen, verstehen es Japaner häufig, beides klug zu kombinieren.* Sie »bündeln Zeit und verwandeln das holprige Chaos aufeinanderfolgender Augenblicke in eine Elegie, so schön wie ein Kunstwerk«, schreibt der Schriftsteller Pico Iyer, der ein Jahr in Kyoto verbrachte.[6] Wer je einem Sushi-Koch beim ebenso schnellen wie meditativen Zerteilen von Fisch zugesehen hat, der weiß, wovon Iyer spricht.

---

* Westler haben damit oft große Mühe. Denn die Vorstellungen von »Zeit« und »Arbeit« sind ebenso wie das Aufgehen im Kollektiv tief in der kulturellen Tradition Japans verwurzelt. Das lässt sich nicht einfach imitieren.

2. Mehr Freiheit am Arbeitsplatz

Das Beispiel Japan lehrt einmal mehr: Es kommt gar nicht so sehr auf die reine Zahl unserer Arbeits- und Freizeitstunden an. Viel wichtiger sind die *Umstände* unserer Arbeit und die Art und Weise, *wie* wir unsere Freizeit verbringen. Der Stress am Arbeitsplatz hängt dabei nicht nur vom Gruppengefühl ab, sondern mehr noch davon, ob wir über unsere Tätigkeiten selbst bestimmen können oder uns von anderen herumkommandieren lassen müssen (siehe Kapitel eins).

Um so etwas wie Muße oder Flow auch bei der Arbeit zu erleben, sollten wir daher nach Möglichkeit versuchen, die Bedingungen unserer Arbeit so zu verändern, dass wir unsere Zeit nach eigenem Gusto strukturieren können; im Idealfall suchen wir uns sogar unsere Herausforderungen selbst. Natürlich geht das in dem einen Beruf leichter als im anderen. Doch einen gewissen (wenn vielleicht auch kleinen) Freiraum findet man in nahezu jeder Situation.

»Egal, wie hoch der Arbeitsdruck auch immer sein mag, es gibt immer Spielräume, die man nutzen kann«, sagt etwa der Psychologe und Psychotherapeut Ludwig Schindler. »Man muss sich nur dafür öffnen und es wagen, scheinbar eherne Gesetze in Frage zu stellen.« Der Professor für Klinische Psychologie an der Universität Bamberg berät als Coach und Therapeut in seiner Praxis in München viele Opfer der Beschleunigungsgesellschaft – Patienten, die unter permanentem Stress, unter Burn-out, Panikattacken, Schlafstörungen oder Depressionen leiden. Dabei helfe es den meisten seiner Klienten schon enorm, »wenn sie das Gefühl haben, da hört mir einer zu, der mich nicht aburteilt, sondern Verständnis für mich hat und ähnliche Fälle kennt«, sagt Schindler. Denn es gehöre nun einmal zum System, »dass jeder so tut, als ginge es ihm prächtig, als seien Schwächen nur etwas für Verlierer«.

Verständnis alleine reicht aber nicht. Der Therapeut muss seinen Patienten auch Möglichkeiten aufzeigen, wie sie den Stress verringern und sich Luft zum Durchatmen verschaffen können. Einer von Schindlers Klienten klagte zum Beispiel darüber, dass er immer stundenlang in Meetings sitzen müsse, die nur der Selbstdarstellung des monologisierenden Chefs dienten und eigentlich verlorene Zeit seien. Doch kein Untergebener wagte es, diesen Treffen fernzubleiben, weil jeder fürchtete, es könne ihm negativ ausgelegt werden. »Mein Job ist es dann zu fragen: Was passiert denn nun wirklich, wenn Sie während des Meetings von Ihrer Sekretärin wegen eines wichtigen Telefongesprächs herausgerufen werden? Oder wenn Sie eben doch einmal einen Vertreter schicken?«, erzählt Schindler. Wenn man auf diese Weise gemeinsam nachdenke, eröffneten sich meistens Freiheitsgrade, die vorher gar nicht gesehen wurden. Wenn ein Klient auf diese Weise erlebe, dass er sich selbst in einer scheinbar ausweglosen Situation Freiräume eröffnen könne, sagt der Psychologe, »findet er auch den Mut zu grundlegenderen Kurskorrekturen.«

Ist das Gefühl erst einmal geweckt, dem Arbeitsstress nicht völlig hilflos ausgeliefert zu sein, kann man darüber nachdenken, wie sich der Job anders strukturieren ließe. In vielen Berufen ist zum Beispiel die ständige Präsenz am Arbeitsplatz gar nicht mehr unbedingt notwendig. Schließlich ermöglichen es Internet, E-Mail und Videokonferenzen mittlerweile, überall erreichbar zu sein – selbst in einem Strandcafé, unter Palmen oder im Stadtpark. Setzt man die moderne Technik klug ein, lassen sich dem starren Büroalltag zum Teil ungeahnte Freiheitsgrade abgewinnen.

Dass diese *easy economy* bereits einen neuen Trend darstellt, beschreibt der Journalist Markus Albers in seinem Buch *Morgen komm ich später rein.*[7] Anhand zahlreicher Beispiele schildert er, dass der klassische *9-to-5*-Arbeitstag zunehmend passé ist. Stattdessen setzt sich in immer mehr Firmen die Erkenntnis durch, dass es bei der Arbeit nicht auf die *Zahl* der am Schreibtisch abgesessenen Stunden ankommt, sondern letztlich auf das Arbeits*ergebnis* – egal, wo dieses erzielt wird.

Viele machen dabei eine ähnliche Erfahrung wie der von Albers interviewte Controller Volker Schriefer, der eines Tages seinen Zehnstundentag in einer internationalen Firma satthatte und sich einen anderen Arbeitgeber suchte, der ihm mehr Freiheiten ließ. Heute, so erzählt Schriefer, erledige er einen Großteil seiner Arbeit zuhause im Heimbüro, wo der ganze »politische Beziehungs- und Organisationsaspekt« des Firmenlebens wegfalle; er werde nicht ständig abgelenkt von Kollegen oder Telefonanrufen, müsse nicht mehr stundenlang in ergebnislosen Konferenzen sitzen, habe viel mehr Distanz zu seinen E-Mails und könne sich endlich wirklich auf die Arbeit konzentrieren, schwärmt Schriefer. »Und plötzlich bringt es enorm Spaß zu arbeiten, wie ich erstaunt feststelle.«[8]

Um diesen paradiesischen Zustand des »Frei-Angestelltseins« zu erlangen, ist eine Kündigung meist gar nicht notwendig. Wichtig ist es vielmehr, den ersten Schritt überhaupt erst zu wagen und die Frage der Arbeitsorganisation gegenüber Vorgesetzten einmal anzusprechen. Denn oft lassen die Strukturen in der eigenen Firma mehr Flexibilität zu, als man denkt. Und häufig ist es gar nicht die (angenommene) Verbohrtheit unserer Chefs, sondern vielmehr unsere eigene fehlende Phantasie und unser mangelnder Mut, die einer Änderung unseres Arbeitsverhältnisses im Weg stehen.

Es soll nicht verschwiegen werden, dass die *easy economy* auch ihre Schattenseiten hat. Wer nicht mehr an feste Büroarbeitszeiten gebunden ist, kennt meist auch keinen Feierabend mehr, an dem die Arbeit endlich ruhen kann. Stattdessen tendieren »Freiangestellte« leicht zur Selbstausbeutung am Wochenende oder spät in der Nacht. Diese Art der Freiheit erfordert also ein hohes Maß an Eigenverantwortung und Selbstkontrolle. Außerdem ist es vor allem ein Modell für hoch qualifizierte Arbeitskräfte. Nur mit hinreichender Aus- und Fortbildung, mit Fachkompetenz, ausgeprägtem Selbstbewusstsein und ohne Existenzangst kann man die »Freianstellung« tatsächlich genießen. »Sich nicht mehr von der Arbeit stressen zu lassen, ist ein ziemlich anstrengender Job«, resümiert Markus Albers.

Wer es dennoch versuchen möchte, dem sei zu einer Strategie der kleinen Schritte geraten. Natürlich hilft es, wenn man es geschafft hat, sich in seinem Job durch gute Arbeit weitgehend unentbehrlich zu machen; dann gilt es, die eigene Einstellung zu verändern und sich klarzumachen, dass es nicht auf die Arbeits*zeit* sondern auf das Arbeits*ergebnis* ankommt; als Nächstes sollte man das Gespräch mit Kollegen und Vorgesetzten suchen; und schließlich seinem Chef einen konkreten Vorschlag unterbreiten. Beispielsweise kann man ihm eine Testphase anbieten, in der man zwei, drei Wochen jeweils einen Tag von zuhause aus arbeitet. Wenn alle Beteiligten dabei positive Erfahrungen machen, spricht in der Regel nichts dagegen, dieses Modell auszuweiten.

3. Grabreden und andere Motivationshilfen

Egal, ob man eher im Beruf aufgehen oder seine Freizeit maximieren möchte, ob man sein Glück lieber im Kollektiv oder auf eigene Faust sucht, ob man zur Fest- oder Freianstellung tendiert – entscheidend ist es in jedem Fall, sich über die eigenen Ziele und Prioritäten Gewissheit zu verschaffen. Denn wie schon Seneca sagte: »Wenn man nicht weiß, welchen Hafen man ansteuert, ist kein Wind günstig.«[9]

Es gilt also, den eigenen Kompass auszurichten. Der Psychologe Christopher Peterson von der University of Michigan empfiehlt dazu eine Strategie, die auf den ersten Blick ungewöhnlich anmuten mag, aber durchaus wirkungsvoll ist: *Schreiben Sie Ihre eigene Grabrede.*[10]

Denn um sich über die Ziele des eigenen Lebens klar zu werden, gibt es kaum ein besseres Mittel, als die Sache einmal vom Ende her zu denken. Auf diese Weise legt man sich Rechenschaft darüber ab, wie und womit man seiner Familie, seinen Freunden und Bekannten später einmal in Erinnerung bleiben möchte – und zwar unabhängig von den akuten Dringlichkeiten des Alltags.

Natürlich ist dies eine ungewohnte Übung. Aber sie lohnt sich. Stellen Sie sich doch einmal vor, was der Pfarrer oder ein enger Freund bei Ihrem Begräbnis sagen könnte, wofür er Sie loben und welche Verdienste und Erfolge er besonders hervorheben würde. Wenn Sie damit Mühe haben, denken Sie sich eine Lobrede zu Ihrem neunzigsten Geburtstag aus. Natürlich darf diese Rede geschönt sein, wie alle Reden zu solchen Anlässen, allerdings nicht zu sehr. Man sollte nur von tatsächlich vorhandenen Stärken und Leistungen sprechen. Suchen Sie beim Verfassen dieser Rede nicht lange nach eleganten Formulierungen! Lassen Sie lieber ohne innere Zensur all das aus der Feder fließen, was Ihnen in den Kopf kommt.

Hat man auf diese Art den grundsätzlichen Kurs seines Lebens bestimmt, stellt sich die Frage, wie man diesen am besten umsetzt. In der Ratgeberliteratur werden dazu diverse Techniken angepriesen, die beim Erreichen der selbst gesteckten Ziele hilfreich sein sollen. Welche davon, glauben Sie, sind wirklich wirkungsvoll? Machen Sie einen kleinen Test!

Wer Gewohnheiten verändern will, sollte	Ja	Nein
1. einen Schritt-für- Schritt-Plan machen;	O	O
2. sich an beeindruckenden Vorbildern orientieren;	O	O
3. anderen Menschen von seinen Zielen erzählen;	O	O
4. sich möglichst die *negativen* Folgen vorstellen, die eintreten, wenn man das Ziel *nicht* erreicht;	O	O
5. vor allem an die *positiven* Konsequenzen denken, die das Erreichen des Ziels zur Folge hätte;	O	O
6. versuchen, schädliche Gedanken zu unterdrücken;	O	O
7. sich für Fortschritte belohnen;	O	O
8. sich auf die Kraft seines Willens verlassen;	O	O
9. seine Fortschritte in einem Tagebuch notieren;	O	O
10. sich in der Phantasie farbig ausmalen, wie herrlich das Leben wäre, wenn das Ziel erreicht ist.	O	O

Die Auswertung dieses kleinen Tests ist einfach: Um ein bestimmtes Ziel zu erreichen, sind vor allem die Methoden mit ungeraden Ziffern (1, 3, 5, 7, 9) sinnvoll, nicht jedoch die Techniken mit den geraden Zahlen. Zu diesem Schluss gelangt jedenfalls der britische Psychologe Richard Wiseman. An insgesamt mehr als 5 000

Probanden aus der ganzen Welt hat er studiert, ob und wie es ihnen gelang, gute Vorsätze zum neuen Jahr umzusetzen (dazu zählten Vorhaben wie: abnehmen, mit dem Rauchen aufhören, eine neue Beziehung beginnen, umweltbewusster leben oder den Beruf wechseln).[11]

Wisemans Befunde waren eindeutig: Jene Probanden, die sich an prominenten Vorbildern orientierten (Taktik Nr. 2) oder sich vor allem auf die negativen Folgen des Scheiterns konzentrierten (Nr. 4), scheiterten meist ebenso wie jene, die sich auf ihre Willensstärke verließen (Nr. 6), die negative Gedanken zu unterdrücken versuchten (Nr. 8) oder die sich in Tagträumen verloren (Nr. 10). Erfolgreich waren dagegen jene Studienteilnehmer, die sich eine schrittweise Strategie zurechtlegten, anderen von ihren Zielen erzählten oder ihre Pläne und Fortschritte in ein Tagebuch oder ein Computerdiagramm eintrugen. Sie hatten, wie Wiseman schreibt, allein »durch den Akt des Schreibens, Tippens oder Zeichnens ihre Erfolgschancen deutlich erhöht«.

Daraus kann man folgern: Was immer Sie erreichen wollen – werden Sie konkret!

Sagen Sie sich also nicht: »Ich will mehr Muße erleben«, sondern formulieren Sie detailliert, was das für Sie bedeutet. Welche Gewohnheiten wollen Sie genau verändern? Welche Hindernisse stehen dem entgegen? Wer kann Sie dabei unterstützen? Werfen Sie dabei den Realismus nicht über Bord. Wer gerade zwei kleine Kinder hat, ein Haus baut und einen neuen Job begonnen hat, sollte sich nicht unbedingt vornehmen, demnächst zu einer Weltreise zu starten. Wer allerdings eine solche Reise als sehnlichsten Herzenswunsch mit sich herumträgt, sollte sich (gemeinsam mit dem Partner) überlegen, wie ein Fahrplan für die nächsten Jahre aussehen könnte, der diesen Wunsch eines Tages Wirklichkeit werden lässt.

Da solche Überlegungen im täglichen Alltagsgetriebe erfahrungsgemäß schwerfallen, ist es hilfreich, sich dafür eine spezielle

Auszeit zu reservieren. Gönnen Sie sich einmal einen freien Tag oder ein Wochenende ausschließlich für die eigene Lebens- und Mußeplanung.

Man kann den Tag zum Beispiel mit dem Verfassen der eigenen Grabrede beginnen. Derart aufs Wesentliche konzentriert, empfiehlt sich dann eine Bestandsaufnahme des eigenen Lebens, die sowohl Erfolge, Fähigkeiten und Stärken auflistet als auch Hindernisse, Misserfolge und Probleme, die einen quälen. Ratgeberprofis wie der »Zeitcoach« Lothar Seiwert empfehlen an dieser Stelle gerne Methoden, die nicht nur die Ratio, sondern auch unsere unbewussten Seiten ansprechen.[12] Also zum Beispiel:

- das Malen eines Bildes, das unsere Zukunftsvision zum Ausdruck bringt;
- das Schreiben eines Wunschzettels, auf dem man fünf Minuten lang alle Wünsche notiert, die einem in den Kopf kommen (vom neuen Toaster bis zur harmonischen Ehe); im zweiten Schritt markiert man dann jene fünf Punkte, die einem davon am wichtigsten sind;
- das Meditieren über die Frage: Wenn Zeit, Erfolg und Geld keine Rolle spielten, was würde ich am liebsten tun?
- Und schließlich das Formulieren einer Lebensvision, die innerhalb von fünf Minuten ohne großes Nachdenken zu Papier gebracht wird und die ihr Idealbild von sich selbst in der Gegenwartsform beschreibt (»Ich bin, ich habe, ich kann ...«).

Solche Tipps von Motivationstrainern dienen gewöhnlich dem Erreichen beruflicher Erfolge; doch warum sollte man sie nicht anwenden, um mehr Ruhe und Gelassenheit in sein Leben zu bringen? Allerdings gibt es einen Unterschied: Wer die Karriereleiter hochsteigen, sein Jahresgehalt verdoppeln oder sich jedes Jahr ein neues Auto kaufen will, kann in der Regel mit breitem gesellschaftlichem Verständnis rechnen. Wer dagegen verkündet, seinen Zeitwohlstand und die Zahl mußevoller Zustände mehren zu wollen, muss sich auf Irritationen und Widerstände einstellen.

Deshalb ist es so wichtig, die eigenen Prioritäten klar zu benennen und sich detaillierte Vorstellungen zu machen, wie man sie auch bei Gegenwind umsetzen möchte. Wie der amerikanische Motivationstrainer Hilary »Zig« Ziglar einmal bemerkte: Menschen wandern nicht ziellos umher, um eines Tages festzustellen, dass sie plötzlich auf dem Gipfel des Mount Everest stehen. Wer da hoch wolle, brauchte eine klare Vorstellung seiner Route, er brauchte Basislager, die passende Ausrüstung und in den meisten Fällen auch geeignete Helfer. Und es empfehle sich, den Weg zum Erreichen seiner Ziele in möglichst überschaubare Etappen einzuteilen. Planen Sie die Muße daher weitsichtig. Das Verändern von hektischen Gewohnheiten gelingt in den seltensten Fällen von heute auf morgen, es braucht Zeit und Geduld und ist damit selbst schon Teil der Muße.

4. Ein Trainingsprogramm für die Ruhe

Nehmen wir einmal an, es ist uns gelungen, uns von allen äußeren Zwängen zu befreien und endlich Zeit und Ruhe für die Muße zu haben. Was geschieht dann?

Vielen geht es in solchen Situationen ähnlich wie jenem hochtourigen Manager, der eines Tages wegen seiner Panikattacken in der Praxis des Psychologen Ludwig Schindler landete. In einer der ersten Stunden entspann sich dabei folgendes Gespräch zwischen dem Psychotherapeuten und seinem gestressten Klienten:

THERAPEUT: Sie haben mir erzählt, dass Sie in einem sehr schönen Haus wohnen und dass Sie das Grundstück selbst gefunden und die Baupläne mitgestaltet haben.

KLIENT: Ja, das stimmt. Und es ist wirklich sehr schön geworden, alles wunderbar.

THERAPEUT: Und auch der Garten, der ist groß und gut gepflegt, haben Sie erzählt.

KLIENT: Ja, genau.

THERAPEUT: Haben Sie eigentlich auch einen schönen Blick in die Landschaft?

KLIENT: O ja, der Blick ist herrlich, da kann man kilometerweit schauen.

THERAPEUT: Aha. Und an einem freien Wochenende, zum Beispiel an einem Samstagnachmittag, wie lange sitzen Sie da so im Lehnstuhl und schauen einfach nur in die Landschaft hinaus?

KLIENT (lacht laut auf): Ha, maximal drei Minuten, dann spring ich auf und muss irgendetwas tun! Länger halte ich das auf keinen Fall aus.

THERAPEUT: Also, so etwas wie Ruheinseln kennen Sie gar nicht?

KLIENT: Ne, da werde ich kirre. Nichtstun ist doch grausam. Mit irgendetwas muss man sich doch beschäftigen. Zeitung lesen ist bei mir Minimum.

THERAPEUT: Und sich mit sich selbst beschäftigen?

KLIENT: Also, dazu bin ich zu umtriebig, ich hab viel zu viel Tatendrang.

THERAPEUT: Macht das vielleicht auch ein bisschen Angst? So nach dem Motto: Stell dir vor, du gehst in dich und keiner ist da?

KLIENT: (lacht) Okay, da könnte vielleicht etwas dran sein …

An diesem Punkt beginnt dann die Arbeit des Therapeuten. Die Einstellungen und Werte, die hinter einer solchen Haltung stehen, müssten systematisch auf den Prüfstand gestellt werden, sagt Schindler. Dasselbe gelte für »Gewohnheiten, die zum Trieb geworden sind«. Panikattacken sind ein eindringliches Warnsignal, sie signalisieren den Betroffenen wie eine rote Ampel: Tritt auf die Bremse – sonst nimmst du dauerhaft Schaden. Manchmal, sagt der Therapeut, müsse er seinen Klienten auch einfach die schlichte Tatsache erklären, dass sie nicht immer unter Volldampf stehen könnten, sondern aktiv für Ruhepausen in ihrem Leben sorgen müssten.

Aber Erkenntnis alleine genügt nicht – notwendig ist ebenso eine aktive Lebensgestaltung. Denn ohne konkrete Schritte auf der Handlungsebene würde letztlich alles bleiben, wie es ist. Der viel beschäftigte Manager mit dem schönen Garten bekam zum Beispiel am Ende der Therapiestunde eine richtiggehende »Hausaufgabe«: In den nächsten Tagen, so vereinbarte Schindler mit seinem Klienten, solle dieser systematisch die Ruhe trainieren. Ort: Sessel mit Aussicht. Zeit: jeweils nachmittags. Dauer: anfangs 5 Minuten, danach täglich um jeweils weitere fünf Minuten ausdehnen. Heute, ein halbes Jahr später, verbringt der Mann tatsächlich ganze Sonntagnachmittage mit der Familie auf der Terrasse. Er hat neue Mitarbeiter eingestellt, ein Viertel seiner bisherigen Tätigkeiten delegiert und geht einmal die Woche mit seinen Söhnen zum Sport. Die Panikattacken sind verschwunden.

Dass eine solche Art der erzwungenen Muße anfangs nicht nur als angenehm empfunden wird, liegt in der Natur der Sache. Denn wie in Kapitel fünf beschrieben, können wir dabei mit allerlei störenden Gedanken konfrontiert werden. Doch diese auszuhalten und nicht ständig vor sich selbst davon zu laufen, ist unabdingbar, wenn wir wirklich so etwas wie Ruhe erleben wollen.

Wem das schlichte Im-Sessel-Sitzen allerdings als zu radikal erscheint, dem empfehlen sich zwei Techniken, die ich selbst mit Vorliebe praktiziere: Atmen und Gehen. Sie mögen beide lächerlich einfach klingen, sind aber Methoden, die sich in vielen Stresssituationen als wirkungsvolle Soforthilfe anbieten.

Denn der Atem ist das Bindeglied zwischen bewusstem Denken und unbewusstem Verhalten; jede körperliche und geistige Anspannung manifestiert sich automatisch in der Tiefe und dem Rhythmus unseres Atems. Sich in stressigen Situationen seines Atems bewusst zu werden, hat daher oft eine erstaunliche Wirkung. Man spürt deutlich, wo sich Anspannungen aufgestaut haben; alleine dadurch kann man sie leichter loslassen. Manchmal genügen sogar ein paar gezielte tiefe Ausatmungen, um aus einem Zustand verkrampfter Angestrengtheit wieder in eine entspannte Offenheit zu wechseln. Und das Schönste ist: Diese Technik ist überall verfügbar! Statt uns in der Warteschlange oder im Stau über verlorene Minuten zu ärgern, kann man diese Zeit umgehend zum bewussten Atmen nutzen. Auf diese Weise lässt sich sogar die in Kapitel drei beschriebene Atemmeditation zwanglos in den Alltag einbauen.

Ähnlich hilfreich ist Spazierengehen (wer das altmodisch findet, kann gern *walken*). Denn anders als beim schweißtreibenden

Joggen verbietet sich dabei jede Art von Leistungsdenken. Gehen kann man ohne jeden Anspruch und Ehrgeiz, jedermann kann dabei sein individuelles Tempo anschlagen und seinem ureigenen »Trommelschlag« folgen. Wer träge ist, kommt körperlich in Schwung, wer unter Dampf steht, kann diesen beim Gehen ablassen. Zugleich ist man im Kopf so frei, dass die Gedanken in alle möglichen Richtungen schweifen können. Geistesarbeiter aller Art schätzen daher das Gehen als unschätzbare Quelle von Einfällen und Inspirationen (auch dieses Buch wurde zur Hälfte im Gehen entworfen). Das stundenlange Sitzen am Schreibtisch dagegen ist nicht nur Gift für den Kreislauf, sondern auch für die Kreativität. »Meine Gedanken schlafen ein, wenn ich sitze«, klagte schon Michel de Montaigne.[13]

Wenn Sie also einmal das Gefühl haben, nicht mehr aus noch ein zu wissen, sich geistig erschöpft fühlen oder unschlüssig sind, was Sie mit Ihrer freien Zeit anfangen sollen – gehen Sie einfach los! Diesem Impuls verdankt sich übrigens auch die alte Sitte des Pilgerns. Sie wird in unseren Tagen zunehmend wiederentdeckt und ist sicher eine der besten Arten, der Muße zu frönen.

5. Schluss

Es klingt wie eine Plattitüde und wird doch von vielen Ratgebern ignoriert: Jeder Mensch ist einzigartig und jedes Leben individuell. Daher gibt es mit Sicherheit kein Pauschalrezept für die Muße, das für alle gleichermaßen gültig wäre. Für *mich ganz persönlich* haben sich jedoch folgende Erkenntnisse als hilfreich herausgestellt:

- *Glaube nicht, dass du die Muße umsonst bekommst. Im System der Gehetzten muss man dafür regelrecht kämpfen.*
- *Rechne damit, dir selbst oder anderen gegenüber auch einmal unbequem werden zu müssen (»Was soll das heißen, du gehst heute nicht ans Telefon?«).*
- *Suche die Gemeinschaft entspannter Menschen. Nichts entspannt so sehr wie der Kontakt mit begabten Müßiggängern.*
- *Plane große Änderungen (Jobwechsel, Urlaubsreisen, Auszeiten etc.) nach Möglichkeit langfristig.*
- *Schätze ebenso die kleinen Gelegenheiten zur Muße im Alltag.*

Sollten Sie im Laufe der Lektüre selbst auf andere Ideen gekommen sein – umso besser. Entscheidend ist, jene Form zu finden, die zu Ihrem Leben passt. Ehrgeizige Ansprüche und das Schielen auf andere schaden da nur. Und vor allem: Stressen Sie sich nicht mit der Muße! Denn mit ihr ist es ähnlich wie mit dem Glück: Die ständige Sehnsucht nach dem »wahren Glück« ist die größte Quelle unseres Unglücks.[14]

Die Vorstellung, wir müssten erst die perfekte Arbeit, den idealen Partner sowie die bestmögliche Wohnung finden, um glücklich sein zu können, führt notgedrungen zu permanenter Unzufriedenheit. Ebenso ist es mit der Muße: Ihr ständig hinterherzurennen ist die zuverlässigste Art, ihr aus dem Weg zu gehen. Gestehen wir uns daher zu, einmal stehen zu bleiben und ihr Zeit zu geben, uns einzuholen. Und wenn uns in solchen Momenten klar wird, dass wir das ständige Suchen auch sein lassen können – dann sind wir angekommen.

IHR WEG ZUR MUßE

Stellen Sie auf diesen Seiten Ihren persönlichen Fahrplan zu einem entspannteren Leben auf. Welche Anregungen und Ideen nehmen Sie aus diesem Buch mit? Welche davon wollen Sie umsetzen? Wie gehen Sie konkret vor? Viel Vergnügen!

MUẞE FÜR EILIGE

Dieses Buch hat in Kurzform folgenden Inhalt:

DIE EINFÜHRUNG erklärt, worum es geht: Dass wir alle unter einem Gefühl permanenter Zeitnot und Zerstreuung leiden, dass dies unsere Gesundheit und Umwelt schädigt, und dass wir die Kunst der Muße üben sollten, um den Blick für das Wesentliche zu behalten.

KAPITEL I löst ein Paradox auf: Warum haben wir keine Zeit, obwohl wir mithilfe der Technik immer mehr Zeit sparen? Antwort: Weil mit den Möglichkeiten auch unsere Ansprüche steigen. Dieser Mechanismus führt zu »Opportunitätskosten«: Je großer die Auswahl, umso schwerer fällt die Entscheidung und umso gestresster fühlen wir uns. Muße hängt daher wesentlich davon ab, ob wir uns auch einmal beschränken und ganz auf eine Sache konzentrieren können.

KAPITEL II handelt von der Last der Informationsflut. Sie bedroht nicht nur unsere Aufmerksamkeit, sondern kann zu einer regelrechten Sucht führen. Dabei zeigt die Hirnforschung: Wer ständig online und erreichbar ist und sein Arbeitsgedächtnis mit Reizen überflutet, schwächt gerade das, was er zum Auswählen am dringendsten braucht: seine Willenskraft. Ergo: Auch unser Gehirn braucht Erholungspausen.

KAPITEL III bietet Argumentationshilfe für alle Mittagsschläfer, Tagträumer und Pausenkünstler. Denn wie die Wissenschaft zeigt, sind müßiggängerische Zustände wie Schlafen, Meditieren oder schlichtes Aus-dem-Fenster-Schauen keinesfalls verlorene Zeit. Im Gegenteil: Sie fördern nicht nur Wohlbefinden und Kreativität, sondern letztlich auch die Leistungskraft.

DIE GALERIE GROSSER MÜßIGGÄNGER stellt vor: Eine ruheliebende Olympiasiegerin, einen faulen Exzentriker, einen Hirnforscher unter Tage, eine gegenwärtige Filmemacherin, einen freiheitsliebenden Unternehmer, einen trendresistenten Maler, eine Achtsamkeitstrainerin und einen Komponisten der Stille. Zur Nachahmung empfohlen.

KAPITEL IV beschreibt, warum wir so selten zum Müßiggang kommen: Wir leben in einer Gesellschaft, die seit gut dreihundert Jahren durch eine stete Beschleunigung aller Lebensprozesse gekennzeichnet ist. Und dazu tragen nicht nur Wissenschaft und Technik bei, die Erlebniskultur und eine zunehmend gehetzte Politik, sondern auch der Verlust von Sinnbezügen und Transzendenzerfahrungen. Drastisch formuliert: Wir wissen zwar alle, dass wir sterben müssen, aber vorher wollen wir noch möglichst (unendlich) viel erledigen.

KAPITEL V lässt aufatmen. Denn darin ist von jenen Inseln der Muße die Rede, die es auch heute noch gibt – aller modernen Hetze zum Trotz. Manche dieser Ruhe-Orte liegen fernab auf fremden Kontinenten, andere direkt in unserer Nachbarschaft. Und oft sind es nur unsere eigenen Gewohnheiten, die uns davon abhalten, die Gelegenheiten zur Muße wahrzunehmen und zu ergreifen. Wer praktische Tipps zum Müßiggang sucht – hier wird er fündig.

Kapitel VI zieht Bilanz. Hier werden noch einmal die wesentlichen Erkenntnisse und Einsichten zum Wesen der Muße rekapituliert und zugleich Hinweise und Strategien vorgestellt, um sein Leben entspannter zu gestalten. Lernen Sie, *Nein* zu sagen, suchen Sie sich die richtigen Freunde, schreiben Sie Ihre Grabrede und befolgen Sie die »Odysseus-Strategie«: Wer zur Ruhe kommen will, muss sich manchmal selbst binden, um den Sirenengesängen der unendlichen Möglichkeiten zu widerstehen.

DER SCHLUSS ist die Krönung: Ihr ganz eigener Weg zur Muße, verfasst von dem Menschen, der Sie am besten kennt.

MEIN DANK GEHT AN:

- den ZEIT-Verlag für sein modernes Arbeitszeitmodell und die Möglichkeit einer Auszeit zum Schreiben dieses Buches;
- all jene Forscher, Denkerinnen und Müßiggänger, auf deren Erkenntnissen und Einsichten ich aufbauen konnte; und insbesondere an Britta Steffen, Yeshe Sangmo, Manfred Jürgens, Ernst Pöppel und Hartmut Rosa für ihre Zeit und ihre Gesprächsbereitschaft;
- meine drei Musen Elisabeth Beszterda, Natalie Knapp und Ulrike Pahl für wertvolle Anregungen und stete Inspiration;
- Judith Gastner für psychologische Unterstützung, fernmündliche Beratung und bayrische Bergpanoramen;
- Ludwig Schindler für Gastfreundschaft, köstlichen Schweinebraten und den Einblick in die Seele gestresster Manager;
- Jürg Augstburger für die langen Abende beim Wein, das Boule-Spielen und die vorbildliche Benutzung der Hängematte;
- Siri, Yannis und Marianne Brugger für einen großartigen Urlaub und praktischen Anschauungsunterricht in Sachen Muße;
- das Hotel Pascal Paoli in Algajola, Korsika für die morgendliche Kühle in der Lounge und die Ruhe zum Arbeiten;
- Elisabeth von Thadden und Roland Schäffer für ihre Insel der (Arbeits-)Muße;
- Edgar Bracht für eine stets angenehme Zusammenarbeit;
- meine ZEIT-Kollegen Elisabeth von Thadden, Bettina Tschaikowski, Harro Albrecht, Thomas Assheuer, Uwe Jean Heuser, Jens Jessen, Peter Kümmel, Christof Siemes und Urs Willmann für ihre Offenheit, ihr Wissen und all die vielen Anregungen;
- und natürlich an meine Familie für ihre gute Laune, ihre hilfreiche Unterstützung und eine wunderbar entspannte Zeit zusammen.

ANMERKUNGEN UND LITERATURHINWEISE

Vorwort für Eilige

1 Allensbach 2009, zit. nach *ZEIT Wissen* Ratgeber Psychologie Nr. 2, 2010, S. 25
2 Forsa-Umfrage für die Zeitschrift *Stern*, April 2005
3 Forsa-Umfrage 2009, siehe *ZEIT Wissen*, ebd.
4 Europäische Stiftung zur Verbesserung der Lebens und Arbeitsbedingungen, siehe http://www.eurofound.europa.eu/pubdocs/2009/27/en/1/EF0927EN.pdf. Die nächste Befragung findet 2010 statt. Vermutlich liegt der Anteil der Gehetzten dann noch einmal höher.
5 Über eng gesetzte Termine klagten etwa im Jahr 1990 bei einer EU-Befragung noch 49 Prozent, im Jahr 2000 bereits 60 Prozent, siehe Stefan Klein: *Zeit*, S. Fischer, Frankfurt 2008, S. 168
6 Interview mit Arend Oetker, *Cicero* 12/2008 S. 100
7 DAK, Gesundheitsreport, 2005 und 2010.
8 WHO 2006, Comission on Social determinants of Health, Newsletter No. 9
9 Zit.nach Hans-Dieter Bahr: *Zeit der Muße – Zeit der Musen*, Attempto, Tübingen, 2008
10 Zit. nach D. Grozdanovitch/S. Leys: *L'Art difficile de ne (presque) rien faire,* Gallimard, Paris 2010
11 »Ständig online, das geht nicht.« Gespräch mit Götz Mundle. *Psychologie Heute*, Januar 2010, S. 36
12 Miriam Meckel: *Brief an mein Leben*, Rowohlt, Hamburg 2010.
13 Frank Gerbert: Wenn Arbeit krank macht, *Focus*, Nr. 10, 2010, S. 94

I GEWONNENE UND VERLORENE ZEIT

1 Sinclair Lewis: *Babbitt*, Roman, Deutsche Übersetzung von Daisy Brödy, Hamburg 1988, Copyright © 1953 by Rowohlt Verlag

2 Linder, Staffan B.: *The Harried Leisure Class*, New York, Columbia University Press, 1970

3 Robinson, J., Godbey, G.: *Time for Life. The surprising ways Americans use their time.* University Park, Pennsylvania State University Press, 1999

4 Jeremy Rifkin: *Time Wars. The Primary Conflict in Human History*, Henry Holt and Company, 1987, dt. Fassung: *Uhrwerk Universum. Die Zeit als Grundkonflikt des Menschen.* Kindler, München 1987

5 Georgescu-Roegen, N: Energy and Economic Myths, *Southern Economic Journal*, Nr. 3, 1975, S. 34

6 Keynes, J.M.: Economic possibilities for our Grandchildren. In: Essays in Persuasion, London: The MacMillan Press Ltd. 1972, original 1931

7 Zit. nach: Robert D. Putnam: *Bowling Alone. The Collapse and Revival of American Community*, Simon & Schuster, 2000

8 Michael Young: *The Metronomic Society*, Harvard University Press; 1988

9 Ramsey, V., Francis, N.: A Century of Work and Leisure, National Bureau of Economic Research, NBER Working Paper No. 12264, Mai 2006

10 Zit.nach: Rudzio, K. & Uchatius, W.: Arbeiten bis der Arzt kommt, *Die ZEIT*, Nr. 28, 8. Juli 2010, S. 21

11 Cyril N.Parkinson: *Parkinsons Gesetz und andere Studien über die Verwaltung.* 2. erw. Aufl., München: Econ Taschenbücher, 2001 (orig. Parkinson's Law, 1957)

12 Robinson, J., Godbey, G.: *Time for Life. The surprising ways americans use their time*, University Park, Pennsylvania State University Press, 1999

13 Die Nutzlosigkeit von Zeitmanagement-Kursen ist inzwischen durch eine ganze Reihe von Untersuchungen belegt. Siehe z. B. Macan, T. A., Time management training, Effects on time behaviours, attitudes and job performances. *Journal of Psychology*, Vol. 130, No. 3, S. 229 (1996)

14 Ich bin dann mal off. Über die Kunst des Müßiggangs im digitalen Zeitalter, *Der Spiegel*, 19. 7. 2010

15 Pers. Kommunikation. Siehe auch Nowotny, H.: *Eigenzeit. Entstehung und Strukturierung eines Zeitgefühls*, Suhrkamp, Frankfurt a. M., 1989

16 Siehe Mihaly Csikszentmihalyi: *FLOW. Das Geheimnis des Glücks*, Stuttgart 1992, S. 193f.

17 Stefan Klein, S.: *Zeit. Der Stoff, aus dem das Leben ist*, Fischer Verlag, Frankfurt/M. 2006, S. 220

18 Marmot, M. et. al.: Health inequalities among British civil servants, the Whitehall II study, *Lancet* 337, S. 1387 (1991); und Marmot, M. et. al.: Contribution of job control and other risk factors to social variations in coronary heart disease incidence, *Lancet* 350, S. 235, (1997)

19 Robert Sapolsky: *Warum Zebras keine Migräne kriegen*, Piper, München, 1998

20 Iyengar, S.: When Choice is demotivating. Can one desire too much of a good thing? *Journal of personality and social psychology*. 79 (6), S. 995, 2000

21 Barry Schwartz, The Paradox of Choice, 2004, dt. Fassung: *Anleitung zur Unzufriedenheit: Warum weniger glücklicher macht*, Ullstein; Berlin 2006

22 Hamermesh, D., Lee J.: Stressed out on four continents: Time crunch or yuppie kvetch? *Review of Economics and Statistics*, May 2007

23 Siehe Schnabel U. & Sentker A.: *Wie kommt die Welt in den Kopf?*, Rowohlt, Reinbek 1997, S. 260ff.

24 Bunzeck, N, Duze, E. et. al.: Reward Motivation Accelerates the Onset of Neural Novelty Signals in Humans to 85 Millisecond, *Current Biology* 19, 1294–1300, August 11, 2009

25 Siehe z.B.: Schultz W: Behavioral theories and the neurophysiology of reward, *Ann Rev Psychol.* 57, S. 87–115, (2006),

26 Schultz, W.: Multiple reward signals in the brain. In: *Nature Reviews Neuroscience*, Vol. 1, S. 199–207, (2000)

27 Dieser Coolidge-Effekt wurde auch in Experimenten an Ratten nachgewiesen. Fiorino, DF, Coury, A. Phillips, AG: Dynamic changes in nucleus accumbens dopamine efflux during the Coolidge effect in male rats. *Journal of Neuroscience* 17, S. 4849–4855, 1997

II INFORMATIONSSTRESS UND SELBSTKONTROLLE

1 Herbert Simon: Designing Organizations for an Information-rich world, siehe: http://zeus.zeit.de/2007/39/simon.pdf
2 www.softrust.com, sowie Günter Weick, Wolfgang Schur: *Wenn E-Mails nerven*, Eichborn, Frankfurt a. M., 2008, S. 18
3 Radicati, www.radicati.com
4 Jürgen von Rutenberg: Der Fluch der Unterbrechung, *DIE ZEIT*, Nr. 46, 2006
5 Mark G., Gonzalez V., Harris J.: No Task Left Behind? Examining the Nature of Fragmented Work. Proceedings of ACM CHI, April 2–7, 2005
6 Edward M. Hallowell: *Crazy busy, overbooked, overstreched and about to snap*, Ballantine Books, 2006
7 Edward Hallowell: Why can't you pay attention anymore? CNET News, March 28, 2005.
8 Frank Schirrmacher: *Payback*, Blessing, München, 2006, S. 16
9 Nicholas Carr: Is Google making us stupid? *The Atlantic*, July, August 2009
10 Siehe auch: Nicholas Carr: *Wer bin ich, wenn ich online bin … und was macht mein Gehirn solange?* Blessing, München, 2010
11 http://www.edge.org/q2010/q10_index.html, siehe auch: »Wie hat das Internet Ihr Denken verändert?« FAZ, 8. Januar 2010, S. 29
12 Alex Rühle: *Ohne Netz*. Klett-Cotta, Stuttgart, 2010; Christoph Koch: *Ich bin dann mal offline*, Blanvalet, München, 2010
13 Middleton, C.A., Cukier, W.: Is mobile E-Mail funktional or dysfunctional? *European Journal of Information Systems* 15, S. 255
14 http://eganE-Mailsolutions.com/addiction.html
15 Siehe z.B.: Miriam Meckel: *Das Glück der Unerreichbarkeit*, Murmann, Hamburg, 2007, sowie Günter Weick, Wolfgang Schur: *Wenn E-Mails nerven*, Eichborn, Frankfurt a.M., 2008
16 Zit. nach: Matt Richtel: Hooked on gadgets, and paying a mental price. *New York Times*, 6. Juni 2010
17 Stephen Baker. Was lassen wir in unsere Köpfe? *FAZ*, 07. Februar 2010, siehe http://www.faz.net/-00m9am
18 http://blog.rescuetime.com/2010/05/24/the-tragic-cost-of-google-pacman-4-82-million-hours/

19 Baumeister, R. F., Heatherton, T. F. & Tice, D. M.: *Losing control: How and why people fail at self-regulation*. San Diego, CA: Academic Press. 1994
20 Muraven, M., Tice, D. M. & Baumeister, R. F.: Self-control as limited resource: Regulatory depletion patterns. *Journal of Personality and Social Psychology*, 74, 1998, S. 774–789
21 Baumeister, R.F., Bratslavsky, E., Muraven, M., & Tice, D.M.: Ego depletion: Is the active self a limited resource? *Journal of Personality and Social Psychology*, 74, 1998, S. 1252–1265
22 Stucke, T. S. & Baumeister, R. F.: Ego depletion and aggressive behavior: Is the inhibition of aggression a limited resource? *European Journal of Social Psychology*, 36, 2006, S. 1–13.
23 Vohs, KD., Baumeister, RF. & Ciarocco, NJ.: Self-regulation and self-presentation: Regulatory resource depletion impairs impression management and effortful self-presentation depletes regulatory resources. *Journal of Personality and Social Psychology*, Nr. 88, 2005, S. 632–657
24 Hofmann, W et. al.: Working memory capacity and self-regulatory behaviour. *Journal of Personality and Social Psychology*, 95 (4), 2008, S. 962–977
25 Vohs, KD. & Faber, RJ.: Spent resources: Self-regulatory resource availability affects impulse buying. *Journal of Consumer Research*, 33, 2007, S. 537–547.
26 Friese, M., Hofmann, W. & Wänke, M.: When impulses take over: Moderated predictive validity of explicit and implicit attitude measures in predicting food choice and consumption behaviour. *British Journal of Social Psychology*, 47, 2008. S. 397–419. Siehe auch: Hofmann, W., Rauch, W. & Gawronski, B.: And deplete us not into temptation: Automatic attitudes, dietary restraint, and self-regulatory resources as determinants of eating behavior. *Journal of Experimental Social Psychology*, 43, 2007, S. 497–504.
27 Tyler, JM. & Burns, KC.: After depletion: The replenishment of the self's regulatory resources. *Self and Identity*, 7, 2008. S. 305–321.
28 Alex Betrams: Wo ist bloß gerade meine Willenskraft geblieben? Das Kraftspeichermodell der Selbstkontrolle, in: *Inquisitive mind*, Nr. 1/ 2010
29 Torkel Klingberg: *Multitasking. Wie man die Informationsflut bewältigt, ohne den Verstand zu verlieren*. C.H. Beck, München 2008, S. 42

30 Miller, GA.: The magical number seven, plus-or-minus two or some limits on our capacity for processing information, *Psychological Review*, 63, 1956, S. 81–97

31 Vogel, E. et. al.: Neural measures reveal individual differences in controlling access to working memory, *Nature*, 438, 2005, S. 500.

32 Das Gorilla-Experiment und weitere Beispiele finden sich hier: http://viscog.beckman.illinois.edu/djs_lab/demos.html

33 ScienceCentral, 13. 1. 2006, http://www.sciencentral.com/articles/view.php3?article_id=218392722

34 Lavie N., Distracted and confused? Selective Attention under load, *Trends in Cognitive Sciences*, Bd. 9, S. 75 ff., Feb. 2005, siehe auch: Fockert JW., Rees G, Frith CD, Lavie N.: The Role of Working Memory in Visual Selective Attention, *Science* 291 (5509), 2001, S. 1803–1806

35 Hofmann W. et. al.: Working memory capacity and self-regulatory behaviour. *Journal of Personality and Social Psychology*, 95 (4), 2008, S. 962–977,

36 Klingberg, *Multitasking*. C.H. Beck, München 2008, S. 122

37 http://www.cogmed.com/

38 Owen, A et. al.: Putting brain training to the test, *Nature*, 2010, doi:101038/nature09042

39 »Stille ist wie Urlaub fürs Gehirn«, Interview mit Ernst Pöppel, *ZEIT Online*, 18. 2. 2010, http://www.zeit.de/reisen/2010-02/interview-poeppel-stille

40 Platon, *Phaidros* 275 a-b

41 Archilochos, *Die Fragmente*, Hg. v. Max Treu., München 1974

42 Isaiah Berlin: The Hedgehog and the Fox: An Essay on Tolstoy's View of History (orig. 1953), http://berlin.wolf.ox.ac.uk/published_works/rt/HF.pdf

43 Ben Macintyre: We need a dug-out canoe to navigate the net. *The Times*, 28. Januar 2010

44 CIBER: Information behaviour of the researcher of the future, UCL, 11. Jan. 2008, www.ucl.ac.uk/infostudies/research/ciber/downloads/ggexecutive.pdf

45 https://www.bbc.co.uk/labuk/experiments/webbehaviour/

46 Maryanne Wolf: *Das lesende Gehirn. Wie der Mensch zum Lesen kam – und was es in unseren Köpfen bewirkt*. Spektrum Akademischer Verlag, Heidelberg, 2009

47 »Ist unser Gehirn in Gefahr, Mrs. Wolf?« Ein Gespräch mit M. Wolf, *FAZ*, 18. Okt. 2009

III DER WERT DES NICHTSTUNS

1 Zit. nach Zahrnt, A.: *Zeitvergessenheit und Zeitbesessenheit der Ökonomie.* In: Held/Geißler: Ökologie der Zeit, Hirzel, Stuttgart, 1993
2 DAK Gesundheitsreport 2010
3 Grass Roots Marktforschung 2010
4 Zit.nach Günther Ziegler, *Darf ich Zahlen? Geschichten aus der Mathematik*, Piper, München 2010
5 Zit. nach. Eberle, U.: Die Macht der Intuition, in: GEO Wissen Nr. 45, S. 44
6 Uwe Schultz: *Descartes.* Europäische Verlagsanstalt, Hamburg 2001, S. 18; vgl. Tom Hodgkinson: *Anleitung zum Müßiggang*, Edition der Freitag 2009, S. 50
7 Lin Yutang: *Weisheit des lächelnden Lebens*, Insel Verlag, Frankfurt, 2004
8 Stickgold R., L Scott, C Rittenhouse, and JA Hobson. Sleep-induced changes in associative memory. *Journal of Cognitive Neuroscience*, 1999 Mar;11(2):182–93;).
9 Stickgold R, A Malia, et al. Replaying the game: hypnagogic images in normals and amnesics. *Science*. Vol. 290 (5490): 350–3, Oct 13, 2000. siehe auch: Leutwyler, K.: Tetris Dreams, *Scientific American*, October 16, 2000
10 Wilson MA: »Hippocampal memory formation, plasticity, and the role of sleep.« *Neurobio Learn Mem Vol. 78*, 2002, S. 565–9., siehe auch: Vijayan S, Hale GJ, Moore CI, Brown EN, Wilson MA. Activity in the Barrel Cortex During Active Behavior and Sleep. *J Neurophysiol.* 2010 Feb 17.
11 Marshall, L., Born, J.: Brain immune interactions in sleep. In: Clow, A., Hucklebridge, F.: Neurobiology of the immune system, Academic Press, 2002, S. 93 ff.
12 Born, J., Rasch, J., & Gais, S. Sleep to remember. *Neuroscientist, Vol. 12, 2006*, S. 410., siehe auch: Born, J.: Schlaf festigt das Gedächtnis. In: *Das Schlafmagazin*, 2006, http://www.dasschlafmagazin.de/Text_7_2006.html
13 Zitiert nach Bahnsen, U.: Forschung auf dem Kopfkissen. In: *Die ZEIT*, Nr. 46, 2006
14 Zit. nach Stanley Coren: *Die unausgeschlafene Gesellschaft*, Rowohlt, Hamburg 1999, S. 427

15 Mednick SC., Nakayama K., Stickgold R.: Sleep-dependent Learning: A Nap is as good as a night, *Nature Neuroscience*, July 2003
16 Sara Mednick, Mark Ehrman: *Take a Nap! Change Your Life*. (Paperback), Workman Publishing Company, 2006
17 Denise J. Cai, Sarnoff A. Mednick, Elizabeth M. Harrison, Jennifer Kanady, and Sara C. Mednick: REM, not incubation, improves creativity by priming associative networks. *PNAS*, 2009, June 8
18 The Nap Manifesto, siehe: http://www.saramednick.com/htmls/pdfs/Take_a_Nap_03.pdf
19 T.A. Edison: *The Diary and Sundry Observations of Thomas Alva Edison,* hg. Von D.D. Runes, New York; Philosophical Library, 1948, S. 52 & 178
20 Stanley Coren, *Die unausgeschlafene Gesellschaft*, S. 429
21 Zit. nach: Maki Riddington: The Art of Napping, October 5th, 2006, http://www.wannabebig.com/training/the-art-of-napping/.
22 Carmichael, in *Bicycling*: http://www.bicycling.com/training-nutrition/nutrition-weight-loss/make-tomorrow-better-day
23 Peng, T.: Take a Three-Martini Nap, *Newsweek*, June 30, 2008
24 Thierry Paquot: *»Siesta«. Die Kunst des Mittagsschlafs*, vgs, Köln 2000
25 Raichle, ME: Behind the scenes of functional brain imaging. *PNAS*, 1998, 95 (3), 765–772
26 Raichle, ME et. al.: A default mode of brain function. *PNAS*, 2001, Vol. 98(2), 676–682
27 Für einen Überblick siehe Raichle ME, Snyder AZ: A default mode of brain function: A brief history of an evolving idea. *Neuroimage*, 2007, Vol. 37(4), S. 1083–1090
28 Bar, M. The proactive brain. *Trends in Cognitive Science*, 2007, 11(7), 280–289
29 Siehe z.B. Gusnard, DA: Being a self: Considerations from functional imaging. *Consciousness and Cognition*, 2005, 14(4), 679–697; oder: Beer, JS: The default self: Feeling good or being right? *Trends in Cognitive Science*, 2007, 11(5), 187–189
30 Zit. nach: Maier, J.: Auszeit für den Kopf. In: *Die ZEIT*, Nr.1, 2010
31 Schilbach, L., Vogeley, K. et. al.: Minds at rest? Social cognition as he default mode of cognizing and its putative relationship to the »default system« of the brain. *Consciousness and Cognition*, 2008, 17, 457–467
32 Siehe Ulrich Schnabel: *Die Vermessung des Glaubens*, Blessing, S. 270

33 Gerhard Roth: »Niemand ist frei«, ZEIT Campus Nr. 2, 2008, siehe http://www.zeit.de/campus/2008/02/interview-freier-wille

34 Robert K. Merton: *Social Theory and Social Structure.* The Free Press, Glencoe, Ill. 1957. S. 12

35 James McNerney jr.: *A century of innovation. The 3M-story*, 3 M company, 2002, S. 38

36 siehe z. B. http://www.velcro.com/

37 Ausführliche Übersicht siehe Ulrich Schnabel, *Die Vermessung des Glaubens*, Blessing, München 2008

38 Lutz, A., Davidson, R. J et. al.: Regulation of the Neural Circuitry of Emotion by Compassion Meditation: Effects of Meditative Expertise. PloS ONE. Vol. 3 (3), e1897, March 2008

39 Lazar, Sara et. al.: Meditation experience is associated with thickening of brain structures, *NeuroReport* Vol 16 (17) p. 1893–1897, 2005.

40 Stanley, E. A. & Jha, A. P.: Mind fitness and mental armor: Enhancing performance and building warrior resilience. In: *Joint Force Quarterly*, 55, (2009) 144–151

41 Jha, A. P., Stanley, E.A., Kiyonaga, A., Wong, L., Gelfand., L.: Examining the Protective Effects of Mindfulness Training on Working Memory and Affective Experience. *Emotion* 10(1), 2010: 54–64

42 Siehe Schnabel, U.: Ein EEG voller Mitgefühl, GEO Wissen Nr. 47, 2006

43 Ausführlich erzählt Singer von seinen Erlebnissen in meinem Buch *Die Vermessung des Glaubens,* S. 266–281

44 Dalai Lama: *Die Welt in einem einzigen Atom.* Theseus Verlag, 2005

45 Karlfried Graf Dürckheim: *Übung des Leibes auf dem inneren Weg.* Lurz, München, 1981

46 Varela, F., Thompson, E., Rosch, E.: *Der mittlere Weg der Erkenntnis: die Beziehung von Ich und Welt in der Kognitionswissenschaft.* Goldmann, München 1995, (orig.: The embodied mind)

47 Ernst Pöppel: *Bewusstsein als Versklavung – Meditation als Befreiungsversuch.* In: Religion. Segen oder Fluch der Menschheit? Verlag der Weltreligionen, Insel, 2008

48 Taisen Deshimaru-Roshi: *Za-Zen. Die Praxis des Zen.* Kristkeitz, Leimen 1978

49 Dass dies wirklich jede und jeder erlernen kann, beweist der amerikanische Autor und Werbetexter Victor Davich mit seinem Buch: *Die 8 Minuten Meditation. Programm für Stressreduktion, Konzentrations- und*

Lernfähigkeit. Lotos Verlag, 2005 Die einfachen Techniken des Geisteskontrolle brauchen nicht mehr Zeit als das Duschen oder als eine Werbepause im Spielfilm.

IV DAS SYSTEM DER GEHETZTEN

1 Heinrich Böll: Anekdote zur Senkung der Arbeitsmoral, in: Werke: *Band Romane und Erzählungen 4. 1961–1970.* Köln: Kiepenheuer & Witsch 1994, S. 267–269
2 Kurt Weis (Hg.): *Was ist Zeit? Zeit und Verantwortung in Wissenschaft, Technik und Religion*, dtv, München, 1995, S. 24ff.
3 Helga Nowotny: *Eigenzeit. Entstehung und Strukturierung eines Zeitgefühls.* Suhrkamp, Frankfurt/M. 1989,
4 Siehe dazu die exzellente Darstellung in Gerhard Dohrn-van Rossum: *Die Geschichte der Stunde, Uhren und Zeitordnungen*, dtv, München 1995, S. 41ff.
5 Zit. nach: Zahrnt, A.: Zeitvergessenheit und Zeitbesessenheit der Ökonomie. In: Held, Geißler (Hg.): *Ökologie der Zeit.* Hirzel, 1993, S. 117
6 Dohrn-van Rossum, *Geschichte der Stunde*, S. 106
7 Siehe Barbara Adam: *Time.* Cambridge 2004, sowie: B. Adam, KA Geißler, M. Held: *Die Nonstop-Gesellschaft und ihr Preis.* Stuttgart 1998
8 Dohrn-van Rossum, *Geschichte der Stunde*, S. 216ff.
9 Peter Gendolla: *Zeit. Zur Geschichte der Zeiterfahrung.* Dumont, Ostfildern 1992; ders.: Die Erschaffung des Tempos, In: NZZ Folio 11/99
10 Elias, Norbert: *Über den Prozeß der Zivilisation* (orig. 1939), Suhrkamp TB Wissenschaft. Band 158/159, 1976., Siehe auch: Elias: *Über die Zeit*, Suhrkamp, Frankfurt a.M, 1990
11 Isaac Newton: *Philosophiae naturalis principia mathematica*, (orig 1678), dt. Fassung siehe z. B. Volkmar Schüller (Hg.): *Die mathematischen Prinzipien der Physik*; de Gruyter, Berlin, 1999
12 Banesh Hoffmann: *Einsteins Ideen. Das Relativitätsprinzip und seine historischen Wurzeln.* Spektrum Verlag, 1997
13 Dohrn-van Rossum, *Geschichte der Stunde*, S. 319
14 Shakespeare, W.: *Hamlet*, 1. Akt., 5. Szene
15 Manfred Osten *»Alles veloziferisch« oder Goethes Entdeckung der Langsamkeit: Zur Modernität eines Klassikers im 21. Jahrhundert*, Insel Verlag, Frankfurt 2003

16 Friedrich Nietzsche: *Menschliches, Allzumenschliches* (I, 5. *Anzeichen höherer und niederer Cultur.* §285), in: Nietzsche: Werke IV2, Kritische Gesamtausgabe, de Gruyter, Berlin 1967, S. 236
17 Hartmut Rosa: *Beschleunigung. Die Veränderung der Zeitstrukturen in der Moderne,* Suhrkamp, Frankfurt/M. 2005
18 Rosa, *Beschleunigung,* S. 14
19 Joseph Schumpeter: *Theorie der wirtschaftlichen Entwicklung,* Berlin 1911; Neuausgabe herausgegeben von Jochen Röpke und Olaf Stiller, Berlin 2006.
20 Rosa, *Beschleunigung,* S. 125
21 Helga Nowotny: Wer bestimmt die Zeit? In: Kurt Weis (Hg.): *Was ist Zeit?* dtv, München 1995, S. 93
22 Rosa, *Beschleunigung,* S. 130
23 Zitiert nach Rosa, S. 72
24 Dirk Asendorpf: Kunde, übernehmen Sie! *Die ZEIT,* Nr.9, 2010, S. 37
25 Interview mit Dominik Graf: »Bei den Russen ist da dieser Stolz«, *Die ZEIT,* Nr. 16, 2010, S. 53
26 Jeremy Rifkin: *Uhrwerk Universum. Die Zeit als Grundkonflikt des Menschen.* Kindler, München 1987
27 Zit. nach Nikolaus Piper: Die Diktatur der Gegenwart. *Die ZEIT,* Nr.1, 29. Dezember 1995, S. 25
28 Anthony Sampson: *Globalmacht Geld.* Der neue Reichtum in West und Fernost. Hoffmann und Campe. Hamburg, 1990, S. 50
29 Zit. nach Sampson, *Globalmacht Geld,* S. 29
30 Martin Held/Karlheinz Geißler: *Ökologie der Zeit,* Hirzel, Stuttgart 1993
31 Sampson, *Globalmacht Geld,* S. 88
32 Margot Käßmann: »Der Druck ist gnadenlos«, *Der Spiegel,* Heft 25/2010
33 Sonja Pohlmann: Wo kein Koch, da kein Kellner. *Der Tagesspiegel,* 1. Juni 2010
34 Zit. nach Martina Fietz: Die Aussteiger, *Cicero,* April 2009,
35 Marianne Gronemeyer: *Das Leben als letzte Gelegenheit. Sicherheitsbedürfnisse und Zeitknappheit.* Wissenschaftliche Buchgesellschaft, Darmstadt, 1996
36 Johann W. v. Goethe: *Faust. Der Tragödie erster Teil,* Reclam, Stuttgart 1986, Vers 1770f.

37 Gerhard Schulze: *Die Erlebnisgesellschaft. Kultursoziologie der Gegenwart.* Campus, Frankfurt a. M., 1997, siehe auch: Schulze: Die beste aller Welten. Wohin bewegt sich die Gesellschaft im 21. Jahrhundert? Hanser, München, 2003
38 Peter Heintel: *Zeitverdichtung und Innovationshysterie.* Vortrag auf dem 3. Internationalen Humboldt-Kolleg in Graz, 10.–14. November 2009
39 »Muße braucht Zeit«. Interview mit Hartmut Rosa, Die ZEIT, Nr. 1, 2010
40 Wilhelm Busch: *Plisch und Plum.* In: Sämtliche Werke. Fünfter Band. Braun & Schneider, München 1943
41 Tobias Rapp: *Das Prinzip Maßlosigkeit.* In: *Der Spiegel,* Heft 30/2010, S. 119
42 Zitate aus: Epikur: *Wege zum Glück.* Hg. Von Rainer Nickel, Artemis & Winkler, Düsseldorf/Zürich 2005
43 Ulrich Schnabel: *Die Vermessung des Glaubens,* Blessing, München 2008
44 Siehe Rosa: Beschleunigung, S. 287, Anm. 78

V INSELN DER MUẞE

1 Edward Hall: *The Silent Language,* Anchor Press/Doubleday, New York, 1959
2 Edward T. Hall: *The Dance of Life: The Other Dimension of Time,* Anchor Press/Doubleday, New York, 1983.
3 Robert Levine: *Eine Landkarte der Zeit. Wie Kulturen mit Zeit umgehen,* Piper, München, 1998
4 Levine, Landkarte der Zeit, S. 210
5 Das Samariter-Experiment wird ausführlich in meinem Buch *Die Vermessung des Glaubens,* S. 116 ff., beschrieben
6 Alain de Botton: *Kunst des Reisens.* S. Fischer, Frankfurt, 2002
7 Alain de Botton: »In den Ferien sind wir alle Philosophen«, *Welt online,* 15. 8. 2010
8 Siehe z. B. Ulrich Schnabel: In der selbstgebauten Falle. Die ZEIT, Nr. 21, 2006
9 Berman MG, Jonides J, Kaplan S.: The cognitive benefits of interacting with nature. *Psychological Sciences* 19 (12), S. 1207–12, 2008

10 Kuo F., Bacaicoa, M., Sullivan, W: Transforming Inner-City Landscapes, Trees, Sense of Safety, and Preference, *Environment and Behavior* vol. 30 (1) S. 28–59, 1998; siehe auch: Kuo F., Sullivan W.: Environment and Crime in the Inner City: Does Vegetation Reduce Crime? *Environment and Behavior* vol. 33: S. 343–367, May 2001
11 »Verzweiflung ist etwas Großartiges«. Ein Gespräch mit Wolfgang Rihm. In: *DIE ZEIT*, Nr. 44, 26. 10. 2006
12 Kristina v. Klot: Insel der Glückseligen. In: *mobil* (Kundenmagazin der Deutschen Bahn) Nr. 06/10, S. 92 ff.
13 Luc Steels, persönl. Kommunikation
14 www.folkehojskoler.dk/the-danish-folk-high-school
15 Christoph Titz. Lerne lieber ungewöhnlich. Spiegel Online, 9. 6. 2010
16 http://arielrubinstein.tau.ac.il/univ-coffee.html
17 Günter Ziegler: *Darf ich Zahlen? Geschichten aus der Mathematik*, Piper, München 2010
18 »Muße braucht Zeit«. Ein Gespräch mit Hartmut Rosa. *Die ZEIT*, 30. 12. 2009, Nr. 1
19 Natalie Knapp, pers. Kommunikation. Siehe auch: www.anders-denken-lernen.de
20 Natalie Knapp: *Anders Denken lernen*. Oneness Center, 2008.
21 Levine, Landkarte der Zeit, S. 290
22 Mihaly Csikszentmihalyi: *Flow. Das Geheimnis des Glücks*, Klett-Cotta, Stuttgart, 1992
23 E. von Hirschhausen: »Es braucht den Mut, das Scheitern als Teil des Prozesses zu umarmen.« Interview zum 15. deutschen Trendtag. http://www.trendtag.de
24 Mihaly Csikszentmihalyi: *Dem Sinn des Lebens eine Zukunft geben*. Klett-Cotta, Stuttgart, 1995, S. 252
25 Gilbert K. Chesterton: *Die Wildnis des häuslichen Lebens*. Berenberg, Berlin, 2006
26 Ruben Karschnick: Echt jetzt? In: *ZEITmagazin*, Nr.34, 2010, S. 23
27 Hartmut Rosa, pers. Kommunikation
28 Martin Heidegger: *Gelassenheit*. Verlag Günther Neske, Pfullingen, 10. Aufl. 1992, S. 42.

VI WEGE DER VERÄNDERUNG

1 James Fowler, Nicholas Christakis: Dynamic spread of happiness in a large social network: longitudinal analysis over 20 years in the Framingham Heart Study, BMJ 337:a2338, 2008
2 Siehe auch: Nicholas A. Christakis, James H. Fowler: Connected!: Die Macht sozialer Netzwerke und warum Glück ansteckend ist. S. Fischer, Frankfurt; 2010
3 www.zeitverein.com/
4 www.diegluecklichenarbeitslosen.de
5 Für einen Überblick siehe: Jean-Carl Honoré, Elisabeth Liebl: *Slow Life*: Warum wir mit Gelassenheit schneller ans Ziel kommen, Goldmann, München, 2007
6 Pico Iyer: *The Lady and the Monk*, New York 1991
7 Markus Albers: *Morgen komm ich später rein. Für mehr Freiheit in der Festanstellung*. Campus, Frankfurt a. M., 2008
8 Markus Albers, *Morgen komm ich später rein*, S. 220 ff.
9 Seneca: *Moralische Briefe an Lucilius* (Epistulae morales ad Lucilium), VIII, LXXI, 3
10 Christopher Peterson: *A Primer in Positive Psychology*. Oxford University Press, 2006
11 Richard Wiseman: *Wie Sie in 60 Sekunden Ihr Leben verändern*. Fischer Taschenbuch Verlag, Frankfurt a. M., 2010
12 Lothar Seiwert: Das Bumerang Prinzip. *Mehr Zeit fürs Glück*. Gräfe und Unzer, München 2002
13 Michel de Montaigne: *Essais*, 658, zit.nach Uwe Schultz: Montaigne, Rowohlt, 1989, S. 56
14 Siehe z. B. Paul Watzlawicks wunderbare *Anleitung zum Unglücklichsein*, Piper, München 1983

BILDNACHWEIS

18 Karl Blessing Verlag/vm Grafik – Veronika Moga
39 Karl Blessing Verlag/vm Grafik – Veronika Moga
107 Karl Blessing Verlag/vm Grafik – Veronika Moga
139 picture-alliance/Sven Simon/Bernd Lauter
142 Getty Images/Time & Life Pictures/Bob Gomel
145 picture-alliance/Sueddeutsche Zeitung Photo/ Andreas Heddergott
148 picture-alliance/dpa/Jörg Carstensen
151 laif/Redux/Ben Baker
154 Manfred W. Jürgens
157 Privatarchiv Lama Yeshe Sangmo
160 Getty Images/Michael Ochs Archive/Herb Snitzer
195 aus *Das große farbige Wilhelm Busch Album.* Bassermann Verlag, München, 2007, S. 324
228 Corbis/Keren Su
243 Karl Blessing Verlag/vm Grafik – Veronika Moga

REGISTER

Ulrich Schnabel

Die Vermessung des Glaubens

Forscher ergründen, wie der Glaube entsteht und warum er Berge versetzt

Pantheon 574 Seiten, ISBN 978-3-570-55130-1

Der religiöse Glaube ist wie eine starke Arznei: Er kann heilsame Kräfte entfalten oder verheerende Nebenwirkungen. Zum Glück gibt es nun den richtigen Beipackzettel. Nahezu unbemerkt von der Öffentlichkeit – die seit Jahrzehnten die immer gleichen Gottesbeweise nebst prompter Widerlegung hin und her wälzt – hat sich eine neue Forschungsrichtung etabliert: eine Glaubensforschung, die auf knallharten empirischen Daten gründet. In hoch spannenden Experimenten untersucht sie aus den unterschiedlichsten Blickwinkeln, was der Glaube bewirkt und was nicht.

»Besser, fundierter und klarer als Schnabel kann, aus wissenschaftlicher Sicht, niemand begründen, warum die Religion nicht ausstirbt.«

Mathias Schreiber, *Der Spiegel*

»Endlich bewiesen: Meditieren ist besser als rumsitzen und nichts tun. Und macht sogar glücklich. Ein Buch für alle, die sich schon immer fragten, wie Gott ins Hirn kommt – und wieder heraus.«

Eckart von Hirschhausen

Von *Bild der Wissenschaft* zum Wissenschaftsbuch des Jahres 2009 gewählt.